21世纪高等学校规划教材 | 电子信息

电子信息科学与技术专业导论

张庆辉 陈卫东 主编
王彩红 金广锋 马浩歌 编著

清华大学出版社
北京

内 容 简 介

本书是关于电子信息科学与技术的导论课程教材,着重介绍电子信息技术的基本概念、基础知识和专业内容。全书根据近年来的教学实践体会以及电子技术的发展,按学科发展内涵和教育、教学规律,将"模电"和"数电"的公共基础部分与基本电路理论、基本电子应用理论融合到一起,构成一门"电子信息科学与技术导论"课。本教材的主编和编者全部是从事相关基础课和专业基础课教学多年,且有多课程教学经验的专业教师,不仅有较丰富的教学实践经验,而且有较丰富的电子技术与计算机应用方面的科研实践经验,对这门课程的内涵、特点等都有较深刻的认识和切身体验。

本书可以作为高等学校电子信息类各本科专业的"电子信息科学与技术专业导论"课教材或者教学参考书,也可作为其他工科专业和有关工程技术人员、教学管理人员的参考书。

本书封面贴有清华大学出版社防伪标签,无标签者不得销售。
版权所有,侵权必究。举报: 010-62782989,beiqinquan@tup.tsinghua.edu.cn。

图书在版编目(CIP)数据

电子信息科学与技术专业导论/张庆辉等主编. —北京: 清华大学出版社,2013.7(2023.7 重印)
(21 世纪高等学校规划教材・电子信息)
ISBN 978-7-302-31952-8

Ⅰ. ①电… Ⅱ. ①张… Ⅲ. ①电子信息-高等学校-教材 Ⅳ. ①G203

中国版本图书馆 CIP 数据核字(2013)第 078114 号

责任编辑: 刘向威　薛　阳
封面设计: 傅瑞学
责任校对: 焦丽丽
责任印制: 曹婉颖

出版发行: 清华大学出版社
　　　　网　　址: http://www.tup.com.cn, http://www.wqbook.com
　　　　地　　址: 北京清华大学学研大厦 A 座　　　邮　编: 100084
　　　　社 总 机: 010-83470000　　　　　　　　　　邮　购: 010-62786544
　　　　投稿与读者服务: 010-62776969, c-service@tup.tsinghua.edu.cn
　　　　质量反馈: 010-62772015, zhiliang@tup.tsinghua.edu.cn
　　　　课件下载: http://www.tup.com.cn,010-83470236
印 装 者: 涿州市般润文化传播有限公司
经　　销: 全国新华书店
开　　本: 185mm×260mm　　　印　张: 16.5　　　字　数: 402 千字
版　　次: 2013 年 7 月第 1 版　　　　　　　　　　印　次: 2023 年 7 月第 9 次印刷
印　　数: 6701～7200
定　　价: 49.00 元

产品编号: 046056-02

出版说明

随着我国改革开放的进一步深化,高等教育也得到了快速发展,各地高校紧密结合地方经济建设发展需要,科学运用市场调节机制,加大了使用信息科学等现代科学技术提升、改造传统学科专业的投入力度,通过教育改革合理调整和配置了教育资源,优化了传统学科专业,积极为地方经济建设输送人才,为我国经济社会的快速、健康和可持续发展以及高等教育自身的改革发展做出了巨大贡献。但是,高等教育质量还需要进一步提高以适应经济社会发展的需要,不少高校的专业设置和结构不尽合理,教师队伍整体素质亟待提高,人才培养模式、教学内容和方法需要进一步转变,学生的实践能力和创新精神亟待加强。

教育部一直十分重视高等教育质量工作。2007年1月,教育部下发了《关于实施高等学校本科教学质量与教学改革工程的意见》,计划实施"高等学校本科教学质量与教学改革工程"(简称"质量工程"),通过专业结构调整、课程教材建设、实践教学改革、教学团队建设等多项内容,进一步深化高等学校教学改革,提高人才培养的能力和水平,更好地满足经济社会发展对高素质人才的需要。在贯彻和落实教育部"质量工程"的过程中,各地高校发挥师资力量强、办学经验丰富、教学资源充裕等优势,对其特色专业及特色课程(群)加以规划、整理和总结,更新教学内容、改革课程体系,建设了一大批内容新、体系新、方法新、手段新的特色课程。在此基础上,经教育部相关教学指导委员会专家的指导和建议,清华大学出版社在多个领域精选各高校的特色课程,分别规划出版系列教材,以配合"质量工程"的实施,满足各高校教学质量和教学改革的需要。

为了深入贯彻落实教育部《关于加强高等学校本科教学工作,提高教学质量的若干意见》精神,紧密配合教育部已经启动的"高等学校教学质量与教学改革工程精品课程建设工作",在有关专家、教授的倡议和有关部门的大力支持下,我们组织并成立了"清华大学出版社教材编审委员会"(以下简称"编委会"),旨在配合教育部制定精品课程教材的出版规划,讨论并实施精品课程教材的编写与出版工作。"编委会"成员皆来自全国各类高等学校教学与科研第一线的骨干教师,其中许多教师为各校相关院、系主管教学的院长或系主任。

按照教育部的要求,"编委会"一致认为,精品课程的建设工作从开始就要坚持高标准、严要求,处于一个比较高的起点上。精品课程教材应该能够反映各高校教学改革与课程建设的需要,要有特色风格、有创新性(新体系、新内容、新手段、新思路,教材的内容体系有较高的科学创新、技术创新和理念创新的含量)、先进性(对原有的学科体系有实质性的改革和发展,顺应并符合21世纪教学发展的规律,代表并引领课程发展的趋势和方向)、示范性(教材所体现的课程体系具有较广泛的辐射性和示范性)和一定的前瞻性。教材由个人申报或各校推荐(通过所在高校的"编委会"成员推荐),经"编委会"认真评审,最后由清华大学出版社审定出版。

目前，针对计算机类和电子信息类相关专业成立了两个"编委会"，即"清华大学出版社计算机教材编审委员会"和"清华大学出版社电子信息教材编审委员会"。推出的特色精品教材包括：

（1）21世纪高等学校规划教材·计算机应用——高等学校各类专业，特别是非计算机专业的计算机应用类教材。

（2）21世纪高等学校规划教材·计算机科学与技术——高等学校计算机相关专业的教材。

（3）21世纪高等学校规划教材·电子信息——高等学校电子信息相关专业的教材。

（4）21世纪高等学校规划教材·软件工程——高等学校软件工程相关专业的教材。

（5）21世纪高等学校规划教材·信息管理与信息系统。

（6）21世纪高等学校规划教材·财经管理与应用。

（7）21世纪高等学校规划教材·电子商务。

（8）21世纪高等学校规划教材·物联网。

清华大学出版社经过三十多年的努力，在教材尤其是计算机和电子信息类专业教材出版方面树立了权威品牌，为我国的高等教育事业做出了重要贡献。清华版教材形成了技术准确、内容严谨的独特风格，这种风格将延续并反映在特色精品教材的建设中。

清华大学出版社教材编审委员会

联系人：魏江江

E-mail：weijj@tup.tsinghua.edu.cn

前　言

"电子信息科学与技术专业导论"是电子信息科学与技术专业以及电子信息工程专业一门重要的专业基础课程，它担负着系统和全面地介绍电子信息科学技术的基础知识、引导学生进入电子科学与技术的大门的重任。对于刚进入大学的一年级学生而言，电子信息科学技术的基础与入门教学显得格外重要。

电子信息科学与技术是建立在物理学和数学基础之上的一门应用学科。2011 年，我们根据国内各高校电子信息科学与技术及电子信息类专业的需求，在吸取国外相关教材的编写优点的基础上，组织编写、出版了《电子信息科学与技术导论》。全书分别对电子信息科学与技术和应用电子技术的学科体系、物理学和数学基础、基本分析理论和技术、工程应用等进行了概括性的介绍。

本教材内容共分为 8 章。绪论部分介绍了电子科学与技术的发展历史及现状、应用领域及专业培养目标与学科体系；第 1 章着重讲述了电子器件及电子系统，并引入系统建模的概念；第 2 章介绍了电子技术基础，主要包含各类半导体器件的结构、特性，并给出了典型的模拟信号处理电路，包含了典型的数字逻辑信号处理电路，并简单介绍了集成电路；第 3 章介绍了信号的分析和处理方法及现代信号处理技术；在第 4 章和第 5 章中分别阐述了电子系统工程分析方法与 EDA 工具及单片机原理、接口技术及应用技术，这两章主要介绍两种工具的分析方法及基于 EDA 和单片机的典型应用，并简单介绍了 Keil 和 Proteus 的用法；第 6 章介绍了传感器的概念和发展；第 7 章介绍了 SoC 技术，包含了 SoC 技术的定义、技术特点、设计的关键技术、发展趋势及存在的问题，SoC 应用概念，SoC 器件设计方法及混合信号 SoC 器件；第 8 章介绍了电子电路制造工艺，着重介绍了电子产品制造的基本概念、PCB 制造技术、集成电路制造中的工艺技术及制造工艺对设计的影响。

本书适合作为电子信息科学与技术、电子信息工程等专业的学生学习导论课程的教材，也可作为其他专业学生学习有关电子科学与技术和应用电子技术的导论课程的教材。本书的讲义曾在河南工业大学电子信息科学与技术专业和电子信息工程专业的 18 学时导论课程中使用了两年，收到了比较好的教学效果。

本教材着重介绍基本概念、技术发展历程、当前的技术状况和今后的发展走向，通俗易懂；注意介绍电子信息科学与技术中的重大发明、发明的背景和发明者的相关资料；注意介绍各种典型的应用电路，便于学生对各门课程建立总体印象。编写中注重内容的科学性、先进性、实用性和针对性，精简了在中学已经讲授过的内容，增加了能反映当代电子信息发展的最新成就的内容。

本教材由河南工业大学张庆辉副教授和陈卫东担任主编，并编写了绪论、第 3 章、第 4 章和第 7 章；陈卫东编写了第 1 章；王彩红编写了第 2 章和第 6 章；金广锋编写了第 5 章；

马浩歌编写了第 8 章。

由于作者水平所限,加之电子科学信息技术发展迅速、本教材的覆盖面广,书中错误和不妥之处在所难免,恳请读者提出宝贵意见和建议,以便今后不断改进。

作　者

2013 年 6 月

目 录

第0章 绪论 ··· 1

0.1 电子科学与技术的发展历史及现状 ····························· 1
    0.1.1 电子科学与技术的发展历史 ····························· 1
    0.1.2 电子科学与技术的现状 ································· 3
0.2 电子科学与技术的应用领域 ····································· 4
0.3 专业培养目标与学科体系 ··· 6
    0.3.1 专业培养目标 ··· 6
    0.3.2 相关的学科体系及课程 ································· 6

第1章 电子科学与技术概述 ··· 8

1.1 工程实践中的电子器件 ·· 8
    1.1.1 概述 ··· 8
    1.1.2 无源器件 ·· 8
    1.1.3 有源器件 ··· 12
1.2 电子系统 ·· 17
    1.2.1 电子系统的概念 ······································· 17
    1.2.2 系统与器件的关系 ···································· 18
1.3 应用电子系统分析的基本概念 ··································· 18
    1.3.1 建模与分析的概念 ···································· 18
    1.3.2 电路分析的应用概念 ································· 18
    1.3.3 系统分析 ··· 19
本章小结 ·· 21

第2章 电子技术基础 ·· 22

2.1 半导体二极管 ·· 22
    2.1.1 二极管的基本结构 ···································· 22
    2.1.2 二极管的伏安特性 ···································· 22
    2.1.3 二极管的参数 ··· 25
    2.1.4 特殊二极管 ·· 26
2.2 半导体三极管 ·· 29
    2.2.1 三极管的基本结构 ···································· 29
    2.2.2 三极管的技术特性 ···································· 29

  2.2.3 三极管的伏安特性 ……………………………………………… 30
  2.2.4 三极管的参数 …………………………………………………… 32
 2.3 场效应管 ……………………………………………………………………… 33
  2.3.1 场效应管结构与分类 …………………………………………… 33
  2.3.2 MOS 场效应管 …………………………………………………… 34
  2.3.3 结型场效应管 …………………………………………………… 34
  2.3.4 CMOS 技术 ……………………………………………………… 36
 2.4 晶闸管 ………………………………………………………………………… 37
 2.5 电路设计的基本方法 ………………………………………………………… 39
  2.5.1 电路设计的一般原则 …………………………………………… 39
  2.5.2 电路模型与参数的选择 ………………………………………… 39
  2.5.3 电子电路测试设计与分析 ……………………………………… 40
  2.5.4 电子系统电源设计与分析 ……………………………………… 40
 2.6 典型模拟信号处理电路 ……………………………………………………… 41
  2.6.1 放大电路 ………………………………………………………… 41
  2.6.2 信号发生器电路 ………………………………………………… 47
  2.6.3 模拟信号运算电路 ……………………………………………… 49
  2.6.4 滤波电路 ………………………………………………………… 52
  2.6.5 模拟信号的变换电路 …………………………………………… 53
 2.7 典型数字逻辑信号处理电路 ………………………………………………… 56
  2.7.1 组合逻辑电路 …………………………………………………… 56
  2.7.2 时序逻辑电路 …………………………………………………… 59
 2.8 集成电路 ……………………………………………………………………… 62
  2.8.1 集成电路的基本概念 …………………………………………… 62
  2.8.2 集成电路的基本结构 …………………………………………… 62
  2.8.3 集成电路中的基本电路模块 …………………………………… 63
  2.8.4 存储器集成电路 ………………………………………………… 66
  2.8.5 FPGA 与 CPLD 器件 …………………………………………… 71
  2.8.6 包含 CPU 的集成电路 ………………………………………… 72
  2.8.7 集成电路及应用技术的发展 …………………………………… 72
本章小结 …………………………………………………………………………… 73

第3章 信号的分析和处理 …………………………………………………………… 74

 3.1 信号 …………………………………………………………………………… 74
  3.1.1 信息、消息和信号 ……………………………………………… 74
  3.1.2 信号分析和信号处理 …………………………………………… 76
  3.1.3 基本的连续信号 ………………………………………………… 76
  3.1.4 连续时间信号的运算 …………………………………………… 79
 3.2 信号分析和处理方法 ………………………………………………………… 80

  3.2.1 连续信号的时域分解 ………………………………………………… 80
  3.2.2 周期信号的频谱分析 ………………………………………………… 82
  3.2.3 非周期信号的频谱分析 ……………………………………………… 83
  3.2.4 抽样信号的傅里叶变换 ……………………………………………… 85
  3.2.5 拉普拉斯变换 ………………………………………………………… 87
  3.2.6 Z 变换 ………………………………………………………………… 92
 3.3 现代信号处理技术 …………………………………………………………… 102
  3.3.1 时频分析 ……………………………………………………………… 102
  3.3.2 高阶谱分析 …………………………………………………………… 102
  3.3.3 小波分析基础 ………………………………………………………… 103
 本章小结 …………………………………………………………………………… 107

第 4 章 电子系统工程分析方法与 EDA 工具 …………………………………… 108

 4.1 概述 …………………………………………………………………………… 108
  4.1.1 电子系统中的模型概念 ……………………………………………… 108
  4.1.2 电子系统常用 EDA 工具简介 ……………………………………… 111
 4.2 电子系统分析设计的目标与内容 …………………………………………… 111
  4.2.1 电子系统分析的目标 ………………………………………………… 111
  4.2.2 电子系统分析的基本内容 …………………………………………… 112
  4.2.3 电子系统分析的基本方法 …………………………………………… 113
 4.3 数字逻辑电路设计工具 ……………………………………………………… 114
  4.3.1 数字逻辑电路的基本特征 …………………………………………… 114
  4.3.2 VHDL 语言 …………………………………………………………… 126
  4.3.3 Verilog HDL 语言电子系统仿真的基本原理 ……………………… 127
 本章小结 …………………………………………………………………………… 128

第 5 章 单片机原理、接口技术及应用 …………………………………………… 130

 5.1 单片机概述 …………………………………………………………………… 130
  5.1.1 单片机的定义与分类 ………………………………………………… 130
  5.1.2 单片机的历史及发展趋势 …………………………………………… 131
  5.1.3 MCS-51 系列单片机 ………………………………………………… 131
  5.1.4 单片机的应用 ………………………………………………………… 132
 5.2 MCS-51 单片机 ……………………………………………………………… 133
  5.2.1 MCS-51 单片机结构 ………………………………………………… 133
  5.2.2 MCS-51 单片机的典型应用 ………………………………………… 136
 5.3 嵌入式系统简介 ……………………………………………………………… 151
  5.3.1 嵌入式系统的发展 …………………………………………………… 152
  5.3.2 嵌入式系统的分类与应用 …………………………………………… 153
  5.3.3 嵌入式处理器 ………………………………………………………… 155

　　　　5.3.4　嵌入式系统的组成 ·· 156
　5.4　嵌入式系统开发技术 ··· 158
　　　　5.4.1　嵌入式系统的结构设计 ·· 158
　　　　5.4.2　嵌入式系统的设计方法 ·· 159
　　　　5.4.3　嵌入式系统的开发技术 ·· 162
　　　　5.4.4　嵌入式系统开发技术的发展趋势及其挑战 ·························· 163
　5.5　Keil 与 Proteus 用法简介 ·· 166
　本章小结 ·· 179

第 6 章　传感器的概念与发展 ·· 180
　6.1　传感器基本概念 ··· 180
　　　　6.1.1　传感器的构成与分类 ·· 181
　　　　6.1.2　传感器技术的发展趋势 ·· 182
　6.2　传感器技术基础 ··· 191
　　　　6.2.1　传感器的特性与指标 ·· 191
　　　　6.2.2　传感器设计中的共性技术 ··· 193
　本章小结 ·· 194

第 7 章　SoC 技术 ··· 196
　7.1　SoC 技术基本概念 ··· 196
　　　　7.1.1　SoC 技术的定义 ·· 196
　　　　7.1.2　SoC 关键技术 ··· 196
　7.2　SoC 应用概念 ··· 201
　　　　7.2.1　SoC 技术的应用概念 ·· 201
　　　　7.2.2　SoC 技术的综合应用设计 ··· 201
　7.3　SoC 设计及验证流程 ·· 202
　　　　7.3.1　SoC 设计流程 ··· 202
　　　　7.3.2　SoC 验证流程 ··· 203
　7.4　SoC 验证技术和测试 ·· 203
　　　　7.4.1　SoC 的验证技术 ·· 204
　　　　7.4.2　SoC 的测试 ··· 208
　7.5　IP 核的复用设计 ·· 211
　　　　7.5.1　IC 设计周期 ·· 211
　　　　7.5.2　复用技术 ··· 212
　　　　7.5.3　复用专题：存储器和数据通道 ·· 214
　　　　7.5.4　IP 核复用设计实例 ·· 214
　7.6　总线构架 ·· 218
　　　　7.6.1　CoreConnect 总线 ··· 219
　　　　7.6.2　AMBA 总线 ··· 219

     7.6.3 Wishbone 总线 ……………………………………………… 221
     7.6.4 Avalon 总线 ………………………………………………… 222
  7.7 混合信号 SoC 器件 ……………………………………………………… 223
     7.7.1 混合信号 SoC 器件中的模拟电路特征 ……………………… 223
     7.7.2 混合信号 SoC 器件中的数字电路特征 ……………………… 224
     7.7.3 混合信号 SoC 器件的设计技术 ……………………………… 226
  7.8 SoC 的设计平台、工具以及基于平台的设计 ………………………… 227
     7.8.1 SoC 的设计平台和工具 ……………………………………… 227
     7.8.2 基于平台的 SoC 设计 ………………………………………… 231
  7.9 SoC 分类及技术发展方向 ……………………………………………… 232
     7.9.1 SoC 分类 ……………………………………………………… 232
     7.9.2 SoC 技术发展方向 …………………………………………… 234
  7.10 SoC 发展遇到的挑战 …………………………………………………… 236
     7.10.1 技术趋势 …………………………………………………… 236
     7.10.2 互连性能的空缺 …………………………………………… 236
     7.10.3 功率损耗 …………………………………………………… 237
     7.10.4 SoC 的功率预测和最优化 ………………………………… 237
     7.10.5 信号完整性 ………………………………………………… 237
  本章小结 ……………………………………………………………………… 238

第 8 章 电子电路制造工艺 ……………………………………………………… 239

  8.1 电子产品制造的基本概念 ……………………………………………… 239
     8.1.1 电子制造工艺 ………………………………………………… 239
     8.1.2 电子元器件的工艺特征 ……………………………………… 239
     8.1.3 工艺设计与管理 ……………………………………………… 240
  8.2 PCB 制造技术 …………………………………………………………… 241
     8.2.1 PCB 技术概念 ………………………………………………… 241
     8.2.2 PCB 制造工艺 ………………………………………………… 241
     8.2.3 PCB 电路制造工艺 …………………………………………… 242
  8.3 集成电路制造中的工艺技术 …………………………………………… 243
     8.3.1 衬底材料的制备 ……………………………………………… 243
     8.3.2 光刻 …………………………………………………………… 244
     8.3.3 刻蚀 …………………………………………………………… 246
     8.3.4 掺杂、扩散 …………………………………………………… 247
     8.3.5 化学气相淀积 ………………………………………………… 248
     8.3.6 集成电路测试 ………………………………………………… 249
  8.4 制造工艺对设计的影响 ………………………………………………… 250
  本章小结 ……………………………………………………………………… 251

第 0 章 绪论

21世纪,随着现代科学技术的飞速发展,人类历史进入了一个崭新的时代——信息时代。其鲜明的时代特征支撑这个时代的基础产业(能源、交通、材料、信息等)得到高速发展,并能够充分满足社会发展及人们生活的多方面需求。

电子科学与技术对于国家科技进步、经济发展和国防建设都具有重要的战略意义。面对电子科学与技术的迅猛发展,世界上许多发达国家,都将本国微电子技术和光电子技术的发展置于第一位。在新的世界环境下,开展与电子科学与技术专业相关的研究是非常有必要的,这对于建立学科专业规范,培养出具有知识、能力、素质协调发展的,并能适合中国电子科学与技术领域不同层次发展要求的有用人才具有重要的意义。

0.1 电子科学与技术的发展历史及现状

0.1.1 电子科学与技术的发展历史

电子科学与技术的兴起与发展已经有一百多年的历史了。电子科学与技术一直在工程应用中起着不可替代的作用。电子科学与技术的发展,也主要是元器件的发明与应用。

以元器件为特征划分的电子技术发展历史如图 0.1 所示。从图中可以看出,1950 年以后,电子技术的发展速度非常迅速,并且应用领域也在不断地扩大。

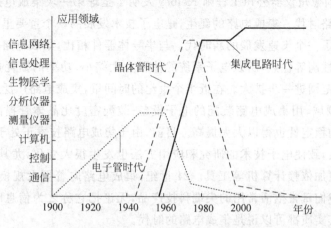

图 0.1 电子元器件的发展历史

电子科学与技术是现代科学和社会生活的基础技术,得到了广泛应用,它更是电子信息、计算机、信息技术及工程技术的重要基础。在工程应用中,电子技术也是研究电子器件与系统分析、设计、制造的工程实用技术。

电子科学与技术的研究目的是提供实现特殊功能的电子器件和电路。因此,电子技术的分析方法是建立在电路理论、信号与系统理论基础之上的。随着电子技术、信息技术的发展,电子技术的应用方法也日趋信息化和数字化。

1. 电子管阶段

1904年,世界上第一只电子管在英国诞生,标志着世界从此进入了电子时代。自此之后的60年是电子科学与技术的早期应用阶段。在此时期,该技术提供给应用领域的核心器件是电子管、继电器、变压器、磁放大器等电子器件。但在实际应用中发现,此阶段的电子管体积大、功耗大、易发热、寿命短、电源利用效率低,而且结构脆弱,致使电子系统比较笨重,消耗的功率也比较大。所以电子技术的应用受到了一定的限制。

2. 半导体元器件阶段

1833年,英国的巴拉迪最先发现半导体现象,但在此后的一百多年里,半导体在电子学领域里的应用是极其微小的。其转折点出现在20世纪中叶,1947年12月,世界上首个实用半导体器件问世。晶体管是20世纪的一项重大发明,是电子技术革命的先声。与电子管相比,半导体器件具备体积小、重量轻、耗电少、易固化、寿命长等优点,所以电子系统的体积也大大缩小,消耗的功率迅速降低,系统的效率得到了很大提高。这使得半导体器件在不同工程应用领域得到迅速发展和广泛应用,奠定了电子科学与技术在工程应用中的基础地位。半导体器件使电子学发生了根本性变化,加快了时代信息化的步伐,对人类社会的经济、科技、文化、生活等方面起着不可估量的作用。

3. 集成电路阶段

1958年,美国德州仪器公司工程师Kelbey发明了全球第一块集成电路板,标志着世界从此进入集成电路时代。集成电路的诞生,是电子技术发展的一个重要里程碑,同时也标志着电子技术进入了一个飞速发展的新时代。与半导体器件相比,集成电路具有体积小、重量轻、寿命长、可靠性高等优点,所以电子系统的体积大大缩小,功率的损耗也大为减少,使得电子技术的应用范围进一步扩大。在近半个世纪的时间里,集成电路广泛地应用于工业、军事、通信等各个领域,用集成电路装配的电子设备,装配密度比晶体管提高成千上万倍,同时,设备工作时的稳定性也得以大大提高。目前,由于集成电路技术正处于深亚微米技术阶段,复杂程度较大,致使电子技术的研究和应用方法也发生很大变化,尤其是电子系统的设计方法和技术,更加依赖计算机等工具。21世纪,集成电路向着更大规模甚至系统集成的阶段发展,综观我们日常生活常用的尖端科技产品,无论把它称之为信息时代,还是把它称之为数字时代,其实质都可以说是集成电路的时代。

0.1.2 电子科学与技术的现状

1. 微电子技术相关行业的现状

微电子技术一般是指以集成电路技术为代表,制造和使用微小型电子元器件和电路,实现电子系统功能的新型技术学科,主要涉及研究集成电路的设计、制造、封装相关的技术与工艺。由于实现信息化网络、计算机和各种电子设备的基础是集成电路,因此微电子技术是电子信息技术的核心技术和战略性技术,是信息社会的基石。

微电子技术相关行业主要是集成电路行业和半导体制造行业,它们既是技术密集型产业,又是投资密集型产业,是电子工业中的重工业。与集成电路应用相关的主要行业有:计算机及其外设、家用电器及民用电子产品、通信器材、工业自动化设备、国防军事、医疗仪器等。

1) 国际概况

微电子工业发展的主导国家是美国和日本,发达国家和地区还有韩国和西欧。从技术层面上考虑,集成电路制造技术的发展经历了6个阶段:小规模集成电路、中规模集成电路、大规模集成电路、超大规模集成电路、特大规模集成电路和巨大规模集成电路。

从市场层面考虑,美国和日本占据了全球半导体市场的大部分份额,世界十大半导体生产商,美国有4家,日本占了3家,韩国、德国和荷兰各有一家。根据美国In-Stat/MDR公司的调查显示:20世纪90年代以来,伴随着国际IT产业的快速发展,全球半导体市场在2000年达到顶峰。

2) 国内概况

我国台湾地区,20世纪90年代半导体工业进入迅猛发展时期,目前已经成为世界半导体制造中心和国际上主要的芯片供应地。特别是在半导体晶片生产方面,其产量占全世界晶片产量的20%。

我国内地的集成电路起步较晚,发展缓慢,与世界发达国家和地区的差距愈拉愈大。在"九五"计划期间,国家加大投资,才拉开了新世纪我国内地加速发展微电子产业的序幕。近年来我国集成电路市场持续快速增长。我国内地的集成电路产业规模不断扩大,逐步形成了设计、制造、封装、测试、设备和材料的完整集成电路产业链格局。

但是应该看到,我国内地的微电子技术行业与世界先进水平相比还有很大的差距。从制造方面看,国外的芯片生产技术已达到 $12\sim16\text{in}/0.13\sim0.1\mu\text{m}$ 水平,而我国仅有 $8\text{in}/0.25\sim0.18\mu\text{m}$ 水平。从设计方面看,国内多数是仿制的低水平IC,很少企业有自主知识产权的集成电路芯核技术。比如,我国内地90%的芯片是消费类,而国外75%的芯片是通信类。从人才方面看,不管是系统设计,还是资金运作、组织管理、市场营销等方面都缺乏高级人才;而且人才的结构也不合理,我国内地人才中搞半导体的占75%,而发达国家正好相反,是高层次系统设计人员占75%。因此,要提高我国内地的微电子技术的整体水平,还需要长期的艰苦努力。

2. 光电子技术相关行业的现状

光电子技术涉及以下内容:作为光子产生、控制的激光技术及其相关应用技术;作为光子传输的波导技术；作为光子探测和分析的光子检测技术；光计算和信息处理技术；作为光子存储信息的光存储技术；光子显示技术；利用光子加工与物质相互作用的光子加工与光子生物技术。以上技术形成了光电子行业的5大类产业格局：光电子材料与元件产业、光信息产业、传统光学产业、光通信产业、激光器与激光应用产业。

1) 国际概况

近年来，许多国家，特别是工业发达国家，都在大力发展光电子技术和产业。国外光电子产业主要集中在美国、日本和西欧这些国家，其中美国和日本的光电子产业发展现状与趋势最具有代表性。美国将光电子技术的应用领域分为民用和军用两类。光电子技术行业的主要产品包括：激光器、光盘、成像传感器、光纤以及关键部位使用光电子元器件的所有仪器和系统。

从北美和日本的光电子技术行业的现状和发展可以映射出国际光电子技术行业的现状和发展趋势。21世纪的IT产业在1998年金融危机的影响下产生大滑坡，导致了国际光电子技术市场的缩小。但是，经过光电子技术市场产品的重新整合和减少泡沫经济的成分，目前国际光电子技术市场已经重新步入上升轨道。

2) 国内概况

我国光电子技术产业的现状分为大陆和台湾地区。改革开放后，中国内地的激光、光电子科学事业的发展立足创新、面向市场，取得了前所未有的进步。在多项国家级战略性科技计划中，激光、光电子技术受到重视。经过20世纪末期的攻坚和拼搏，我国在激光、光电子方面取得了可喜的成绩：①建立了6个（北京、武汉、上海、石家庄、深圳和长春）光电子成果转化产业基地。②已建立了11个国家级重点光电子技术实验室和5个国家教育部所属的光电子重点实验室，5个激光光电子国家工程研究中心，4个激光光电子国家工程技术研究中心。③自2000年以来，各地兴建了多个光电子技术产业发展园区。目前国内已有13个光电子产业基地且已具有相当的规模。④在深化机构体制改革和运行机制改革过程中，中国已形成了一大批光电子产业企业单位群体，以及有关的研究所、大学，这些单位已经成为中国光电子产业的人才培养和产品研究、生产、销售群体。同时，各种中外合资、中外合作的新光电公司还在不断涌现。⑤近十几年来，中国的光电子产品市场规模正在快速发展，其平均年增长率始终保持两位数的高速增长势头。这是改革开放政策威力和积极利用投资环境与消费市场优势的结果。

进入21世纪，我国的信息产业获得高速发展，继续成为国民经济的支柱产业和新的经济增长点。中国光电子行业的发展面临着前所未有的发展机遇和挑战。

0.2 电子科学与技术的应用领域

电子技术经历了半个多世纪的飞速发展，其应用领域在不断地扩大。从目前诸多实际应用中不难发现，电子技术俨然已是实现各种工程电子系统设计的基本方法。伴随着科学技术的发展和人类社会的进步，应用电子技术也已由原来各种工程技术的核心变成了现在信息技术中的基本技术，尤其是人类社会进入信息时代以来表现更为明显。

为了能够更好地了解电子科学与技术专业的学习内容、对象及方法，必须要对其应用领域有一定程度的了解，电子科学与技术主要应用于以下比较重要的领域。

1. 通信系统

通信系统是用于完成信息传输过程的技术系统的总称,在当今社会的信息传输过程中发挥不可替代的作用,已发展成为现代社会的基础。而电子技术就是现代通信系统的基础之一。现代通信系统是一个复杂庞大的电子系统,几乎所有的通信设备都是电子产品,如电视机、移动电话、个人计算机等。

2. 计算机

计算机是 20 世纪最伟大的科学技术发明之一,对人类的生产活动和社会活动产生了极其重要的影响,并以强大的生命力飞速发展。应用领域从最初的军事科研应用扩展到目前社会的各个领域。计算机已进入寻常百姓家,成为信息社会中必不可少的工具。它是人类进入信息时代的重要标志。目前计算机主要应用于信息处理、自动控制、计算机辅助、人工智能、多媒体应用、计算机网络等方面。今后计算机技术的发展将表现为高性能化、网络化、智能化与人性化、功能综合化,计算机网络将呈现出全连接的、开放的、传输多媒体信息的特点。

3. 信息处理系统

信息处理系统,指以计算机为基础的处理系统,由输入、输出、处理三部分组成或者说由硬件、系统软件、应用程序和数据库所组成。电子技术主要为信息处理系统提供必要的基础硬件设备,如计算机设备、网络设备、显示设备等。目前,信息处理系统已成为现代工程技术和社会生活的基础。随着科学技术的发展和社会的需要,信息处理系统必将会对相关的电子技术提出更高的要求,带动电子技术的快速发展。

4. 控制系统

控制系统是指由控制主体、控制客体和控制媒体组成的具有自身目标和功能的管理系统,包括执行系统和信号处理系统。现代电子系统是现代控制系统的基本实现技术之一,利用集成电路设计与制造技术,可以把控制系统集成在一个单片的集成电路中,实现信息对系统设备运行的智能控制。如对交通信号的控制、对铁路机车的控制、对工厂工作流程的控制等。电子技术已成为现代控制系统的基础,尤其是在智能控制领域中表现更为明显,可以说电子技术已经成为必不可少的基本实现技术。

5. 生物医学电子系统

生物医学工程是一个从 20 世纪 50 年代起逐步发展和确立起来的新兴学科,主要是应用电子技术解决生物医学中的问题,从生命体本身的特殊性出发,来研究生物医学信号的检测、处理、显示与记录等电子学在生物医学应用中的理论、方法与手段。作为交叉学科,生物医学工程综合应用了电子技术和有关工程技术的理论和方法,一方面将电子技术应用于生物和医学领域,使这些领域的研究方式由定性提高到定量;另一方面是生命进化过程中揭示出的许多规律将会给电子学科以重要的启示,这不仅会推动电子学的发展,还将会使信息科学发生革命性的变革。

除此之外，电子科学与技术还有很多其他应用领域，如电化学、电镀、电加工、直流传动、直流电力牵引、交流传动、交流电力牵引、电机励磁、电磁合闸、充电、中频感应加热、高频静电除尘、直流高压输电、无功功率补偿以及深入千家万户的各种家用电器、雷达、通信、控制、计算机、光电、机电一体化、测试系统、家用电器及农业机械等。

电子科学与技术发展非常迅速，研究领域也在不断地拓宽，地位日益重要，展示出了广阔的发展前景。

0.3 专业培养目标与学科体系

要想正确运用电子技术，不仅要了解电子科学与技术中与电子技术有关的内容，还要了解与电子技术相关的学科体系，只有这样才能更好地学习并了解电子技术、培养电子技术的应用能力。对于其他专业的学生，则更应该了解电子科学与技术专业的学科体系以及基本内容，这样不仅能系统地并且有针对性地学习应学专业的知识，也能为以后的学习打下一个良好的基础。

0.3.1 专业培养目标

本专业的主要培养目标是电子工程技术的高级应用型人才。毕业生应具有较高的思想道德和文化素质修养、敬业精神及社会责任感、扎实的专业技能以及较强的实践能力，能够从事与电子科学与技术有关的研究、设计、制造以及新的产品、技术、工艺的研究与开发等工作，具有较高的创新精神并能够跟踪掌握该领域未来出现的新理论、新知识、新技术。

0.3.2 相关的学科体系及课程

从电子技术的应用方面看，电子科学与技术的学科体系可用图 0.2 表示。

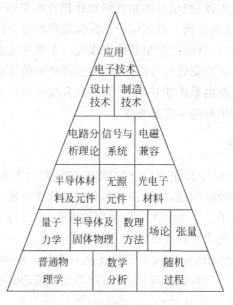

图 0.2 电子科学与技术的学科体系

实际上,电子科学与技术专业的相关课程也是其他一些专业(电气、机电一体化、计算机等)的学习课程,其课程可用表 0.1 表示。

表 0.1 电子科学与技术的相关课程

课程结构	课程名称	课程作用
学科基础课程	高等数学	分析、计算工具
	工程数学	
	大学物理	分析概念和方法
	固体物理	半导体物理基础
	半导体物理	电子材料知识
	量子力学	电子科学发展的基础理论知识
专业基础课程	电路分析	电路工程分析方法
	信号与系统	系统工程分析方法
	电磁场与电磁波	电子电路分析基本概念
	半导体材料	设计技术基础
	模拟电子技术基础	应用技术基础
	数字电子技术基础	
	数字信号处理技术	
	集成电路设计基础	
	集成电路建模技术	
	器件与集成电路制造工艺	
专业应用课程	微机原理	电子系统应用技术
	嵌入式技术	
	SoC 设计技术	电子系统应用设计技术
	RF 电路设计	
	EDA 原理与应用	
	DSP 的 VLSI 设计	
	电子系统建模与仿真	
	电子技术中的软件工程	
	IP 模块设计与应用	电子系统设计技术
	集成电路测试原理与技术	电子系统测试技术

第 1 章 电子科学与技术概述

1.1 工程实践中的电子器件

1.1.1 概述

电子元器件是元件和器件的总称。电子元件是指在工厂生产加工时不改变分子成分的成品,如电阻器、电容器、电感器。因为它本身不产生电子,它对电压、电流无控制和变换作用,所以又称无源器件。又如晶体管、电子管、集成电路,因为它本身能产生电子,对电压和电流有控制、变换作用(如放大、开关、整流、检波、振荡和调制等),所以又称有源器件。按分类标准,电子器件可分为12大类,可归纳为真空电子器件和半导体器件两大块。

1.1.2 无源器件

无源器件是在不需要外加电源的条件下,就可以显示出其特性的电子元件。无源元件主要是电阻类、电容类和电感类。

1. 电阻

电流通过导体时,导体内阻阻碍电流产生的性质称为电阻,电阻元件是从实际电阻器中抽象出来的模型。线性电阻元件的端电压和电流为关联参考方向时,如图 1.1(a)所示,它两端的电压电流服从欧姆定律的关系,即

$$u = iR \tag{1-1}$$

其中,R 是电阻,为常数,其标准单位为欧姆(Ω)。常用的还有千欧($k\Omega$),兆欧($M\Omega$)。单位之间的换算关系为 $1M\Omega = 10^3 k\Omega = 10^6 \Omega$。

电阻器也可以用电导表示,电导 $G = \dfrac{1}{R}$,其单位为西门子(S)。如果用电导表征电阻器,欧姆定律可表示为

$$i = Gu \tag{1-2}$$

对于线性电阻而言,其伏安特性曲线为一条通过原点的直线,直线的斜率取决于元件的电阻值,伏安特性如图 1.1(b)所示。

电阻主要用来降压、分压或分流,或在一些特殊电路中用作负载、反馈、耦合、隔离等。若元件的电阻值不是常数,而是随着电压或电流的改变而改变,这样的电阻称为非线性电

阻。常见的非线性电阻有二极管,其电路符号和伏安特性如图 1.2 所示。

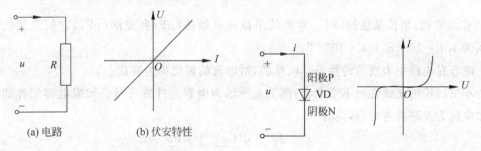

(a) 电路　　　　(b) 伏安特性

图 1.1　电阻元件及其伏安特性　　　　图 1.2　二极管电路符号及其伏安特性

电阻还可以根据其特性曲线是否随时间的变化而变化分为时变和非时变(或时不变)两类。特性曲线不随时间变化的电阻称为非时变电阻,否则称为时变电阻。常见的电阻如图 1.3 所示。

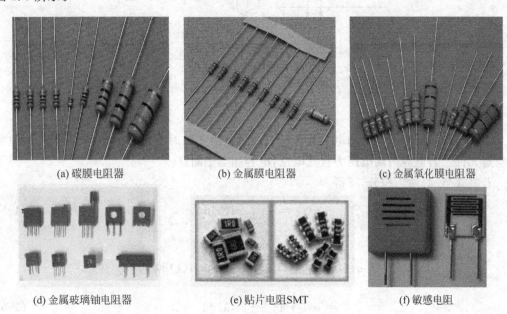

(a) 碳膜电阻器　　　　(b) 金属膜电阻器　　　　(c) 金属氧化膜电阻器

(d) 金属玻璃铀电阻器　　　　(e) 贴片电阻 SMT　　　　(f) 敏感电阻

图 1.3　常见电阻图片

2. 电容

电容器是电子线路中最常见的元器件之一,它是一种存储电能的元器件。电容器由两块大小相同材质相同的导体中间夹一层绝缘介质构成。当在其两端加上电压时,电容器上就会存储电荷。一旦没有电压,只要有闭合回路,它又会放出电能。电容器在电路中阻止直流电流通过,而允许交流电流通过,交流的频率越高,通过的能力越强。因此,电容在电路中常用来实现耦合、旁路滤波、反馈、定时及振荡等作用。

当在电容元件两端外加电压 u 时,两块金属板上分别聚集等量异性电荷 q 而形成电场,若电荷 q 与所加电压 u 之间为线性关系时,则称为线性电容,符号用 C 表示,数学关系为

$$C = \frac{q}{u} \tag{1-3}$$

式中 C 为常数,单位是法拉(F)。常用的单位还有微法(μF)和皮法(pF),它们之间的换算关系为 $1\mu F = 10^{-6} F, 1pF = 10^{-12} F$。

电容在电路中表现的特性是非线性的,对电流的阻抗称为容抗。

本书讨论的是线性时不变电容,图 1.4 所示为电容元件的符号。如果电容元件的端电压和电流为关联参考方向,则有

$$i = \frac{dq}{dt} = \frac{d(Cu)}{dt} = C\frac{du}{dt} \tag{1-4}$$

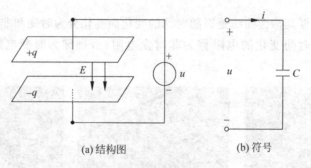

(a) 结构图   (b) 符号

图 1.4 电容元件

由式(1-4)可知,某一时刻电容元件的电流只取决于该时刻电容电压的变化率,故电容是动态元件。若电容两端电压为直流电压,电容相当于断路。

若将式(1-4)两边积分,可得

$$u(t) = \frac{1}{C}\int_{-\infty}^{t} i(\lambda)d\lambda \tag{1-5}$$

或

$$\begin{aligned} u(t) &= \frac{1}{C}\int_{-\infty}^{t_0} i(\lambda)d\lambda + \frac{1}{C}\int_{t_0}^{t} i(\lambda)d\lambda \\ &= u(t_0) + \frac{1}{C}\int_{t_0}^{t} i(\lambda)d\lambda \quad t > t_0 \end{aligned} \tag{1-6}$$

由此可见,某时刻电容上的电压并不只取决于该时刻的电流值,而取决于从 $-\infty$ 到 t 所有时刻的电流值,因此电容电压具有"记忆"电流的性质,可称为记忆元件。常见的电容器如图 1.5 所示。

3. 电感

电感与电容一样,也是一种储能元器件。电感器一般由线圈做成,当线圈两端加上交流电压时,在线圈中产生感应电动势,阻碍通过线圈的电流发生变化。这种阻碍作用称做感抗。感抗与电感值及信号的频率成正比。它对直流电不起阻碍作用(不计线圈的直流电阻)。所以电感在电子线路中的作用是阻流、变压、耦合及与电容配合用作调谐、滤波、选频、分频等。

(a) 钽电解电容器

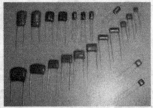
(b) 薄膜电容器

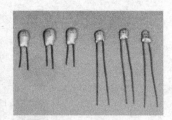
(c) 钽电解电容器

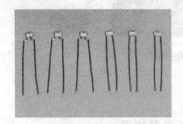
(d) 独石电容器

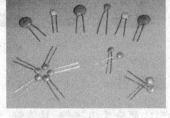
(e) 瓷介电容器

图 1.5 常见电容器图片

电感在电路中用 L 表示。电感量的单位是亨利（记作 H），常用的有毫亨（mH），微亨（μH）。它们之间的换算关系为 $1\text{mH}=10^{-3}\text{H}$，$1\mu\text{H}=10^{-6}\text{H}$。

如图 1.6 所示为电感元件的符号。如果电感元件的端电压和电流为关联参考方向，则有

$$u(t) = L\frac{\mathrm{d}i(t)}{\mathrm{d}t} \tag{1-7}$$

上式表明：电感电压 u 的大小取决于 i 的变化率，与 i 的大小无关，因此电感是动态元件；当 i 为常数（即直流）时，$u=0$，电感相当于短路。

实际电路中电感的电压 u 为有限值，则电感电流 i 不能跃变，必定是时间的连续函数。

图 1.6 电感元件符号

若将式(1-7)两边积分，可得

$$i(t) = \frac{1}{L}\int_{-\infty}^{t} u\mathrm{d}\xi = \frac{1}{L}\int_{-\infty}^{t_0} u\mathrm{d}\xi + \frac{1}{L}\int_{t_0}^{t} u\mathrm{d}\xi \tag{1-8}$$

$$= i(t_0) + \frac{1}{L}\int_{t_0}^{t} u\mathrm{d}\xi \tag{1-9}$$

由式(1-8)和式(1-9)可知：某一时刻的电感电流值与 $-\infty$ 到该时刻的所有电流值有关，即电感元件有记忆电压的作用，电感元件也是记忆元件。

电感能在一段时间内吸收外部供给的能量转化为磁场能量存储起来，在另一段时间内又把能量释放回电路，因此电感元件是无源元件、储能元件，它本身不消耗能量。

电感是典型的电磁感应和电磁转换的元器件，最常见的应用是变压器。常见的电感如图 1.7 所示。

图 1.7 常见电感图片

1.1.3 有源器件

有源器件的类型主要分为电子管、晶体管、场效晶体管。

1. 电子管

1904年,世界上第一只电子管在英国物理学家弗莱明的手下诞生了。弗莱明为此获得了这项发明的专利权。人类第一只电子管的诞生,标志着世界从此进入了电子时代。世界上第一台计算机用1.8万只电子管,占地170m²,重30t,耗电150kW。

说起电子管的发明,我们首先得从"爱迪生效应"谈起。爱迪生这位举世闻名的大发明家,在研究白炽灯的寿命时,在灯泡的碳丝附近焊上一小块金属片。结果,他发现了一个奇怪的现象:金属片虽然没有与灯丝接触,但如果在它们之间加上电压,灯丝就会产生一股电流,趋向附近的金属片。这股神秘的电流是从哪里来的?爱迪生也无法解释,但他不失时机地将这一发明注册了专利,并称之为"爱迪生效应"。后来,有人证明电流的产生是因为炽热的金属能向周围发射电子造成的,但最先预见到这一效应具有实用价值的,则是英国物理学家和电气工程师弗莱明。弗莱明的二极管是一项崭新的发明,它在实验室中工作得非常好。可是,不知为什么,它在实际用于检波器上却很不成功,还不如同时发明的矿石检波器可靠。因此,对当时无线电的发展没有产生什么冲击。电子管外观如图1.8所示。

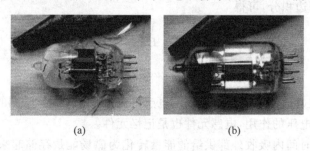

图 1.8 电子管外观

此后不久,贫困潦倒的美国发明家德福雷斯特,在二极管的灯丝和板极之间巧妙地加了一个栅板,从而发明了第一只真空三极管。这一小小的改动,竟带来了意想不到的结果。它不仅反应更为灵敏,能够发出音乐或声音的振动,而且集检波、放大和振荡三种功能于一体。

因此，许多人都将三极管的发明看作是电子工业真正的诞生起点。德福雷斯特自己也非常惊喜，认为"我发现了一个看不见的空中帝国"。电子管的问世，推动了无线电电子学的蓬勃发展。到1960年前后，西方国家的无线电工业年产10亿只无线电电子管。电子管除应用于电话放大器、海上和空中通信外，也广泛渗透到家庭娱乐领域，将新闻、教育节目、文艺和音乐播送到千家万户，就连飞机、雷达、火箭的发明和进一步的发展，也有电子管的一臂之力。

三条腿的魔术师——电子管在电子学研究中曾是得心应手的工具。电子管器件历时40余年一直在电子技术领域里占据统治地位。但是，不可否认，电子管十分笨重，能耗大、寿命短、噪声大，制造工艺也十分复杂。因此，电子管问世不久，人们就在努力寻找新的电子器件。第二次世界大战中，电子管的缺点更加暴露无遗，在雷达工作频段上使用的普通电子管，效果极不稳定。移动式的军用器械和设备上使用的电子管更加笨拙，易出故障。因此，电子管本身固有的弱点和迫切的战时需要，都促使许多科研单位和广大科学家们集中精力，迅速研制能成功取代电子管的固体元器件。

电子管不论二极还是多极，它都有阳极和阴极。阴极在外加电源的作用下，发射电子向阳极流动。外加电源可以直接加在阴极上，也可以加在另外的加热灯丝上。电子管就是因为这个外加电源的存在，而统称为有源器件。电子管是最早的有源电子元件，分二极管、三极管与多极管。随着电子技术的发展，电子管因其体积大、重量重、耗电大等缺点，而先后让位给晶体管和集成电路。但是，在许多场合电子管继续发挥作用。例如：大功率发射机的末级功率放大；各类显示器的显示管；电视机的显像管等。

2．晶体管

电子管的替代产品叫晶体管。随着科技的发展，人们生产的机械向体积越来越小的方向发展。由于电子管的体积大，而且在移动过程中容易损坏，越来越多地表现出其弊端，于是人们开始寻找和开发电子管的可替代产品。随着后来的晶体管的出现，越来越多的机械已不再使用电子管。晶体管的出现是人类在电子方面一个大的飞跃。

早在20世纪30年代，人们已经尝试着制造固体电子元件。但是，当时人们多数是直接用模仿制造真空三极管的方法来制造固体三极管。

什么是晶体管呢？通俗地说，晶体管是用半导体做的固体电子元件。像金银铜铁等金属，它们导电性能好，叫做导体；木材、玻璃、陶瓷、云母等不易导电，叫做绝缘体；导电性能介于导体和绝缘体之间的物质，叫做半导体。晶体管就是用半导体材料制成的。这类材料最常见的便是锗和硅两种。

半导体是19世纪末才发现的一种材料。当时人们并没有发现半导体的价值，也就没有注重半导体的研究。直到第二次世界大战，由于雷达技术的发展，半导体器件——微波矿石检波器的应用日趋成熟，在军事上发挥了重要作用，这才引起了人们对半导体的兴趣。许多科学家都投入到半导体的深入研究中。经过紧张的研究工作，美国物理学家肖克利、巴丁和布拉顿三人捷足先登，合作发明了晶体管——一种三个支点的半导体固体元件，它被人们称为"三条腿的魔术师"。它的发明是电子技术史中具有划时代意义的伟大事件，它开创了一个崭新的时代——固体电子技术时代。

美国人威廉·肖克利，1910年2月13日生于伦敦，曾在美国麻省理工学院学习量子物理,1936年获得该校博士学位后,进入久负盛名的贝尔实验室工作。贝尔实验室是电话发明人贝尔创立的,在电子特别在通信领域是最有名气的研究所,号称"研究王国"。早在1936年,当时的研究部主任,后来的贝尔实验室总裁默文·凯利就对肖克利说过,为了适应通信不断增长的需要,将来一定会用电子交换取代电话系统的机械转换。这段话给肖克利留下了不可磨灭的印象,激起他满腔热情,把毕生精力投入到推进电子技术进步的事业中。沃尔特·布拉顿也是美国人,1902年2月10日出生在中国南方美丽的城市厦门,当时他父亲受聘在中国任教。布拉顿是实验专家,1929年获得明尼苏达大学的博士学位后,进入贝尔研究所从事真空管研究工作。温文儒雅的美国人巴丁是一个大学教授的儿子,1908年在美国威斯康星州的麦迪逊出生,相继于1928年和1929年在威斯康星大学获得两个学位,后来又转入普林斯顿大学攻读固体物理,1936年获得博士学位,1945年来到贝尔实验室工作。默文·凯利是一位颇有远见的科技管理人员。他从20世纪30年代起,就注意寻找和采用新材料及依据新原理工作的电子放大器件。在第二次世界大战前后,敏锐的科研洞察力促使他果断地决定加强半导体的基础研究,以开拓电子技术的新领域。于是,1945年夏天,贝尔实验室正式决定以固体物理为主要研究方向,并为此制定了一个庞大的研究计划。发明晶体管就是这个计划的一个重要组成部分。1946年1月,贝尔实验室的固体物理研究小组正式成立了。这个小组以肖克利为首,下辖若干小组,其中之一包括布拉顿、巴丁在内的半导体小组,在这个小组中,活跃着理论物理学家、实验专家、物理化学家、线路专家、冶金专家、工程师等多学科多方面的人才。他们通力合作,既善于汲取前人的有益经验,又注意借鉴同时代人的研究成果,博采众家之长。小组内部广泛开展有益的学术探讨,"有新想法,新问题,就召集全组讨论,这是习惯"。在这样良好的学术环境中,大家都充满热情,完全沉醉在理论物理领域的研究与探索中。

开始,布拉顿和巴丁在研究晶体管时,采用的是肖克利提出的场效应概念。场效应设想是人们提出的第一个固体放大器的具体方案。根据这一方案,他们仿照真空三极管的原理,试图用外电场控制半导体内的电子运动。但是事与愿违,实验屡屡失败。

人们得到的效应比预期的要小得多。人们困惑了,为什么理论与实际总是矛盾的呢?问题究竟出在哪里呢?经过多少个不眠之夜的苦苦思索,巴丁又提出了一种新的理论——表面态理论。这一理论认为表面现象可以引起信号放大效应。表面态概念的引入,使人们对半导体的结构和性质的认识前进了一大步。布拉顿等人乘胜追击,认真细致地进行了一系列实验。结果,他们意外地发现,当把样品和参考电极放在电解液里时,半导体表面内部的电荷层和电势力发生了改变,这不正是肖克利曾经预言过的场效应吗?这个发现使大家十分振奋。在极度兴奋中,他们加快了研究步伐,利用场效应又反复进行了实验。谁知,继续实验中突然发生了与以前截然不同的效应,这接踵而至的新情况大大出乎实验者的预料。

人们的思路被打断了,制作实用器件的原计划不能不改变了,渐趋明朗的形势又变得扑朔迷离了。然而肖克利小组并没有知难而退,他们紧紧循着茫茫迷雾中的一丝光亮,改变思路,继续探索。经过多次的分析、计算、实验,1947年12月23日,人们终于得到了盼望已久的"宝贝"。这一天,巴丁和布拉顿把两根触丝放在锗半导体晶片的表面上,当两根触丝十分靠近时,放大作用发生了。世界第一只固体放大器——晶体管也随之诞生了。在这值得庆祝的时刻,布拉顿按捺住内心的激动,仍然一丝不苟地在实验笔记中写道:"电压增益100,功率增益40,电流损失1/2.5……亲眼目睹并亲耳听闻音频的人有吉布尼、摩尔、巴丁、皮尔逊、肖克利、弗莱彻和包文。"在布拉顿的笔记上，皮尔逊、摩尔和肖克利等人分别签上了日期和他们的名字表示认同。

巴丁和布拉顿实验成功的这种晶体管，是金属触丝和半导体的某一点接触，故称点接触晶体管，这种晶体管对电流、电压都有放大作用。

晶体管发明之后基于严谨的科学态度，贝尔实验室并没有立即发表肖克利小组的研究成果。他们认为，还需要时间弄清晶体管的效应，以便编写论文和申请专利。此后一段时间里，肖克利等人在极度紧张的状态中忙碌地工作着，他们心中隐藏着一丝忧虑。如果别人也发明了晶体管并率先公布了，他们的心血就付之东流了。他们的担心绝非多虑，当时许多科学家都在潜心于这一课题的研究。1948年初，在美国物理学会的一次会议上，柏杜大学的布雷和本泽报告了他们在锗的点接触方面所进行的实验及其发现，当时贝尔实验室发明晶体管的秘密尚未公开，它的发明人之一——布拉顿就端坐在听众席上。布拉顿清楚地意识到布雷等人的实验距离晶体管的发明就差一小步了。因此，会后布雷与布拉顿聊天时谈到他们的实验时，布拉顿立刻紧张起来，他不敢多开口，只让对方讲话，生怕泄密给对方，支吾几句就匆匆忙忙地走开了。后来，布雷曾惋惜地说过："如果把我的电极靠近本泽的电极，我们就会得到晶体管的作用，这是十分明白的。"由此可见，当时科学界的竞争是多么的激烈！实力雄厚的贝尔实验室在这场智慧与技能的角逐中，也不过略胜一筹。

晶体管发明半年以后，在1948年6月30日，贝尔实验室首次在纽约向公众展示了晶体管，这个伟大的发明使许多专家不胜惊讶。然而，对于它的实用价值，人们大都表示怀疑。当年7月1日的《纽约时报》只以8个句子、201个文字的短讯形式报道了本该震惊世界的这条新闻。在公众的心目中，晶体管不过是实验室的珍品而已，估计只能做助听器之类的小东西，不可能派上什么大用场。

的确，当时的点接触晶体管同矿石检波器一样，利用触须接点，很不稳定，噪声大，频率低，放大功率小，性能还赶不上电子管，制作又很困难。然而，物理学家肖克利等人却坚信晶体管大有前途，它的巨大潜力还没有被人们所认识。于是，在点接触式晶体管发明以后，他们仍然不遗余力，继续研究，又经过一个多月的反复思索，终于发现以往的研究失败的根本原因在于人们不顾一切地盲目模仿真空三极管。这实际上走入了研究的误区，晶体管同电子管产生于完全不同的物理现象，这就暗示晶体管效应有其独特之处。明白了这些，肖克利当即决定暂时放弃原来追求的场效应晶体管，集中精力实现另一个设想——晶体管的放大作用。1948年11月，肖克利构思出一种新型晶体管，其结构像"三明治"夹心面包那样，把N型半导体夹在两层P型半导体之间。但是由于当时技术条件的限制，研究和实验都十分困难，直到1950年，人们才成功地制造出第一个PN结型晶体管。

电子技术发展史上一座里程碑——晶体管的出现，是电子技术之树上绽开的一朵绚丽多彩的奇葩。同电子管相比，晶体管具有诸多优越性：①晶体管的构件是没有消耗的。无论多么优良的电子管，都将因阴极原子的变化和慢性漏气而逐渐劣化。由于技术上的原因，晶体管制作之初也存在同样的问题。随着材料制作上的进步以及多方面的改善，晶体管的寿命一般比电子管长100～1000倍，称得起永久性器件的美名。②晶体管消耗电子极少，仅为电子管的十分之一或几十分之一，它不像电子管那样需要加热灯丝以产生自由电子。一台晶体管收音机只要几节干电池就可以半年一年地听下去，这对电子管收音机来说，是难以做到的。③晶体管不需预热，一开机就工作。例如，晶体管收音机一开就响，晶体管电视机一开就很快出现画面,电子管设备就做不到这一点。显然,在军事、测量、记录等方面,晶体管是非常有优势的。④晶体管结实可靠,比电子管可靠100倍,耐冲击、耐振动,这都是电子管所无法比拟的。另外,晶体管的体积只有电子管的十分之一到百分之一,放热很少,可用于设计小型、复杂、可靠的电路。晶体管的制造工艺虽然精密,但工序简便,有利于提高元器件的安装密度。正因为晶体管的性能如此优越,晶体管诞生之后,便被广泛地应用于工农业生产、国防建设以及人们日常生活中。1953年,首批电池式的晶体管收音机一投放市场,就受到人们的热烈欢迎,人们争相购买这种收音机。接着,各厂家之间又展开了制造短波晶体管的竞赛。此后不久,不需要交流电源的"袖珍晶体管收音机"开始在世界各地出售,又引起了一个新的消费热潮。

晶体管属于半导体器件。导电能力介于导体与绝缘体之间的物质称为半导体,如硅、锗。所以用这些晶体材料做成的电子器件,称为晶体管。它分晶体二极管和晶体三极管,其中晶体二极管属于无源器件,晶体三极管则属于有源器件。

晶体管材料按导电特性可分为P型和N型两种,这两种半导体结合的界面称为PN结。PN结是构成各种半导体器件的基础。P区为正极,N区为负极。二极管的单向导电性,是二极管的最重要的特性:正向导通、反向截止。二极管的主要用途是整流、检波及需要单向导通的电路。晶体三极管是电子线路的核心元件之一,尤其是在最基本的电路放大器中广泛应用。晶体三极管由两个PN结组成。两个P型加一个N型的叫PNP型;两个N型加一个P型的叫NPN型。晶体三极管的重要参数是它的电流放大倍数β,其大小范围可从几倍到几百倍。晶体管中还有两种特殊管子,它们是晶闸管和场效应管。晶闸管原名可控硅,它的特点是用小信号控制大信号,其大小可达几百倍。最常用的是可控硅整流和电路保护。场效应管是一种电压控制元件,其输出电流取决于输入电压的大小,其输入阻抗很高,放大失真小,所以被广泛应用于放大和数字电路中。

3. 场效晶体管

硅晶体管由于适合高温工作,可以抵抗大气影响,在电子工业领域是最受欢迎的产品之一。从1967年以来,电子测量装置或者电视摄像机甚至车载的大型发射机也都晶体管化了。

另外,晶体管还特别适合用作开关,也是第二代计算机的基本元件。人们还常常用硅晶体管制造红外探测器,就连可以将太阳能转变为电能的电池——太阳能电池也都能用晶体管制造,这种电池是遨游于太空的人造卫星必不可少的电源。晶体管这种小型简便的半导体元件还为缝纫机、电钻和荧光灯开拓了电子控制的途径。从1950年至1960年的10年间,世界主要工业国家投入了巨额资金,用于研究、开发与生产晶体管和半导体器件。例如,纯净的锗或硅半导体,导电性能很差,但加入少量其他元素(称为杂质)后,导电性能会提高许多。但是要想把定量杂质正确地熔入锗或硅中,必须在一定的温度下,通过加热等方法才能实现,而一旦温度高于摄氏75°,晶体管就开始失效。为了攻克这一技术难关,美国政府在工业界投资数百万美元,以开展这项新技术的研制工作。在这样雄厚的财政资助下,没过多久,人们便掌握了这种高熔点材料的提纯、熔炼和扩散的技术,特别是晶体管在军事计划和宇宙航行中的威力日益显露出来以后,为争夺电子领域的优势地位,世界各国展开了激烈的竞争。为实现电子设备的小型化,人们不惜成本,纷纷给电子工业以巨大的财政资助。

自从 1904 年弗莱明发明真空二极管，1906 年德福雷斯特发明真空三极管以来，电子学作为一门新兴学科迅速发展起来，但是电子学真正突飞猛进的进步，还应该是从晶体管发明以后开始的。尤其是 PN 结型晶体管的出现，开辟了电子器件的新纪元，引起了一场电子技术的革命。在短短十余年的时间里，新兴的晶体管工业以不可战胜的雄心和年轻人那样无所顾忌的气势，迅速取代了电子管工业通过多年奋斗才取得的地位，一跃成为电子技术领域的排头兵。电子管的发明使电子设备发生了革命性变化，但是电子管体大易碎，费电又不可靠，因此，晶体管的问世被誉为本世纪最伟大的发明之一，它解决了电子管存在的大部分问题。可是单个晶体管的出现，仍然不能满足电子技术飞速发展的需要。随着电子技术应用的不断推广和电子产品发展的日趋复杂，电子设备中应用的电子器件越来越多。比如第二次世界大战末出现的 B29 轰炸机上装有一千个电子管和一万多个无线电元件。1960 年上市的通用型号计算机有 10 万个二极管和 2.5 万个晶体管。一个晶体管只能取代一个电子管，极为复杂的电子设备中就可能要用上百万个晶体管。一个晶体管有 3 条腿，复杂一些的设备就可能有数百万个焊接点，稍有不慎，就有可能出现故障。为确保设备的可靠性，缩小其重量和体积，人们迫切需要电子技术领域再来一次新的突破。1957 年苏联成功地发射了第一颗人造卫星，这一震惊世界的消息引起了美国朝野的极大震动，它严重挫伤了美国人的自尊心和优越感。发达的空间技术是建立在先进的电子技术基础上的。为夺得空间科技的领先地位，美国政府于 1958 年成立了国家航空和宇航局，负责军事和宇航研究，为实现电子设备的小型化和轻量化，投入了天文数字的经费。在这种激烈的军备竞赛的刺激下，在已有的晶体管技术的基础上，一种新兴技术诞生了，那就是今天大放异彩的集成电路。有了集成电路，计算机、电视机等与人类社会生活密切相关的设备不仅体积小了，功能也越来越齐全了，给现代人的工作、学习和娱乐带来了极大便利。集成电路是在一块几平方毫米的极其微小的半导体晶片上，将成千上万的晶体管、电阻、电容、包括连接线做在一起，真正是立锥之地布千军，它是材料、元件、晶体管三位一体的有机结合。

集成电路的问世是离不开晶体管技术的，没有晶体管就不会有集成电路。本质上，集成电路是最先进的晶体管——平面晶体制造工艺的延续，集成电路设想的提出，同晶体管密切相关。1952 年，英国皇家雷达研究所的一位著名科学家达默，在一次会议上曾指出："随着晶体管的出现和对半导体的全面研究，现在似乎可以想象，未来电子设备是一种没有连接线的固体组件。"虽然达默的设想并未付诸实施，但是他为人们的深入研究指明了方向。电路顾名思义是将有源器件和无源器件及连接线等集中制造在一个很小的硅片上，再经引线和封装，形成一个有预定功能的微型整体（符号为 IC）。集成电路的优点是体积小、寿命长、成本低、可靠性高、性能好。当前集成电路及大规模集成电路越来越被广泛地应用。

1.2 电子系统

1.2.1 电子系统的概念

电子系统通常是指有若干相互连接、相互作用的基本电路组成的具有特定功能的电路整体。由于大规模集成电路和模拟-数字混合集成电路的大量出现，在单个芯片上可能集成许多种不同种类的电路。

1.2.2 系统与器件的关系

在实际工程应用中,元器件构成电路板,电路板构成电子系统。在科研领域里,电子科学与技术中常用器件、子系统、系统来描述电子系统和电子器件的关系。下面简要介绍器件、子系统、系统的概念。

器件:在电子科学与技术中,用来组成子系统和系统的、不可分割的最小物理单元叫做器件。

子系统:电子系统中具有独立功能但不能独立工作的系统叫做子系统。

系统:由子系统组成,具有特定和完整功能的物理实体叫做电子系统。特别要注意的是,电子系统一定是一个能够实现完整系统功能的物理系统,不仅是具备部分功能的物理体系,还是一个可以独立使用的物理系统。

明白了器件、子系统、系统的定义之后,可以看出器件、子系统、系统的区别是很严格的。正是有了这样严格的区分才使得复杂的电子系统的分析和设计简单而清晰。另外,在系统分析和设计中,只关心系统的功能、行为特性和系统级技术参数。子系统分析和设计中,只分析在系统功能和行为特性要求及限制条件下子系统的功能、行为特性及具体技术参数。器件的分析和设计包括两方面,一方面是器件本身的分析和设计,另一方面是器件应用的分析和设计。

最后随着技术的发展,分立器件与集成器件只是一个相对的概念。在电子科学与技术中,组成完整电子系统的所有器件都属于分立器件,各自独立的器件组合成电路板。电子系统可以由多个不同的电路板组合而成。当把系统集成到一个集成电路芯片时,就构成了新的集成电路。

1.3 应用电子系统分析的基本概念

1.3.1 建模与分析的概念

建模的过程是一种模拟,是用数学符号、数学公式、程序、图形等对实际课题本质属性的抽象而又简洁的描述,它或能解释某些客观现象,或能预测未来的发展规律,或能为控制某一现象的发展提供某种意义下的最优策略或较好策略。数学模型一般并非现实问题的直接翻版,它的建立常常既需要人们对现实问题深入细微的观察和分析,又需要人们灵活巧妙地利用各种数学知识。这种应用知识从实际课题中抽象、提炼出数学模型的过程就称为建模。不论是用数学方法在科技和生产领域解决哪类实际问题,还是与其他学科相结合形成交叉学科,首要的和关键的一步是建立研究对象的数学模型,并加以计算求解。建模与分析和计算机技术在知识经济时代的结合作用可谓是如虎添翼。

1.3.2 电路分析的应用概念

电路分析的应用就是用系统的方法和理论来设计和分析具体的电路,尤其体现在大规模的集成电路的设计过程中。典型的电路分析方法包含基尔霍夫定律、叠加定理、戴维宁定理、等效的若干概念,应用这些理论基础可以简化和方便实际电路的分析和设计。

1.3.3 系统分析

系统分析一词最早是在20世纪30年代提出的,当时是以管理问题为主要应用对象,是管理信息系统的一个主要和关键阶段。负责这个阶段的关键人物是系统分析员,完成这个阶段任务的关键问题是开发人员与用户之间的沟通。到了20世纪40年代,它的应用获得成功,得到了进一步的发展。以后的几十年,无论是研究大系统的问题,还是建立复杂的系统,都广泛应用了系统分析的方法。

系统分析的主要任务是将在系统详细调查中所得到的文档资料集中到一起,对组织内部的整体管理状况和信息处理过程进行分析。它侧重于从业务全过程的角度进行分析。分析的主要内容是:业务和数据的流程是否通畅,是否合理;数据、业务过程和实现管理功能之间的关系;老系统管理模式改革和新系统管理方法的实现是否具有可行性等。系统分析的目的是将用户的需求及其解决方法确定下来,这些需要确定的结果包括:开发者关于现有组织管理状况的了解;用户对信息系统功能的需求;数据和业务流程;管理功能和管理数据指标体系;新系统拟改动和新增的管理模型等。系统分析所确定的内容是今后系统设计、系统实现的基础。

系统分析从系统需求入手,从用户观点出发建立系统用户模型。用户模型从概念上全方位表达系统需求及系统与用户的相互关系。系统分析在用户模型的基础上,建立适应性强的独立于系统实现环境的逻辑结构。

分析阶段独立于系统实现环境,可以保证建立起来的系统结构具有相对的稳定性,便于系统维护、移植或扩充。

在系统分析阶段,系统的逻辑结构应从以下三方面全面反映系统的功能与性能。

信息:完整描述系统中所处理的全部信息。

行为:完全描述系统状态变化所需处理或功能。

表示:详细描述系统的对外接口与界面。

在系统开发周期的初始阶段,由分析师定义,并且由经理签署同意,然后才开始开发软件。系统分析方法是指把要解决的问题作为一个系统,对系统要素进行综合分析,找出解决问题的可行方案的咨询方法。兰德公司认为,系统分析是一种研究方略,它能在不确定的情况下确定问题的本质和起因,明确咨询目标,找出各种可行方案,并通过一定标准对这些方案进行比较,帮助决策者在复杂的问题和环境中作出科学抉择。

系统分析方法来源于系统科学。系统科学是20世纪40年代以后迅速发展起来的一个横跨各个学科的新的科学分支。它从系统的着眼点或角度去考察和研究整个客观世界,为人类认识和改造世界提供了科学的理论和方法。它的产生和发展标志着人类的科学思维由主要以"实物为中心"逐渐过渡到以"系统为中心",是科学思维的一个划时代突破。

系统分析是咨询研究的最基本的方法,读者可以把一个复杂的咨询项目看成为系统工程,通过系统目标分析、系统要素分析、系统环境分析、系统资源分析和系统管理分析,可以准确地诊断问题,深刻地揭示问题起因,有效地提出解决方案和满足客户的需求。

系统分析方法的具体步骤包括:限定问题、确定目标、调查研究和收集数据、提出备选方案和评价标准、备选方案评估、提交最可行方案。

1. 限定问题

所谓问题,是现实情况与计划目标或理想状态之间的差距。系统分析的核心内容有两个:其一是进行"诊断",即找出问题及其原因;其二是"开处方",即提出解决问题的最可行方案。所谓限定问题,就是要明确问题的本质或特性、问题存在范围和影响程度、问题产生的时间和环境、问题的症状和原因等。限定问题是系统分析中关键的一步,因为如果"诊断"出错,以后开的"处方"就不可能对症下药。在限定问题时,要注意区别症状和问题,探讨问题原因不能先入为主,同时要判别哪些是局部问题,哪些是整体问题,问题的最后确定应该在调查研究之后。

2. 确定目标

系统分析目标应该根据客户的要求和对需要解决问题的理解加以确定,如有可能应尽量通过指标表示,以便进行定量分析。对不能定量描述的目标也应该尽量用文字说明清楚,以便进行定性分析和评价系统分析的成效。

3. 调查研究和收集数据

调查研究和收集数据应该围绕问题起因进行,一方面要验证限定问题阶段形成的假设,另一方面要探讨产生问题的根本原因,为下一步提出解决问题的备选方案做准备。

调查研究常用的有四种方式,即阅读文件资料、访谈、观察和调查。

收集的数据和信息包括事实(facts)、见解(opinions)和态度(attitudes)。要对数据和信息去伪存真,交叉核实,保证真实性和准确性。

4. 提出备选方案和评价标准

通过深入调查研究,使真正有待解决的问题得以最终确定,使产生问题的主要原因得到明确解答,在此基础上就可以有针对性地提出解决问题的备选方案。备选方案是解决问题和达到咨询目标可供选择的建议或设计。应提出两种以上的备选方案,以便提供进一步评估和筛选。为了对备选方案进行评估,要根据问题的性质和客户具备的条件,提出约束条件或评价标准,供下一步应用。

5. 备选方案评估

根据上述约束条件或评价标准,对解决问题备选方案进行评估。评估应该是综合性的,不仅要考虑技术因素,也要考虑社会经济等因素。评估小组的成员应该具有一定代表性,除咨询项目组成员外,也要吸收客户组织的代表参加。根据评估结果确定最可行方案。

6. 提交最可行方案

最可行方案并不一定是最佳方案,它是在约束条件之内,根据评价标准筛选出的最现实可行的方案。如果客户满意,则系统分析达到目标。如果客户不满意,则要与客户协商调整约束条件或评价标准,甚至重新限定新的问题,开始新一轮系统分析,直到客户满意为止。

本章小结

本章对电子科学与技术的内容体系进行了概要的论述，使读者比较清晰地了解电子科学与技术的研究内容以及在工程应用中的理论和方法。

我们把工程实践中的电子器件分为无源器件和有源器件两大类，扼要地概括了它们的作用以及有源器件的进化史，使读者对电子器件有了更深层次的认识。通过对电子器件与系统的认识，使读者了解到，电子科学与技术的研究目的就是要提供工程实际所需要的系统实现理论与技术，所以我们需要从科学研究的角度出发，正确认识电子科学与技术中系统、子系统和器件之间的关系。

在电子科学与技术的研究与应用中，建模与分析和计算机技术起到非常重要的作用。通过建立研究对象的数学模型，并加以计算求解能使读者对现实问题有更深入的理解。

第 2 章 电子技术基础

2.1 半导体二极管

2.1.1 二极管的基本结构

半导体二极管是最简单的半导体器件。它由一个 PN 结、两根电极引线并用外壳封装而成。从 PN 结的 P 区引出的电极称为阳极(正极);从 PN 结的 N 区引出的电极称为阴极(负极)。

二极管的种类很多,按制造材料分,有硅二极管和锗二极管等;按用途分,有整流二极管、开关二极管等;按结构工艺分,有面接触型、点接触型等。如图 2.1 所示,点接触型二极管(一般为锗管)的特点是:PN 结面积小,结电容小,因此只能通过较小的电流;适用于高频(几百兆赫)工作,主要应用于高频检波、小功率整流等。面接触型二极管(一般为硅管)的特点是:PN 结面积较大,能通过较大的电流,但结电容也大;常用于频率较低、功率较大的电路中。

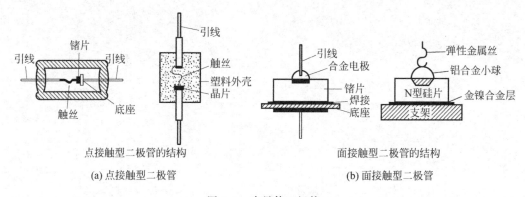

(a) 点接触型二极管   (b) 面接触型二极管

图 2.1 半导体二极管

2.1.2 二极管的伏安特性

根据理论分析,PN 结两端的电压 U 与流过 PN 结的电流 I 之间的关系可用下面方程表示

$$I = I_S(e^{\frac{U}{U_T}} - 1) \qquad (2-1)$$

式中，I_s 为 PN 结的反向饱和电流；$U_T = \dfrac{kT}{q}$ 称为温度电压当量，其中 k 为玻耳兹曼常数 $(1.380 \times 10^{-23} \text{J/K})$，$T$ 为热力学温度，q 为电子的电量 $(1.602 \times 10^{-19} \text{C})$；在常温 $(T = 300\text{K})$ 时，$U_T \approx 26\text{mV}$。式中 U 和 I 的参考方向都是由 P 指向 N 的。

由式(2-1)可见，当 $U=0$ 时，$I=0$；当 PN 结正偏($U>0$)且 $U \gg U_T$ 时，$I \approx I_s e^{\frac{U}{U_T}}$，$I$ 随 U 按指数规律增大；当 PN 结反偏($U \ll U_T$)时，则 $I \approx I_s$，其大小与外加电压 U 无关。

二极管的核心是一个 PN 结，所以它的伏安特性与式(2-1)基本相同。但是由于存在引线的接触电阻、半导体的体电阻和表面漏电流等因素，实际的二极管伏安特性与式(2-1)略有差别。

实际的二极管伏安特性如图 2.2 所示。

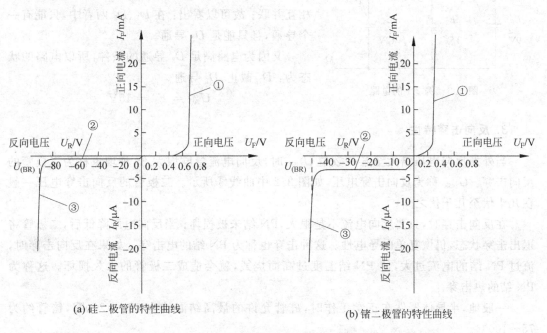

(a) 硅二极管的特性曲线　　　　　　(b) 锗二极管的特性曲线

图 2.2　半导体二极管的伏安特性曲线

1. 正向特性

正向特性如图 2.2 中曲线①段所示。从图中可以看出：在正向特性的起始部分，由于外加电压很小，外电场还不足以削弱内电场，多数载流子的扩散运动还不能得到加强，正向电流几乎为零，这个区域称为"死区"。当正向电压超过某一数值后，内电场就被大大削弱，正向电流迅速增大。这个电压称为二极管的门坎电压或阈值电压(又称为死区电压)，一般硅管的门坎电压约为 0.5V，锗管的门坎电压约为 0.2V。

二极管一旦正向导通后，只要正向电压稍有变化，就会使正向电流变化较大，二极管的正向特性曲线很陡。因此，二极管正向导通时，管子上的正向压降不大，正向压降的变化很小，一般硅管约为 0.6～0.7V，锗管约为 0.3V 左右。因此，在使用二极管时，如果外加电压较大，一般要在电路中串接限流电阻，以免产生过大电流烧坏二极管。

2. 反向特性

当外加反向电压时，在小于反向击穿电压的范围内，由少数载流子产生反向饱和电流，其数值很小。一般硅管的反向饱和电流比锗管的要小得多。小功率硅管的反向饱和电流约为几百纳安，锗管约为几十微安，如图 2.2 中曲线②所示。

例 2-1 试判断图 2.3 中电路中的二极管是导通还是截止？并求出 AO 两端的电压 U_{AO}（设二极管为理想器件）。

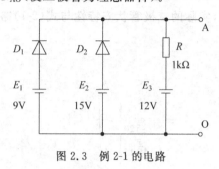

图 2.3 例 2-1 的电路

解 首先判断电路中两个二极管的工作状态。

因为二极管导通后，其正向压降基本恒定（理想器件正向压降为零），又由于 D_1、D_2 所在的两条支路相互并联；故可以看出：在 D_1、D_2 两者中，只能有一个导通，且只能是 D_2 导通。

又因为电路满足 D_2 导通的条件，所以电路的状态为：D_1 截止、D_2 导通。

$$U_{AO} = E_2 = 15\text{V}$$

3. 反向击穿特性

当外加反向电压增大至某一数值 $U_{(BR)}$ 时，反向电流急剧增大，这种现象称为二极管的反向击穿。$U_{(BR)}$ 称为反向击穿电压，如图 2.2 中曲线③所示。二极管的反向击穿电压一般在几十伏至几千伏之间。

在反向击穿时，只要反向电流不是很大，PN 结未被损坏；当反向电压降低后，二极管将退出击穿状态，仍恢复单向导电性。这种击穿也称为 PN 结的电击穿。如果在反向击穿时，流过 PN 结的电流过大，使 PN 结温度过高而烧毁，就会造成二极管的永久损坏。这称为 PN 结的热击穿。

一般地，半导体器件在正常工作时，硅管允许的最高结温约为 150～200℃，锗管约为 75～100℃。

PN 结的击穿分为三种：雪崩击穿、齐纳击穿和热击穿。

1) 雪崩击穿

当外加反向电压增大到一定数值后，PN 结内的电场强度变得很大，耗尽层又具有了一定的厚度，在结内做漂移运动的少数载流子受到电场的加速而获得很大的能量。这些具有很大动能的载流子在结内运动途中与周围原子相撞，将原子中的共价键电子撞击出来，导致了新的电子-空穴对出现，这种现象称为碰撞电离。电离出来的载流子被电场加速后再去撞击其他的原子使其电离，又产生新的电子-空穴对，如此连锁反应，使反向电流雪崩式地增大，这种现象就称为雪崩击穿。雪崩击穿一般发生在掺杂浓度低、PN 结较宽的半导体中。

2) 齐纳击穿

当 P 区和 N 区掺杂浓度很高时，由此形成的 PN 结耗尽层厚度非常薄，即使所加反向电压不太高（5V 以下），结内的电场强度已达到了非常高的数值，约每厘米几十万伏。以致把 PN 结内和其边缘上共价键中的束缚电子都拉了出来，从而产生大量的电子-空穴对，载流子数目膨大，反向电流剧增，这种现象称为齐纳击穿。

齐纳击穿和雪崩击穿的区别在于所加的反向电压不同,雪崩击穿需要的电压较高,而齐纳击穿发生时反向电压较低。对 PN 结来说,雪崩击穿一般发生在反向电压 8V 以上,反向电压 5V 以下时所发生的击穿多为齐纳击穿。反向电压为 5~8V 时,两种击穿都有可能存在。PN 结击穿后,只要击穿区不因电流过大而烧坏,当反向电压降到击穿电压(绝对值)以下后,PN 结的性能仍可恢复到击穿前的水平,这种击穿称为电击穿。

3) 热击穿

当 PN 结上加的反向电压较高,结上的功耗又较大时,将导致 PN 结的温度升高,PN 结击穿后,由于反向电流太大使 PN 结被烧毁而不能得到恢复,这是一个不可逆过程。这种现象称为热击穿。

4. 温度对二极管特性的影响

(1) 当温度变化时,二极管的反向饱和电流与正向压降将会随之变化。
(2) 当正向电流一定时,温度每增加 1℃,二极管的正向压降约减少 2~2.5mV。
(3) 温度每增高 10℃,反向电流约增大 1 倍。

2.1.3　二极管的参数

二极管的质量指标和安全使用范围,常用它的参数来表示。所以,参数是我们选择和使用器件的标准。二极管的主要参数有以下几个。

1. 最大整流电流 I_F

I_F 是二极管长期运行时,允许通过的最大正向平均电流,它的值与结面积及外部散热条件有关。因电流通过 PN 结会引起二极管发热,电流过大会导致 PN 结温度上升过高而烧坏。

2. 最高反向工作电压 U_R

U_R 是为了防止二极管反向击穿而规定的最高反向工作电压。反向电压超过此值时,二极管有可能因为反向击穿而被烧毁。一般手册上给出的最高反向工作电压约为反向击穿电压的一半或三分之二,确保二极管能够安全使用。

3. 反向电流 I_R

I_R 是指二极管工作于反向饱和时的反向电流值。其值愈小,说明二极管的单向导电性愈好。硅管的反向电流较小,一般在几微安以下。锗管的反向电流较大,是硅管的几十至几百倍。

4. 最高工作频率 f_M

f_M 是二极管工作时的上限频率,即二极管的单向导电性能开始明显下降时的信号频率。当信号频率超过 f_M 时,由于电容效应,二极管将失去单向导电性。

往往由于制造工艺的原因,参数存在一定的分散性,因此即使同一型号的二极管,参数也会有很大的差距,故手册中常常给出某个参数的范围。

2.1.4 特殊二极管

1. 齐纳二极管

1) 稳压管及其伏安特性

稳压管是一种用特殊工艺制造的面接触型硅二极管。它在电路中能起稳定电压的作用。稳压管的电路符号与伏安特性曲线如图2.4所示。

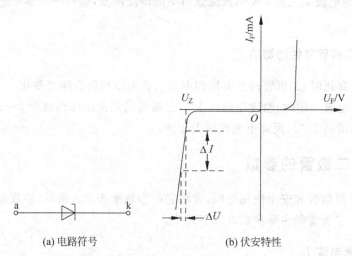

(a) 电路符号　　　　　　(b) 伏安特性

图 2.4　硅稳压管

由图2.4(b)可知,稳压管的正向特性曲线与普通硅二极管相似;但是,它的反向击穿特性较陡。

稳压管通常工作于反向击穿区。只要击穿后的反向电流不超过允许范围,稳压管就不会发生热击穿损坏。为此,可以在电路中串接入一个限流电阻。反向击穿后,当流过稳压管的电流在很大范围内变化时,管子两端的电压几乎不变,从而可以获得一个稳定的电压。

2) 稳压管的主要参数

(1) 稳定电压 U_Z

U_Z 指稳压管通过规定的测试电流时,管子两端的电压值。由于制造工艺的原因,同一型号管子的稳定电压有一定的分散性。例如2CW55型稳压管的 U_Z 为6.2~7.5V(测试电流10mA)。目前常见的稳压管的 U_Z 分布在几伏至几百伏。

(2) 稳定电流 I_Z

I_Z 指稳压管正常工作时的参考电流值。稳压管的工作电流越大,其稳压效果越好。实际应用中只要工作电流不超过最大工作电流 I_{ZM} 均可正常工作。

(3) 动态电阻 r_z

r_z 定义为稳压管两端电压变化量与相应电流变化的比值,即

$$r_z = \frac{\Delta U_Z}{\Delta I_Z} \tag{2-2}$$

稳压管的反向特性曲线越陡,则动态电阻越小,稳压性能越好。

(4) 最大工作电流 I_{ZM} 和最大耗散功率 P_{ZM}

最大工作电流 I_{ZM} 指稳压管允许流过的最大电流。

最大耗散功率 P_{ZM} 指稳压管允许耗散的最大功率。

$$P_{ZM} = U_Z \cdot I_Z \tag{2-3}$$

(5) 稳定电压温度系数 α_Z

α_Z 是表征稳定电压 U_Z 受温度影响程度的参数。其定义为：

$$\alpha_Z = \frac{\Delta U_Z / U_Z}{\Delta T} \times 100\%/℃ \tag{2-4}$$

式中 ΔT 为温度变化量。一般地,稳定电压小于 4V 的稳压管的温度系数是负值,高于 7V 的稳压管的温度系数是正值。

3) 简单的稳压管稳压电路

图 2.5 是一个简单的稳压管稳压电路。它的工作原理为：当输入电压增大时,流过限流电阻 R 的电流 I 增大,稳压管 D_Z 中的电流 I_Z 也相应增大,维持负载电流 I_o 不变,从而保证了输出电压的恒定。当负载电阻 R_L 数值变小时,稳压管中的电流 I_Z 也相应减少,同时 I_o 增大,维持了输出电压 U_o 的恒定。

总之,当电路状态改变时,稳压管中的电流相应变化,而它始终工作于反向击穿区,两端电压基本恒定。

2. 变容二极管

变容二极管是利用 PN 结结电容的特殊二极管。变容二极管工作在反偏状态下。此时,PN 结结电容的数值随外加电压的大小而变化。因此,变容二极管可做可变电容使用。

图 2.6(a)是变容二极管的电路符号,图 2.6(b)是它的 C-U 关系曲线。变容二极管在高频电路中应用很多,可用于自动调谐、调频、调相等。

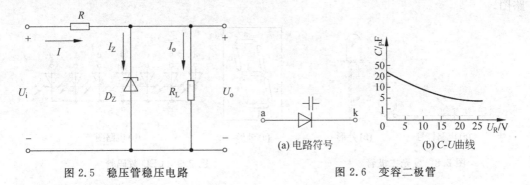

图 2.5 稳压管稳压电路　　　　图 2.6 变容二极管

3. 光电二极管

光电二极管又叫光敏二极管,它是一种能够将光信号转换为电信号的器件。光电二极管的基本结构也是一个 PN 结,但管壳上有一个窗口,使光线可以照射到 PN 结上。光电二极管工作在反偏状态下。当无光照时,与普通二极管一样,反向电流很小,称为暗电流。当有光照时,其反向电流随光照强度的增加而增加,称为光电流。图 2.7(a)是光电二极管的电路符号,图 2.7(b)是它的特性曲线。

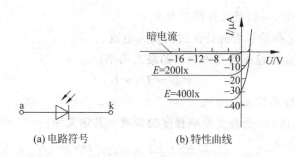

(a) 电路符号   (b) 特性曲线

图 2.7　光电二极管

光电二极管的主要电参数有：暗电流、光电流和最高工作电压。

光电二极管的主要光参数有：光谱范围、灵敏度和峰值波长等。

4．发光二极管

1）结构和工作原理

发光二极管是一种将电能转换成光能的发光器件，其基本结构是一个 PN 结，采用砷化镓、磷化镓、氮化镓等化合物半导体材料制造而成。它的伏安特性与普通二极管类似，但由于材料特殊，其正向导通电压较大，在 1～4V 左右。当管子正向导通时将会发光。

发光二极管简写为 LED(Light Emitting Diode)。发光二极管具有体积小、工作电压低、工作电流小(10～30mA)、发光均匀稳定、响应速度快和寿命长等优点。它常用作显示器件，除单个使用外，也可制成七段式或点阵式显示器。其中以氮化镓为材料的绿、蓝、紫、白光 LED 的正向导通电压在 4V 左右。未来高亮度 LED 器件可能会取代传统灯泡成为新型的照明装置。

发光二极管的电路符号和外形如图 2.8 所示。图 2.9 是七段 LED 数码管的外形和电路图。

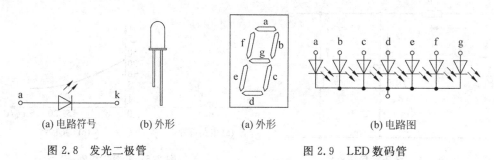

(a) 电路符号　(b) 外形　　　(a) 外形　　　　(b) 电路图

图 2.8　发光二极管　　　　图 2.9　LED 数码管

2）主要参数

LED 的参数有电学参数和光学参数。

电学参数主要有：极限工作电流 I_{FM}、反向击穿电压 $U_{(BR)}$、反向电流 I_R、正向电压 U_F、正向电流 I_F 等，这些参数的含义与普通二极管类似。

光学参数主要有：

峰值波长 λ_p，它是最大发光强度对应的光波波长，单位为纳米(nm)。

常见的 LED 发光颜色有红、黄、绿、蓝、紫、白和红外等。

亮度 L,它与流过管子的电流和环境温度有关,单位为坎德拉/米²(cd/m²)。

光通量 ϕ,单位为毫流明(mlm)。

2.2 半导体三极管

2.2.1 三极管的基本结构

双极型三极管(BJT)由两个 PN 结、三根电极引线并用外壳封装而成。其内部是一个三层双 PN 结的结构,具体又分为 NPN 型结构和 PNP 型结构两种,如图 2.10 所示。三极管三个电极分别称为集电极(用 c 或 C 表示)、基极(用 b 或 B 表示)和发射极(用 e 或 E 表示),相应的三个半导体区域称为基区、发射区和集电区,其中基区和发射区之间的 PN 结称为发射结,基区与集电区之间的 PN 结称为集电结。

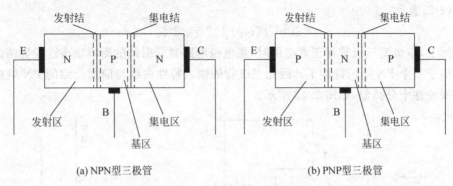

图 2.10 双极型三极管

双极型三极管的电路符号如图 2.11 所示。

发射区的半导体掺入杂质多,故有大量的电荷,便于发射电荷;集电区掺入的杂质少且面积大,便于收集发射区送来的电荷;基区处于两者之间,发射区流向集电区的电荷要经过基区,故基区可控制发射区流向集电区电荷的数量,基区就像设在发射区与集电区之间的关卡。

按照基尔霍夫电流定律,三极管三个电极中的电流应当满足公式(2-5):

$$i_E = i_C + i_B \tag{2-5}$$

三极管的种类很多,按制造材料分,有硅三极管和锗三极管等;按工作频率分,有低频三极管、高频三极管等;按额定耗散功率分,有小功率三极管、大功率三极管等。

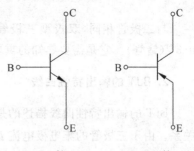

(a) NPN管　　(b) PNP管

图 2.11 双极型三极管的符号

2.2.2 三极管的技术特性

三极管的主要特点是具有电流放大功能。以共发射极接法为例(信号从基极输入,从集电极输出,发射极接地),当基极电压 U_B 有一个微小的变化时,基极电流 I_B 也会随之有一个小的变化,受基极电流 I_B 的控制,集电极电流 I_C 会有一个很大的变化。基极电流 I_B 越大,集电极电流 I_C 也越大,反之,基极电流越小,集电极电流也越小,即基极电流控制集电极电流的变化。但是集电极电流的变化比基极电流的变化大得多,这就是三极管的放大作用。I_C 的变化量与 I_B 变化量之比叫做三极管的放大倍数 $\beta\left(\beta=\dfrac{\Delta I_C}{\Delta I_B},\Delta\text{ 表示变化量}\right)$,一般在几十到几百倍。

2.2.3 三极管的伏安特性

图 2.12 是测量三极管特性曲线的电路图。

1. BJT 的输入特性曲线

BJT 的输入特性描述的是三极管基极电流 i_B 与基-射极间电压 u_{BE} 之间的关系。用数学公式(2-6)表示:

$$i_B = f(u_{BE})|_{u_{CE}=\text{常数}} \tag{2-6}$$

实际上,双极型三极管在正常应用时,集电极电路对发射结的影响很小。发射结的特性也就类似于一个 PN 结的特性了。因此三极管的输入特性曲线与前面介绍的 PN 结或二极管的伏安特性十分类似,如图 2.13 所示。

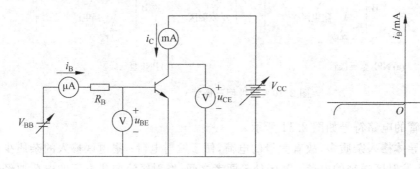

图 2.12 三极管测量特性曲线电路　　图 2.13 三极管的输入特性曲线

与二极管相同,双极型三极管发射结的正向导通电压典型数值也为 0.7V(硅管)和 0.3V(锗管)。它是需要熟知的重要参数值。

2. BJT 的输出特性曲线

BJT 的输出特性曲线描述的是三极管集电极电流 i_C 与集-射极间电压 u_{CE} 之间的函数关系。由于三极管的集电极电流 i_C 受基极电流的影响很大,而与 u_{CE} 关系不大,所以三极管的输出特性曲线实际上反映的是集电极电流 i_C 与基极电流 i_B 的相互关系。

BJT 的输出特性曲线如图 2.14 所示。

用数学公式表示为:

$$i_C = f(u_{CE})|_{i_B=\text{常数}} \tag{2-7}$$

在使用时,双极型三极管的输出特性曲线,可以划分成三个区域:线性放大区、饱和区和截止区,如图 2.15 所示。

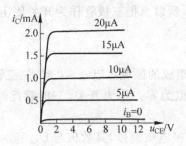
图 2.14 BJT 的输出特性曲线

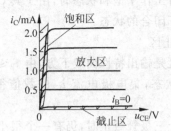
图 2.15 BJT 的三个工作区

1) 放大区

放大区是 BJT 的输出特性曲线中由各条水平线组成的区域。这时,集电极电流 i_C 与集电极-发射极间电压 u_{CE} 基本无关,而仅与基极电流 i_B 有关,所以曲线呈水平状。

工作于放大区时,三极管具有电流放大作用。所谓电流放大作用是指:当基极电流改变时,集电极电流会随之相应变化。而且基极电流变化一个较小数值时,会引起集电极电流较大数值的改变。

即:
$$\Delta i_C = \beta \Delta i_B, \quad \beta \gg 1$$

当三极管用于信号放大时,应当工作于放大区。此时由输入信号去控制三极管基极电流 i_B 的变化,经电流放大后,设法将放大了的集电极电流 i_C 转化成电压形式输出。

β 的大小反映了三极管的电流放大能力,被称为三极管的"电流放大系数"。其数值一般在 20～200 之间。β 有时也用 h_{fe} 表示。

对于双极型三极管,β 不但等于 i_C 与 i_B 的变化量之比,也近似地等于 i_C 与 i_B 的数值之比。即:

$$\beta = \frac{\Delta i_C}{\Delta i_B} \approx \frac{i_C}{i_B} \tag{2-8}$$

三极管工作放大区的另一个特征是:此时,三极管的发射结处于正向导通状态,而集电结则处于反向偏压之下。也即,$U_{BE} \approx 0.7V$(硅),$U_{BE} \approx 0.3V$(锗);$|U_{CE}| > |U_{BE}|$。

2) 饱和区

饱和区是输出特性曲线左边,由各条弯曲的曲线组成的区域。这时集电极电流 i_C 不但与基极电流 i_B 有关,而且与其他条件有关。实际上,此时的 i_C 由于电路条件的限制,无法满足 $i_C = \beta i_B$ 的关系,其大小是由三极管之外的电路条件所决定的。其数值小于放大区的 i_C 值,即 $i_C < \beta i_B$。

当三极管工作于饱和区时,其集-射极间的电压很小,称之为三极管的"饱和压降",用符号 $U_{CE(sat)}$ 表示。

在分析三极管电路时,可以将三极管的饱和压降当作一个常数对待。一般小功率三极管的饱和压降约为 0.3V(硅管)和 0.1V(锗管)。大功率的三极管由于其集电极工作电流较大,饱和压降数值相应地会增大至 1V 以上。

饱和区偏压特征为:发射结正向偏置,集电结亦处于正向偏压下。

除了用于放大之外,我们还可以将三极管用作开关使用。这时三极管的 C、E 端即为开关的两个端子(当然电流只能单方向流过开关)。

三极管工作于饱和状态时,由于其 U_{CE} 很小,所以当把三极管作为开关使用时,就相当于开关处于闭合的状态。

3) 截止区

截止区是输出特性曲线下方,由 $i_B \leqslant 0$ 曲线组成的区域。当 $i_B \leqslant 0$ 时,三极管的发射结处于截止状态,集电极电流 i_C 的数值很小,近似为零。作为开关,三极管此时处于关断状态。

实际上三极管截止时,仍有一个很小的集电极电流流过,其数值与 U_{CE} 基本无关,称之为三极管的穿透电流 I_{CE0}。与二极管的反向饱和电流一样,三极管的穿透电流也与温度有关,它的数值会随着温度的增加而迅速上升。

2.2.4 三极管的参数

1. 电流放大系数 β

$$\beta = \frac{\Delta i_C}{\Delta i_B} \approx \frac{i_C}{i_B} \tag{2-9}$$

β 的大小反映了三极管的电流放大能力,β 数值一般在 20~200 之间。

2. 穿透电流 I_{CE0}

穿透电流 I_{CE0} 与 PN 结的反向饱和电流一样,会随着温度的升高而迅速增大。硅管的穿透电流要比锗管小得多。一般情况下,往往可以将穿透电流 I_{CE0} 忽略不计。

3. 饱和压降 $U_{CE(sat)}$

饱和压降是三极管应用于开关电路时的重要参数。饱和压降越小,三极管导通时的损耗越小。小功率管可以用 0.3V(硅)和 0.1V(锗)作为 $U_{CE(sat)}$ 的典型值。

4. 特征频率 f_T

f_T 是三极管的重要频率参数。它是三极管 β 下降到 1 时,所对应的工作频率。一般地,三极管的 f_T 应当比其工作频率高 100 倍以上。

5. 三极管的极限参数

极限参数是三极管在应用时不得超越的极限。如果超过了极限参数,就有损坏三极管的可能。

1) 集电极最大允许耗散功率 P_{CM}

P_{CM} 是三极管使用时,集电极耗散功率的最大允许值。三极管的集电极功耗 $p_C = i_C \cdot u_{CE}$。当它越大时,三极管集电极产生的热量就越多。所以在一定的散热条件下,三极管的集电极功耗越大,则三极管的结温就会越高。而半导体器件的最大允许结温是一定的。所以任何三极管都有一定的集电极最大允许耗散功率 P_{CM}。使用时三极管的集电极功耗 p_C 不得超过 P_{CM},否则三极管将会烧坏。

P_{CM} 的大小与三极管的散热条件密切相关,大功率的三极管常常加装一定的散热器来提高其 P_{CM} 数值。

$P_{CM}>1W$ 的三极管常被称为大功率管。

$p_C=i_C \cdot u_{CE}<P_{CM}$ 的条件,在输出特性曲线上定出了一个三极管的功耗安全区域。

2) 反向击穿电压 $U_{(BR)CEO}$

当三极管的集-射极间电压 u_{CE} 过大时,三极管集电结就有可能由于承受过高的反向偏压而发生击穿,这就是三极管的反向击穿电压 $U_{(BR)CEO}$。

常见三极管的反向击穿电压在十几伏至几千伏之间。

如果工作时电压超过了三极管的反向击穿电压,而且又没有对集电极电流的限制措施的话,三极管将会很快烧坏。

3) 集电极最大允许电流 I_{CM}

集电极最大允许电流 I_{CM} 是三极管集电极电流 i_C 的最大限制。与前两个极限参数不同,当三极管的 i_C 超过 I_{CM} 时,三极管并不一定损坏,而仅仅是性能显著地下降了。所以一般情况下,三极管集电极电流 i_C 也应当小于该参数。

三个极限参数 P_{CM},$U_{(BR)CEO}$ 和 I_{CM} 在三极管的输出特性曲线上画出了一个区域,称为三极管的安全工作区,如图 2.16 所示。

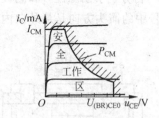

图 2.16 三极管的安全工作区

2.3 场效应管

场效应管简称 FET(Field Effect Transistor),是另一种工作原理的晶体三极管。它同样被广泛应用于电子电路中。与双极型三极管相比,场效应管具有输入电阻极高、噪声低、抗辐射能力强等优点。

2.3.1 场效应管结构与分类

场效应管又分为结型与绝缘栅型两大类,每一类又有 N 型导电沟道和 P 型导电沟道之分。

常见的绝缘栅场效应管为金属-氧化物-半导体结构,简称为 MOS 管。其特点是栅极与漏、源极之间有一层绝缘性能极好的 SiO_2 薄膜。所以 MOS 管的输入阻抗比 JFET 更高,可达到 10^{15} 的数量级。另外,MOS 管由于制造工艺简单、耗电省、集成度高,因此被广泛用于大规模和超大规模集成电路中。MOS 场效应管的结构是先在半导体单晶硅衬底上氧化生成一层 SiO_2 薄膜,然后腐蚀出两个窗口,通过扩散工艺在衬底中生成高掺杂的漏、源极区。最后在 SiO_2 薄膜上制出铝栅而成。

J 型场效应管是在一块 N 型半导体材料的两侧,制作两个高掺杂的 P 区,而 N 型半导体的中间就是导电沟道,将两个 P 区连接在一起,引出电极,称为栅极,从 N 型半导体的两端分别引出两个电极,分别是源极和漏极。P 沟道结型场效应管的结构与此类似。

2.3.2 MOS 场效应管

MOS 场效应管即金属-氧化物-半导体型场效应管,属于绝缘栅型。MOS 场效应管主要特点:在金属栅极与沟道之间有一层二氧化硅绝缘层,因此具有很高的输入电阻(最高可达 $10^{15}\Omega$)。它也分 N 沟道管和 P 沟道管,符号如图 2.17 所示。通常是将衬底(基板)与源极 S 接在一起。根据导电方式的不同,MOSFET 又分增强型、耗尽型。所谓增强型是指,当 VGS=0 时管子是呈截止状态,加上正确的 VGS 后,多数载流子被吸引到栅极,从而"增强"了该区域的载流子,形成导电沟道。耗尽型则是指,当 VGS=0 时即形成沟道,加上正确的 VGS 时,能使多数载流子流出沟道,因而"耗尽"了载流子,使管子转向截止。

以 N 沟道为例,它是在 P 型硅衬底上制成两个高掺杂浓度的源扩散区 N+ 和漏扩散区 N+,再分别引出源极 S 和漏极 D。源极与衬底在内部连通,二者总保持等电位。图 2.17(b)符号中的箭头方向是从外向内,表示从 P 型材料(衬底)指向 N 型沟道。当漏接电源正极,源极接电源负极并使 VGS=0 时,沟道电流(即漏极电流)ID=0。随着 VGS 逐渐升高,受栅极正电压的吸引,在两个扩散区之间就感应出带负电的少数载流子,形成从漏极到源极的 N 型沟道,当 VGS 大于管子的开启电压 VTN(一般约为+2V)时,N 沟道管开始导通,形成漏极电流 ID。MOS 场效应管比较"娇气",这是由于它的输入电阻很高,而栅-源极间电容又非常小,极易受外界电磁场或静电的感应而带电,而少量电荷就可在极间电容上形成相当高的电压 $\left(U=\dfrac{Q}{C}\right)$,将管子损坏。因此出厂时各管脚都绞合在一起,或装在金属箔内,使 G 极与 S 极呈等电位,防止积累静电荷。管子不用时,全部引线也应短接。在测量时应格外小心,并采取相应的防静电措施。

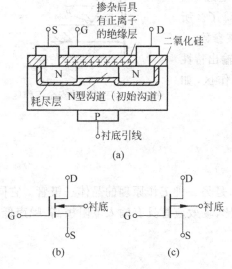

图 2.17 MOS 场效应管的结构及符号

2.3.3 结型场效应管

在一块 N 型(或 P 型)半导体材料的两边各扩散一个高杂质浓度的 P 型区(或 N 型区),就形成两个不对称的 PN 结。把两个 P 区(或 N 区)并联在一起,引出一个电极,称为栅极(G),在 N 型(或 P 型)半导体的两端各引出一个电极,分别称为源极(S)和漏极(D)。夹在两个 PN 结中间的 N 区(或 P 区)是电流的通道,称为导电沟道(简称沟道)。这种结构的管子称为 N 沟道(或 P 沟道)结型场效应管。

由于结型场效应管的栅极输入电流 $i_G \gg 0$,因此很少应用输入特性,常用的特性曲线有输出特性曲线和转移特性曲线。

1. 结型场效应管分类

结型场效应管分为 N 沟道结型场效应管和 P 沟道结型场效应管两种,如图 2.18(a)所示。

2. 结型场效应管的特性

1) 转移特性

栅极电压对漏极电流的控制作用称为转移特性,若用曲线表示,该曲线就称为转移特性曲线。它的定义是:漏极电压 U_{DS} 恒定时,漏极电流 I_D 同栅极电压 U_{GS} 的关系,其 U_P 为夹断电压,此时源极与漏极间的电阻趋于无穷大,管子截止。在 U_P 电压之后,若继续增大 U_{GS} 就可能会出现反向击穿现象而损坏管子。在测量结型场效应管的转移特性曲线时,要求 U_{DS} 要足够大,一般令 $U_{DS}=|U_P|$,这时再令 U_{GS} 从零开始增大到 U_P,测出对应的 I_D 值,便可得到转移特性曲线。图中 $U_{GS}=0$ 对应的值称为漏极饱和电流 I_{DSS}。随着 U_{GS} 变负,I_S 将下降,一直到 $U_{GS}=U_P$,I_D 才等于零。有了转移特性曲线,只要给出 U_{DS},便可查出对应的 I_D。

2) 输出特性

U_{DS} 与 I_D 的关系称为输出特性,若用曲线表示,该曲线就称为输出特性曲线。它的定义是:当栅极电压 U_{GS} 恒定时,I_D 随 U_{DS} 的变化关系,即结型场效应管的输出特性曲线如图 2.18(b)所示。从图 2.18(b)中可以看出,结型场效应管的输出特性曲线分为三个区,即可变电阻区、饱和区及击穿区。当 U_{DS} 较小时,漏极附近不会发生预夹断,因此随着 U_{DS} 的增加,它也增加。这就是曲线的上升部分,它基本上是通过原点的一条直线,这时可以把管子看成是一个可变电阻。当 U_{DS} 增加到一定程度后,就会产生预夹断,因此尽管 U_{DS} 再增加,但 I_S 基本不变。因此预夹断点的轨迹就是两种工作状态的分界线。把曲线上 $U_{DS}=U_{GS}-U_P$ 的点连接起来,便可得到预夹断时的轨迹,如图 2.18(b)中左边虚线所示。轨迹左边对应不同 U_{GS} 值的各条直线,通称为可变电阻区;轨迹右边的水平直线区称为饱和区,结型场效应管作放大用时,一般都工作在饱和区。结型场效应管的输出特性曲线如果再继续增大 U_{DS},将使反向偏置的 PN 结击穿,这时 I_S 将会突然增大,管子进入击穿区。管子进入击穿区后,如果不加限制,将会导致管子损坏。P 沟道结型场效应管的特性曲线,除了电流、电压的方向与 N 沟道结型场效应管相反外,两者的其他特性完全类似。

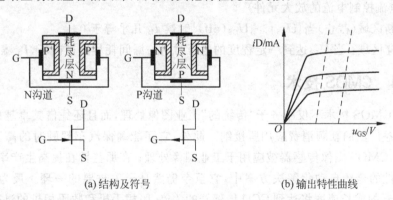

(a) 结构及符号　　　　　　　　(b) 输出特性曲线

图 2.18　结型场效应管的结构、符号及输出特性曲线

3) 结型场效应管的放大作用

结型场效应管的放大作用一般指的是电压放大作用,可以通过图所示电路来说明这一作用。当把变化的电压加入到输入回路时,将引起漏极电流的变化。如果负载电阻 R_L 选得合适,就完全可以使输出端的电压变化比输入端的电压变化大许多倍,这样电压便得到了放大。例如,输入电压从 0V 变化到 -1V,变化了 1V,此时 I_D 则由 5mA 降到 2.1mA,变化

了 2.9mA，便可在 5.1kΩ 的负载电阻的两端得到 2.95×5.1≈14.8V 的电压变化，这样场效应管便把输入电压放大了 14.8 倍。

3. 结型场效应管的管脚识别

判定栅极 G：将万用表拨至 $R \times 1k$ 档，用万用表的负极任意接一电极，另一只表笔依次去接触其余的两个极，测其电阻，若两次测得的电阻值近似相等，则负表笔所接触的为栅极，另外两电极为漏极和源极。漏极和源极互换，若两次测出的电阻都很大，则为 N 沟道；若两次测得的阻值都很小，则为 P 沟道。

判定源极 S、漏极 D：在源-漏之间有一个 PN 结，因此根据 PN 结正、反向电阻存在差异，可识别 S 极与 D 极。用交换表笔法测两次电阻，其中电阻值较低（一般为几千欧至十几千欧）的一次为正向电阻，此时黑表笔的是 S 极，红表笔接 D 极。

4. 对于结型场效应管的分析

对于结型场效应管的分析总结如下。

(1) 可变电阻区域（非饱和）：当 $U_{DS}=0$ 或者很小的时候，耗尽层几乎不受漏源间电压的影响，只受到栅源间电压的影响，当 $|U_{GS}|$ 增大时，耗尽层跟着增宽，体现在电气特性上就是漏源之间的电阻增大；这就是预夹断之间的特性。

(2) 恒流特性（饱和）：预夹断以后到夹断之间的电气特性，当 U_{GS} 电压为一个在 $U_{GS}(off) \sim 0V$ 范围内的一个定值，则电流 I_D 并不随 U_{DS} 的变化而变化，电压 U_{DS} 增加的同时耗尽层也在增加，即 DS 之间的电阻也在增加，$i_D = U_{DS}/R_{DS}$ 从而体现出来的特性就是 I_D 是一恒定的值（有小幅度的增加，但是基本恒定），此管若用作放大管，需要工作在此区间，原因是：在此区间 U_{DS} 对电流的影响是很小的（恒流特性），它可以看成是只受到 U_{GS} 控制的电流源，当 U_{DS} 在此区间一定时，电流随 $|U_{GS}|$ 增大而增大，所以它是电压控制电流的放大元件（三极管是电流控制电流的放大元件）。

(3) 夹断区域（截止）当 $|U_{GS}|>|U_{GS}(off)|$ 时候 I_D 几乎等于 0。

(4) 击穿区域：当 U_{DS} 达到一定程度的电压时，栅-漏间耗尽层被破坏，I_D 骤然增大。

2.3.4 CMOS 技术

当今的 CMOS 技术不仅服务于"传统的"工业图像处理，而且还凭借其卓越的性能和灵活性而被日益广泛的新颖消费应用所接纳。此外，它还能确保汽车驾驶时的高安全性和舒适性。最初，CMOS 图像传感器被应用于工业图像处理；在那些旨在提高生产率、质量和生产工艺经济性的全新自动化解决方案中，它至今仍然是至关重要的一环。最为重要的是：CMOS 传感器的成长速度将达到 CCD 传感器的 7 倍，照相手机和数码相机的迅速普及是这种需求的主要推动因素。显然，人们如此看好 CMOS 图像转换器的成长前景是基于这样一个事实，即与垄断该领域长达三十多年的 CCD 技术相比，它能够更好地满足用户对各种应用中新型图像传感器不断提升的品质要求，如更加灵活的图像捕获、更高的灵敏度、更宽的动态范围、更高的分辨率、更低的功耗以及更加优良的系统集成等。此外，CMOS 图像转换器还造就了一些迄今为止尚不能以经济的方式来实现的新颖应用。另外，还有一些有利于 CMOS 传感器的"软"标准在起作用，包括：应用支持、抗辐射性、快门类型、开窗口和光谱覆盖率等。不过,这种区别稍带几分任意性,因为这些标准的重要程度将由于应用的不同(消费、工业或汽车)而发生变化。

2.4 晶闸管

晶闸管是晶体闸流管的简称,又可称做可控硅整流器,以前被简称为可控硅。1957 年美国通用电气公司开发出世界上第一款晶闸管产品,并于 1958 年将其商业化。晶闸管是 PNPN 四层半导体结构,它有三个极:阳极,阴极和门极。晶闸管具有硅整流器件的特性,能在高电压、大电流条件下工作,且其工作过程可以控制,被广泛应用于可控整流、交流调压、无触点电子开关、逆变及变频等电子电路中。晶闸管如图 2.19 所示。

1. 定义

晶闸管工作条件是加正向电压且门极有触发电流。其派生器件有:快速晶闸管、双向晶闸管、逆导晶闸管、光控晶闸管等。它是一种大功率开关型半导体器件,在电路中用文字符号为 V、VT 表示(旧标准中用字母 SCR 表示)。

2. 种类

晶闸管按其关断、导通及控制方式可分为普通晶闸管、双向晶闸管、逆导晶闸管、门极关断晶闸管(GTO)、BTG 晶闸管、温控晶闸管和光控晶闸管等多种;按其引脚和极性可分为二极晶闸管、三极晶闸管和四极晶闸管;按其封装形式可分为金属封装晶闸管、塑封晶闸管和陶瓷封装晶闸管三种类型。其中,金属封装晶闸管又分为螺栓形、平板形、圆壳形等多种;塑封晶闸管又分为带散热片型和不带散热片型两种。常见晶闸管外形如图 2.20 所示。

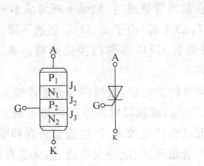

图 2.19 晶闸管

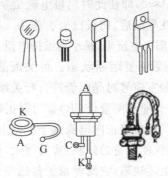

图 2.20 常见晶闸管外形

3. 工作原理

晶闸管 T 在工作过程中,它的阳极(A)和阴极(K)与电源和负载连接,组成晶闸管的主电路,晶闸管的门极 G 和阴极 K 与控制晶闸管的装置连接,组成晶闸管的控制电路。晶闸管的工作条件:①晶闸管承受反向阳极电压时,不管门极承受何种电压,晶闸管都处于反向阻断状态。②晶闸管承受正向阳极电压时,仅在门极承受正向电压的情况下晶闸管才导通。这时晶闸管处于正向导通状态,这就是晶闸管的闸流特性,即可控特性。③晶闸管在导通情况下,只要有一定的正向阳极电压,不论门极电压如何,晶闸管保持导通,即晶闸管导通后,门极失去作用。门极只起触发作用。④晶闸管在导通情况下,当主回路电压(或电流)减小到接近于零时,晶闸管关断。

晶闸管是四层三端器件,它有 J_1、J_2、J_3 三个 PN 结,可以把它中间的 NP 分成两部分,构成一个 PNP 型三极管和一个 NPN 型三极管的复合管。当晶闸管承受正向阳极电压时,为使晶闸管导通,必须使承受反向电压的 PN 结 J_2 失去阻挡作用。每个晶体管的集电极电流同时就是另一个晶体管的基极电流。因此,两个互相复合的晶体管电路,当有足够的门极电流 I_G 流入时,就会形成强烈的正反馈,造成两晶体管饱和导通。设 PNP 管和 NPN 管的集电极电流相应为 I_{c1} 和 I_{c2};发射极电流相应为 I_A 和 I_K;电流放大系数相应为 $a_1=\dfrac{I_{c1}}{I_A}$ 和 $a_2=\dfrac{I_{c2}}{I_K}$,设流过 J_2 结的反相漏电电流为 I_{c0},晶闸管的阳极电流等于两管的集电极电流和漏电流的总和:$I_A=I_{c1}+I_{c2}+I_{c0}$ 或 $I_A=a_1 I_A+a_2 I_K+I_{c0}$,若门极电流为 I_G,则晶闸管阴极电流为 $I_K=I_A+I_G$,从而可以得出晶闸管阳极电流为:$I=\dfrac{(I_{c0}+I_G a_2)}{1-(a_1+a_2)}$。硅 PNP 管和硅 NPN 管相应的电流放大系数 a_1 和 a_2 随其发射极电流的改变而急剧变化。当晶闸管承受正向阳极电压,而门极未受电压的情况下,$I_G=0$,(a_1+a_2) 很小,故晶闸管的阳极电流 $I_A \approx I_{c0}$,晶闸管处于正向阻断状态。当晶闸管在正向阳极电压下,从门极 G 流入电流 I_G,由于足够大的 I_G 流经 NPN 管的发射结,从而提高起点流放大系数 a_2,产生足够大的集电极电流 I_{c2} 流过 PNP 管的发射结,并提高了 PNP 管的电流放大系数 a_1,产生更大的集电极电流 I_{c1} 流经 NPN 管的发射结。这样强烈的正反馈过程迅速进行。当 a_1 和 a_2 随发射极电流增加而 $(a_1+a_2) \approx 1$ 时,$1-(a_1+a_2) \approx 0$,因此提高了晶闸管的阳极电流 I_A。这时,流过晶闸管的电流完全由主回路的电压和回路电阻决定,晶闸管已处于正向导通状态。在晶闸管导通后,$1-(a_1+a_2) \approx 0$,即使此时门极电流 $I_G=0$,晶闸管仍能保持原来的阳极电流 I_A 而继续导通。晶闸管在导通后,门极已失去作用。在晶闸管导通后,如果不断地减小电源电压或增大回路电阻,使阳极电流 I_A 减小到维持电流 I_H 以下时,由于 a_1 和 a_2 迅速下降,当 $1-(a_1+a_2) \approx 0$ 时,晶闸管恢复阻断状态。可关断晶闸管 GTO 亦称门控晶闸管。其主要特点为:当门极加负向触发信号时晶闸管能自行关断。

前已述及,普通晶闸管(SCR)靠门极正信号触发之后,撤掉信号亦能维持通态。欲使之关断,必须切断电源,使正向电流低于维持电流 I_H,或施以反向电压强迫关断。这就需要增加换向电路,不仅使设备的体积、重量增大,而且会降低效率,产生波形失真和噪声。可关断晶闸管克服了上述缺陷,它既保留了普通晶闸管耐压高、电流大等优点,又具有自关断能力,使用方便,是理想的高压、大电流开关器件。GTO 的容量及使用寿命均超过巨型晶体管(GTR),只是工作频率比 GTR 低。目前,GTO 已达到 3000A、4500V 的容量。大功率可关断晶闸管已广泛用于斩波调速、变频调速、逆变电源等领域,显示出强大的生命力。可关断晶闸管也属于 PNPN 四层三端器件,其结构及等效电路和普通晶闸管相同。大功率 GTO 大都制成模块形式。尽管 GTO 与 SCR 的触发导通原理相同,但二者的关断原理及关断方式截然不同。这是由于普通晶闸管在导通之后即处于深度饱和状态,而 GTO 在导通后只能达到临界饱和,所以 GTO 门极上加负向触发信号即可关断。GTO 的一个重要参数就是关断增益,β_{off} 和 $a_2 \beta_{off}$,它等于阳极最大可关断电流 I_{ATM} 与门极最大负向电流 I_{GM} 之比,有公

式 $\beta_{off} = \dfrac{I_{ATM}}{I_{GM}}$，$\beta_{off}$ 一般为几倍至几十倍。β_{off} 值愈大，说明门极电流对阳极电流的控制能力愈强。很显然，β_{off} 与 h_{FE} 参数有相似之处。

4. 晶闸管在电路中的主要用途

普通晶闸管最基本的用途就是可控整流。大家熟悉的二极管整流电路属于不可控整流电路。如果把二极管换成晶闸管，就可以构成可控整流电路、逆变、电机调速、电机励磁、无触点开关及自动控制等。

2.5 电路设计的基本方法

2.5.1 电路设计的一般原则

电路设计时应满足设计要求的功能特性和技术指标，这是最基本的条件；同时电路简单、成本低、体积小、可靠性高、电磁兼容性好、系统的集成度高；电路调试、生产工艺简单，操作简单方便，耗电少，性能价格比高。

2.5.2 电路模型与参数的选择

1. 一般优先选用集成电路

集成电路的应用越来越广泛，这不仅减少了电子设备的体积和成本，提高了可靠性，使安装调试和维修变得比较简单，而且大大简化了电子电路的设计。但是，并不是采用集成电路就一定比采用分立元器件好，有时功能相当简单的电路，只要用一只二极管或三极管就能解决问题，若采用集成电路就会使问题复杂化，而且成本较高。但在一般情况下，应优先选择集成电路。

2. 集成电路的选择

集成电路的种类很多，一般是先根据主体方案考虑应选用什么功能的集成电路，再进一步考虑它的具体性能，然后再根据价格等考虑选用什么型号。选择的集成电路不仅要在功能上和特性上实现设计方案，而且要满足功耗、电压、温度、价格等多方面的要求。

3. 阻容元件的选择

电阻和电容种类很多，正确选择电阻和电容是很重要的，不同的电路对电阻和电容性能要求也不同。有些电路对电容的漏电要求很严，还有些电路对电阻、电容的性能和容量要求很严，设计时要根据电路的要求选择合适的阻容元件，并要注意功耗、容量、频率、耐压范围是否满足要求。

4. 分立元器件的选择

分立元器件包括二极管、三极管、场效应管、晶闸管等。在选用这些器件时应考虑它的极性、功率、管子的电流放大倍数、击穿电压、特征频率、静态功耗等是否满足电路要求。

2.5.3 电子电路测试设计与分析

电子电路测量的基本方法有以下几种。

1. 静态测量和动态测量

静态测量和动态测量是根据测量过程中被测量是否随时间变化来区分的。静态测量是指测量时被测电路不加输入信号或只加固定电位,如放大器静态工作点的测量;动态测量是指在测量时被测电路需加上一定频率和幅度的输入信号,如放大器增益的测量。

2. 直接测量法和间接测量法

(1) 直接测量法使用按已知标准定度的电子仪器对被测量值直接进行测量从而测得其数据的方法称为直接测量法,例如用电压表测量交流电源电压等。需要说明的是直接测量并不意味着就是用直读式仪器进行测量,许多比较式仪器虽然不一定能直接从仪器度盘上获得被测量的值,但因参与测量的对象就是被测量,所以这种测量仍属于直接测量。一般情况下直接测量法的精确度比较高。

(2) 间接测量法使用按照已知标准定度的电子仪器不直接对被测量值进行测量而对一个或几个与被测量具有某种函数关系的物理量进行直接测量,然后通过函数关系计算出被测量值,这种测量方法称为间接测量法。例如要测量电阻的消耗功率可以通过直接测量电压、电流或测量电流、电阻然后求出电阻的功率。有的测量需要直接测量法和间接测量法兼用,称为组合测量法。例如将被测量和另外几个量组成联立方程,通过直接测量这几个量,最后求解联立方程从而得出被测量的大小。

3. 直读测量法与比较测量法

直读测量法是直接从仪器仪表的刻度上读出测量结果的方法。如一般用电压表测量电压、利用频率计测量信号的频率等都是直读测量法。这种方法是根据仪器仪表的读数来判断被测量的大小,简单方便,因而被广泛采用。比较测量法是在测量过程中通过被测量与标准直接进行比较而获得测量结果的方法。电桥就是典型的例子,它是利用标准电阻电容、电感对被测量进行测量。

4. 测量方法的选择

采用正确的测量方法可以得到比较精确的测量结果,否则会出现测量数据不准确或错误,甚至会出现损坏测量仪器或损坏被测设备和元件等现象。

2.5.4 电子系统电源设计与分析

电子系统的电源设计是电子系统设计技术中的一个重要内容。没有良好的电源保证,电子系统就无法工作,因此也得不到预期的目的。现代电子系统是以半导体集成电路为核心。半导体集成电路对电源有一定的要求,主要表现在电源质量和所设计的电路种类上。

1. 电子系统的电源

(1) 电源稳定性满足半导体的要求。
(2) 具有一定的过载能力。
(3) 具有与所设计的电子系统的设计目标相匹配的环境适应能力。
(4) 电源的效率要高。
(5) 具有良好的电磁相容性。
(6) 较高的安全可靠性。
(7) 合理的性价比。

2. 电子系统电源设计内容

1) 器件电源电压分析

当电子电路中使用的半导体器件比较多时,首先分析所选器材对电源电压的匹配性。常用的半导体器件有些使用单一固定的电压器件,而有的需要选择在一定范围内变化的电压器件。另外,在同一系统中尽量不使用过多种类的电源电压。

2) 电源功率分析

电源电压选定后,还要分析电源功率。当确定了电源功率时,才能确定所要使用的电源类型或电源器件。此外还需要考虑电路可能形成的正常过载情况,进而保证电源正常输出足够的功率。

3) 电源类型的选择

常用的电源有线性电源和开关电源。线性电源的特点是纹波系数小、效率较低,一般能用在小功率的电子电路中;而开关电源纹波系数大、电磁兼容性差,效率较高,过载能力强,适合较大功率的电子电路的需求。

2.6 典型模拟信号处理电路

2.6.1 放大电路

"放大"的本质是实现能量的控制和转换,用能量比较小的输入信号来控制另一个能源,使输出端的负载上得到能量比较大的信号。放大的对象是变化量,放大的前提是不失真传输。

放大电路就是增加电信号幅度或功率的电子电路。应用放大电路实现放大的装置称为放大器。它的核心是电子有源器件,如电子管、晶体管等。为了实现放大,必须给放大器提供能量。常用的能源是直流电源,但有的放大器也利用高频电源作为泵浦源。放大作用的实质是把电源的能量转移给输出信号。输入信号的作用是控制这种转移,使放大器输出信号的变化重复或反映输入信号的变化。现代电子系统中,电信号的产生、发送、接收、变换和处理,几乎都以放大电路为基础。20世纪初,真空三极管的发明和电信号放大的实现,标志着电子学发展到一个新的阶段。20世纪40年代末晶体管的问世,特别是20世纪60年代集成电路的问世,加速了电子放大器以至电子系统小型化和微型化的进程。

放大电路的基本形式有3种：共发射极放大电路、共基极放大电路和共集电极放大电路。在构成多级放大器时，这几种电路常常需要相互组合使用。

现代使用最广的是以晶体管（双极型晶体管或场效应晶体管）放大电路为基础的集成放大器。大功率放大以及高频、微波的低噪声放大，常用分立晶体管放大器。高频和微波的大功率放大主要靠特殊类型的真空管，如功率三极管或四极管、磁控管、速调管、行波管以及正交场放大管等。

放大电路的前置部分或集成电路元件变质引起高频振荡产生"吡吡"声，检查各部分元件，若元件无损坏，再在磁头信号线与地间并接一个1000pF～0.047F的电容，"吡吡"声若不消失，则需要更换集成块。

1. 单管放大电路

三极管放大电路要完成对信号放大的任务，就要设法让三极管工作于线性放大区，然后再将待放大的输入信号 u_i 加到三极管的发射结上（或FET的栅-源极间），使三极管的发射结电压 u_{BE}（或FET的 u_{GS}）随着 u_i 变化而变化。在放大电路的输出端，再将经三极管放大了的集电极电流信号 Δi_C（或FET的漏极电流 Δi_D）转化为输出电压 u_o。为此，交流放大电路由三极管、偏置电路、耦合电容等组成。图2.21为一个基本交流放大器的电路。我们以共射极的放大电路为例来进行分析。

1）电路的组成及各元件的作用

在图2.21中三极管T是放大电路的核心元件，由它完成信号放大、将直流电源能量转化为交流信号能量的任务。电阻 R_B、R_C 和电源 V_{CC}、V_{BB} 等组成放大电路的偏置电路，设置三极管的静态工作点，保证三极管工作于放大状态。耦合电容 C_B 具有通交流隔直流的作用，可以保证将交流输入信号 u_i 加到三极管的发射结上，同时不会影响三极管的静态工作点。电阻 R_C 还具有将电流 Δi_C 转化

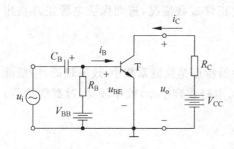

图2.21 基本共射放大电路

成电压信号 u_o 输出的作用。

2）放大电路的静态分析

首先绘出放大电路的直流通路，然后计算电路的静态工作点 $Q(U_{CE}, I_C)$。所谓直流通路，即放大电路没有加入交流信号（$u_i = 0$）、电路中各电压电流均为直流电量时的等效电路。

直流通路也即放大电路的偏置电路，它决定了放大器的静态工作点 $Q(U_{CE}, I_C)$。为了放大电路能够正常地工作，静态工作点应当位于特性曲线的线性放大区中。绘制直流通路时，电容可以被作为开路处理。

一般来说，对电路列写直流电量的KCL和KVL方程组，再结合三极管的特性就可以计算出放大器的静态工作点来。

常见的电路类型，都有着成熟的静态工作点计算方法可以利用。

3）放大电路的动态性能指标

分析电压放大倍数、输入电阻和输出电阻是放大电路的三个主要性能指标。分析这三个指标最常用的方法是微变等效电路法，即把原本是非线性的三极管，用线性模型来近

似了。

首先，对于三极管的输入特性曲线，可以用动态电阻来表示 Δu_{BE} 与 Δi_B 之间的关系，即：

$$r_{BE} = \frac{\Delta u_{BE}}{\Delta i_B} \tag{2-10}$$

式中 r_{BE} 称为三极管的输入电阻，它在静态工作点 Q 附近，可视为一个常数。这样在已知信号 Δu_{BE} 的条件下，就可以计算出 Δi_B 来。

对于三极管的输出特性曲线，可用一个恒流源模型来近似，即：

$$\Delta i_C = \beta \Delta i_B \tag{2-11}$$

将式(2-10)和式(2-11)用电路形式表示，即为三极管的"微变等效电路"，如图 2.22 所示。

理论分析表明，三极管的输入电阻可由式(2-12)计算：

$$r_{BE} = 300\Omega + (\beta+1)\frac{U_T}{I_E} \tag{2-12}$$

式中 I_E 为放大电路的静态工作电流。

$$U_T = \frac{kT}{q} \tag{2-13}$$

一般常用 25℃时的 26mV 来表示 U_T 的值。在实际应用中，双极型三极管的 r_{BE} 一般在几 kΩ 左右。

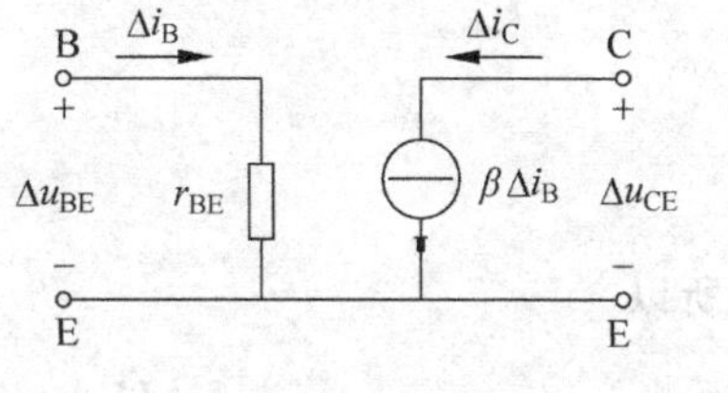

图 2.22 三极管的微变等效电路

放大电路的微变等效电路就是先画出放大器的交流（动态）通路，然后将三极管的微变等效电路代入而得出的电路。

放大电路的微变等效电路反映了放大电路动态时，各信号电量之间的关系。可以通过对微变等效电路的计算，掌握电路动态时的工作状况。共射极放大电路的微变等效电路如图 2.23 所示。

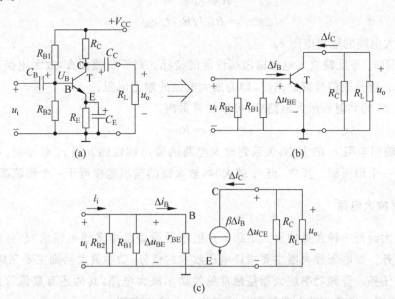

图 2.23 共射极放大电路的微变等效电路图

(1) 电压放大倍数 $\dot{A}_\mathrm{u}$

电压放大倍数 $\dot{A}_\mathrm{u}$ 定义为电路输出电压 u_o 与输入电压 u_i 之比。对于交流放大电路，u_o 与 u_i 也可以用相量 $\dot{U}_\mathrm{o}$ 和 $\dot{U}_\mathrm{i}$ 表示。

$$\dot{A}_\mathrm{u} = \frac{\dot{U}_\mathrm{o}}{\dot{U}_\mathrm{i}} \tag{2-14}$$

用放大电路的微变等效分析法，可以计算出 $\dot{A}_\mathrm{u}$ 的数值。在图 2.23 所示的共射极放大电路中，

$$u_\mathrm{i} = \Delta u_\mathrm{BE}$$

$$\Delta i_\mathrm{B} = \frac{\Delta u_\mathrm{BE}}{r_\mathrm{BE}} = \frac{u_\mathrm{i}}{r_\mathrm{BE}}$$

$$\Delta i_\mathrm{C} = \beta \Delta i_\mathrm{B}$$

$$u_\mathrm{o} = -\Delta i_\mathrm{C}(R_\mathrm{C}//R_\mathrm{L})$$

所以

$$\dot{A}_\mathrm{u} = \frac{\dot{U}_\mathrm{o}}{\dot{U}_\mathrm{i}} = \frac{u_\mathrm{o}}{u_\mathrm{i}} = -\frac{\beta \Delta i_\mathrm{B}(R_\mathrm{C}//R_\mathrm{L})}{\Delta i_\mathrm{B} r_\mathrm{BE}} = -\frac{\beta(R_\mathrm{C}//R_\mathrm{L})}{r_\mathrm{BE}} \tag{2-15}$$

式中的负号表示输出电压 u_o 与输入电压 u_i 正好反相。

(2) 放大电路的输入电阻 r_i

输入电阻 r_i 定义为放大电路输入电压 u_i 与输入电流 i_i 之比。

$$r_\mathrm{i} = \frac{u_\mathrm{i}}{i_\mathrm{i}}$$

在图 2.23 中，$u_\mathrm{i} = \Delta i_\mathrm{B} r_\mathrm{BE}$，$i_\mathrm{i} = \Delta i_\mathrm{B} + \dfrac{u_\mathrm{i}}{R_\mathrm{B1}//R_\mathrm{B2}}$，所以

$$r_\mathrm{i} = R_\mathrm{B1}//R_\mathrm{B2}//r_\mathrm{BE} \tag{2-16}$$

(3) 放大电路的输出电阻 r_o

输出电阻 r_o 是反映放大电路输出端性能的指标。对于负载而言，放大电路可以等效为一个信号源。该等效信号源的内阻，即为放大电路的输出电阻。

在图 2.23 的共射极放大电路中，可以计算得出：

$$r_\mathrm{o} = R_\mathrm{C} \tag{2-17}$$

结论：输出电阻 r_o 的大小，关系到放大电路的输出端性能。当 r_o 越小时，放大器的输出越接近于一个恒压源。反之，当 r_o 越大时，放大器的输出越接近于一个恒流源。

2. 功率放大电路

功率放大器是一种常见的放大电路。一般电子设备都由多级电路组成，各级电路皆有着特定的任务。如电压放大器主要担任电压放大的任务，功率放大器则主要完成功率放大、推动负载的任务。音频功率放大器是最常见的功率放大电路，其他还有显像管偏转线圈的驱动电路，控制电机的驱动电路等都是功率放大电路的实例。

图 2.24 是功率放大器在扩音机中应用的例子。

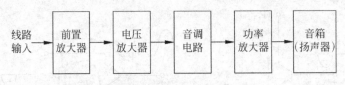

图 2.24　扩音机方框图

功率放大器的一般问题如下。

1）输出功率大

输出功率是功率放大器的重要技术指标。

2）效率要高

由于输出功率大,电路的效率成为一个功率放大器的重要技术参数。

3）要考虑非线性失真问题

功率放大器属于大信号电路,所以三极管的非线性失真是十分明显的。电路的分析也需要采用图解法。

4）要考虑三极管的散热等问题

由于输出功率大,半导体器件的发热现象十分明显。对于大功率电子电路必须进行合适的散热设计,以保证电路能正常工作。实际应用中,我们一般采用加装散热器的方法来提高三极管的 P_{CM} 参数,使三极管能够正常工作于满负荷状态之下。

加装散热器就是用散热器增大三极管的散热面积,提高三极管的散热效率,让三极管产生的热量通过空气散发掉。如果这种方法还无法满足三极管的散热要求,还可以采用风冷或水冷散热方式。

加装散热器时,应当根据三极管工作时的管耗,估算出所需的散热器型号和面积,选出合适尺寸的散热器来。

在安装散热器时,应当保证散热器与三极管外壳紧密接触。必要时可以在散热器与三极管外壳之间涂抹导热硅脂。

应当注意的是,散热器是由导电良好的导体材料所制成的。如果要求散热器与三极管外壳相互绝缘,就应当在散热器与三极管外壳之间加垫绝缘薄膜。常见的绝缘薄膜有云母片和塑料薄膜。但加垫绝缘薄膜后,散热效率肯定会有所下降。

目前经常采用的功率放大电路形式为互补对称放大电路。乙类互补对称放大电路如图 2.25 所示。电路采用了两个不同导电类型的三极管担任放大任务,一个为 NPN 管（N 沟 FET）另一个为 PNP 管（P 沟 FET）。

所谓乙类放大电路是指每个三极管的导通时间为半个周期。即在交流信号变化的一个周期时间内,一个三极管的导通仅为半个周期。为了保证电路的输出信号不失真,所以乙类放大电路必须采用两个三极管,一个三极管放大交流信号半个周期的波形,另一个三极管放大交流信号另外半个周期的波形。

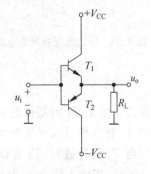

图 2.25　互补对称放大电路

两个三极管轮流导通,合成输出完整的放大了的交流信号,如图 2.26 所示。

乙类放大电路的突出优点是效率高。与三极管导通时间为整个周期的甲类放大器相比,乙类放大电路的效率理论上可达到 78.5%；而甲类放大器的理论效率最高为 50%。

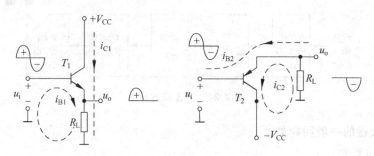

图 2.26　两个三极管轮流工作

乙类放大电路采用射极输出形式,它的电压放大倍数约为 1,输入电阻大,输出电阻小,具有良好的功率放大性能。

近来一种性能十分优越的功率场效应管——VMOS 管被广泛应用到功率放大电路中了。VMOS 功率三极管与双极型功率三极管相比,具有热稳定性能好,不存在二次击穿等优点,特别适合于大功率应用的场合。

由于三极管存在着导通死区,所以当输入信号较小时,三极管实际上是不会导通的。因此在交流信号正负半周交替时,乙类互补放大电路的输出信号是存在交越失真的。为了减小放大电路的交越失真,同时保证电路有着较高的效率,我们采用甲乙类互补放大电路——将电路的静态工作点设置在靠近截止区的放大区中。此时每一个三极管的导通时间略大于半个周期。

甲乙类互补放大器的具体电路有许多种,其中之一是利用二极管来实现的,如图 2.27 所示。

在图 2.27 所示的电路中,二极管 D_1、D_2 工作于弱导通状态。其两端的正向压降比 PN 结正常导通时的压降略小些。所以静态时三极管 T_1、T_2 也工作于微导通状态下,也即甲乙类工作状态。电路中两个三极管的基极静态电位为:

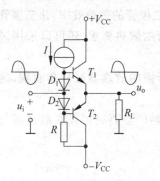

图 2.27　甲乙类互补对称电路

$$U_{B1} \leqslant 0.7\text{V}, \quad U_{B2} \geqslant -0.7\text{V}$$

当输入信号 $u_i \neq 0$ 时,有关系:

$$u_{B1} \approx u_i + 0.7\text{V} \tag{2-18}$$

$$u_{B2} \approx u_i - 0.7\text{V} \tag{2-19}$$

当输入信号 u_i 为正半周时,三极管 T_1 的基极电位向上升高。由于 T_1 的基极电位在静态时已经使它微微导通,所以根据式(2-18)和式(2-19),此时 T_1 管立即进入导通放大状态,不再受死区电压的影响。

当 T_1 管导通时,T_2 管处于截止状态。

同理,当输入信号 u_i 为负半周时,三极管 T_2 的基极电位向下降低。由于 T_2 的基极电位在静态时已经使它微微导通,所以由式(2-18)和式(2-19),此时 T_2 管进入导通放大状态,不再受死区电压的影响。

当 T_2 管导通时,T_1 管转为截止状态。

实用中经常采用复合管组成甲乙类互补对称电路。另外近来场效应管大功率管也被大量地应用于功率放大器电路中。这时就应当依照上面讨论的甲乙类互补对称电路的工作原理,设计出相应的偏置电路。

3. 多级放大电路

实际应用中,放大电路的输入信号都是很微弱的,一般为毫伏级或微伏级。为获得推动负载工作的足够大的电压和功率,需将输入信号放大成千上万倍。由于前述单级放大电路的电压放大倍数通常只有几十倍,所以需要将多个单级放大电路连接起来,组成多级放大电路对输入信号进行连续放大。多级放大电路中,输入级用于接收输入信号。为使输入信号尽量不受信号源内阻的影响,输入级应具有较高的输入电阻,因而常采用高输入电阻的放大电路,例如射极输出器等。中间电压放大级用于小信号电压放大,要求有较高的电压放大倍数。输出级是大信号功率放大级,用以输出负载需要的功率。多级放大电路的级间耦合方式及特点在多级放大电路中,级与级之间的连接方式称为耦合。级间耦合时应满足以下要求:各级要有合适的静态工作点;信号能从前级顺利传送到后级;各级技术指标能满足要求。

2.6.2 信号发生器电路

1. 概述

信号发生器又称信号源或振荡器,在生产实践和科技领域中有着广泛的应用。各种波形曲线均可以用三角函数方程式来表示。能够产生多种波形,如三角波、锯齿波、矩形波(含方波)、正弦波的电路被称为函数信号发生器。函数信号发生器在电路实验和设备检测中具有十分广泛的用途。例如在通信、广播、电视系统中,都需要射频(高频)发射,这里的射频波就是载波,把音频(低频)、视频信号或脉冲信号运载出去,就需要能够产生高频的振荡器。在工业、农业、生物医学等领域,如高频感应加热、熔炼、淬火、超声诊断、核磁共振成像等,都需要功率或大或小、频率或高或低的振荡器。

1) 信号发生器的实现方法

函数信号发生器的实现方法通常有以下几种。

(1) 用分立元件组成的函数发生器:通常是单函数发生器且频率不高,其工作不很稳定,不易调试。

(2) 可以由晶体管、运放 IC 等通用器件制作,更多的则是用专门的函数信号发生器 IC 产生。早期的函数信号发生器 IC,如 L8038、BA205、XR2207/2209 等,它们的功能较少,精度不高,频率上限只有 300kHz,无法产生更高频率的信号,调节方式也不够灵活,频率和占空比不能独立调节,二者互相影响。

(3) 利用单片集成芯片的函数发生器:能产生多种波形,达到较高的频率,且易于调试。鉴于此,美国美信公司开发了新一代函数信号发生器 ICMAX038,它克服了(2)中芯片的缺点,可以达到更高的技术指标,是上述芯片望尘莫及的。MAX038 频率高、精度好,因此被称为高频精密函数信号发生器 IC。在锁相环、压控振荡器、频率合成器、脉宽调制器等电路的设计上,MAX038 都是优选的器件。

(4) 利用专用直接数字合成 DDS 芯片的函数发生器:能产生任意波形并达到很高的频率,但成本较高。

2) 信号波形分类

信号发生器按其信号波形分为四大类。

(1) 正弦信号发生器。主要用于测量电路和系统的频率特性、非线性失真、增益及灵敏度等。按其不同性能和用途还可细分为低频（20Hz 至 10MHz）信号发生器、高频（100kHz 至 300MHz）信号发生器、微波信号发生器、扫频和程控信号发生器、频率合成式信号发生器等。

(2) 函数（波形）信号发生器。能产生某些特定的周期性时间函数波形（正弦波、方波、三角波、锯齿波和脉冲波等）信号，频率范围可从几微赫到几十兆赫。除供通信、仪表和自动控制系统测试用外，还广泛用于其他非电测量领域。

(3) 脉冲信号发生器。能产生宽度、幅度和重复频率可调的矩形脉冲的发生器，可用于测试线性系统的瞬态响应，或用做模拟信号来测试雷达、多路通信和其他脉冲数字系统的性能。

(4) 随机信号发生器。通常又分为噪声信号发生器和伪随机信号发生器两类。噪声信号发生器主要用途为：在待测系统中引入一个随机信号，以模拟实际工作条件中的噪声而测定系统性能；外加一个已知噪声信号与系统内部噪声比较以测定噪声系数；用随机信号代替正弦或脉冲信号，以测定系统动态特性等。当用噪声信号进行相关函数测量时，若平均测量时间不够长，会出现统计性误差，可用伪随机信号来解决。

2. 多功能信号发生器实例

本例是以集成电路 ICL8038 为核心器件制作的一种信号发生器，可以实现输出方波、正弦波、三角波，具有频率范围大，波形失真小等特点。

1) 信号发生器原理

信号发生器原理如图 2.28 所示。

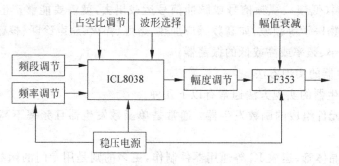

图 2.28 信号发生器原理图

2) 电源部分

由变压器 T、桥堆、电容 $C_1 \sim C_4$ 以及三段稳压器 L7812 和 L7912 组成，可提供稳定的 ±12V 电源电压。

3) 信号发生器部分

ICL8038 可同时输出方波、三角波和正弦波，使用时只需接少量电阻、电容。RP_5 为方波输出占空比调节电阻，阻值为 4.7kΩ，用来改变 4、5 脚电压，从而改变方波占空比。RP_1、R_1 和 R_2 组成分压网络，RP_1 为频率调节电位器（精密电位器），阻值为 10kΩ，调节 RP_1，可改变 ICL8038 的 8 脚输入电压，可改变频率；$C_6 \sim C_{11}$ 为外接定时电容，改变 S_2 的位置可获得 6 个频段的输出信号。频段分别为 0～20Hz,20～200Hz,200Hz～2kHz,2～20kHz, 20～200kHz,200kHz～1MHz。RP_3、RP_4 可调节正弦波的失真度。ICL8038 的 2 脚输出正弦波、3 脚输出三角波、9 脚输出方波。

4) 输出驱动部分

由于 ICL8038 输出的信号幅度小，需要放大输出信号。输出驱动电路 RP_2、$R_9 \sim R_{14}$ 及 LF353 组成。LF353 内部双运放电路，1、2、3 脚和 5、6、7 脚各组成一个运放，LF353 性能优良。ICL8038 的信号经过 R_9、R_{10}、R_{11}、R_{12} 组成的幅值微调电路后，送 LF353 放大输出。RP_2 是优质多圈电位器(精密电位器)，阻值为 $10k\Omega$。R_{12}、R_{13} 以及开关 S_4 组成幅值衰减电路。工作原理是通过改变 R_f，使电压放大倍数 $A_u = \dfrac{U_o}{U_i} = -\dfrac{R_f}{R_1}$ 发生变化。发光管用于指示电源工作情况。

2.6.3 模拟信号运算电路

常见的模拟信号运算电路有：比例运算电路、求和电路、积分和微分电路、对数和指数电路、乘法和除法电路。在分析运算放大器电路时，可以引入理想运算放大器的概念。这将使得电路的分析变得较为方便简洁，而且引入的误差可以忽略不计。

所谓理想运算放大器，就是将运算放大器的实际参数理想化。例如：将运放的开环电压增益和差模输入电阻当作无穷大对待，将运放的输出电阻当作零，忽略运放的失调和温漂，不考虑运放的通频带问题等。

简单地说，理想运算放大器是具有以下特点的电压放大器：

(1) $A_{uo} = \infty$

(2) $r_{id} = \infty$

(3) $r_o = 0$

由上述式子可以引出关于理想运放"虚短"和"虚断"的两个重要概念。

1) 虚短

在线性放大区，有关系：$u_o = A_{uo}(u_p - u_n)$，所以 $u_p - u_n = \dfrac{u_o}{A_{uo}}$，因为运放的 u_o 是有限数值，所以 $u_p - u_n = \dfrac{u_o}{A_{uo}} = \dfrac{u_o}{\infty} \to 0$，也即：

$$u_p \approx u_n \tag{2-20}$$

2) 虚断

在线性放大区，已知有关系：$u_p \approx u_n$，又因为 $i_d = \dfrac{u_p - u_n}{r_{id}}$，所以 $i_d = \dfrac{u_p - u_n}{r_{id}} \to 0$，也即：

$$i_d \approx 0 \tag{2-21}$$

这时的 i_d 是运算放大器的输入电流信号。

应当注意的是：

(1) "虚短"和"虚断"条件是同时成立的。

(2) $u_p \approx u_n$，$i_d \approx 0$ 公式中是近似相等号。但在以后的应用中，我们就用等号了。严格地说，等号的式子与约等号的式子是有着不同的物理意义的。

1. 比例运算电路

1) 同相比例放大电路

如图 2.29 所示的同相比例电路中，利用虚短和虚断概念，推导如下：

因为 $i_d=0$ 所以 $u_p=u_i$,因为 $u_d=0$ 所以 $u_n=u_p=u_i$。

又因为 $i_d=0$ 所以 $u_n=u_f=u_o\dfrac{R_1}{R_1+R_f}$,即 $u_o=u_n\left(1+\dfrac{R_f}{R_1}\right)$

所以
$$u_o=\left(1+\dfrac{R_f}{R_1}\right)u_i \qquad (2\text{-}22)$$

同样为了保证运算放大器的静态对称性,从而减小运放的失调电压,我们在电路中引入了电阻 R_2,并且按公式 $R_2=R_1//R_f$ 来选择它的阻值。

如果在图 2.29 中令 $R_1\to\infty$,就构成了电压跟随器电路,如图 2.30 所示。

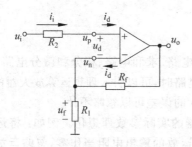

图 2.29 同相比例运算电路

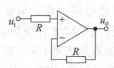

图 2.30 电压跟随器

电压跟随器电路具有 $r_i\to\infty$,$r_o\to 0$,$u_o=u_i$ 的特点。

2) 反相比例放大电路

反相比例电路和同相比例电路是运算放大器的基本电路。其他线性应用电路都是以它们为基础而演变出来的。

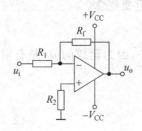

图 2.31 反相比例运算电路

在图 2.31 所示的反相比例电路中,利用前面引出的虚短和虚断概念,推导如下:

因为 $i_d=0$ 所以 $u_p=0$,因为 $u_d=0$ 所以 $u_n=u_p=0$。所以运放的反相输入端是一个虚地点(分析时可当作信号地对待)。

$$i_i=\dfrac{u_i-u_p}{R_1}=\dfrac{u_i}{R_1},\quad u_o=u_p-i_f R_f=-i_f R_f$$

又因为 $i_d=0$ 所以 $i_i=i_f$,即 $\dfrac{u_i}{R_1}=-\dfrac{u_o}{R_f}$,所以

$$u_o=-\dfrac{R_f}{R_1}u_i \qquad (2\text{-}23)$$

为了保证集成运放输入级差分放大电路的对称性,引入电阻 R_2,且 $R_2=R_1//R_f$。

2. 求和电路(加减法运算)

1) 反相加法器

特点:输入量都从反相端输入。

反相加法运算电路如图 2.32 所示。

依据:$u_-=u_+$ $i_i=0$

可知:
$$i_1+i_2+i_3=i_f$$

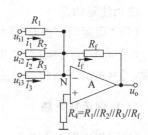

图 2.32 反相加法运算电路

所以
$$\frac{u_{i1}-u_-}{R_1}+\frac{u_{i2}-u_-}{R_2}+\frac{u_{i3}-u_-}{R_3}=\frac{u_--u_o}{R_f}$$

所以
$$u_o=-\left[\frac{R_f}{R_1}u_{i1}+\frac{R_f}{R_2}u_{i2}+\frac{R_f}{R_3}u_{i3}\right]$$

由此可知，输出电压为各输入电压按不同系数相加。

当 $R_1=R_2=R_3=R$ 时，
$$u_o=-\frac{R_f}{R}[u_{i1}+u_{i2}+u_{i3}]$$

当 $R=R_f$ 时，$u_o=-[u_{i1}+u_{i2}+u_{i3}]$ 实现相加，但反相。

2) 同相加法器

特点：两个输入量都从同相端输入。

同相加法运算电路如图 2.33 所示。

依据 $u_-=u_+$　$i_i=0$

可知：
$$i_f=i_R \quad u_-=\frac{R}{R+R_f}u_o$$

又
$$i_1+i_2+i_3=i_4$$

所以
$$\frac{u_{i1}-u_+}{R_1}+\frac{u_{i2}-u_+}{R_2}+\frac{u_{i3}-u_+}{R_3}=\frac{u_+}{R_4}$$

令 $u_-=u_+$ 得 u_o 与 $u_{i1} \cdot u_{i2}$ 的关系式。

当然也可以利用叠加原理进行求解。

相比较而言，从反相输入端输入加量的运算简单得多。

3. 减法运算电路

减法运算电路如图 2.34 所示，反相输入端和同相输入端分别加两个信号，依据虚断和虚短，可得出 u_o 与输入量的关系，具体过程不再详解。

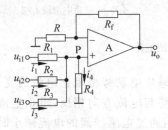

图 2.33　同相加法运算电路

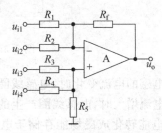

图 2.34　减法运算电路

$$u_o=R_f\left(\frac{u_{i3}}{R_3}+\frac{u_{i4}}{R_4}-\frac{u_{i1}}{R_1}-\frac{u_{i2}}{R_2}\right)$$

也可以根据叠加原理进行求解。
$$u_-=\frac{R_f}{R_1+R_f}u_{i1}+\frac{R_1}{R_1+R_f}u_o=R-\left[\frac{u_{i1}}{R_1}+\frac{u_o}{R_f}\right]$$
$$R_-=R_1//R_f$$

$$u_+ = \frac{R_3}{R_2+R_3}u_{i2} = R_+ \cdot \frac{u_{i2}}{R_2} \quad R_+ = R_2 // R_3$$

因为
$$u_- = u_+$$

所以
$$u_o = \frac{R_+}{R_-} \cdot R_f \cdot \frac{u_{i2}}{R_2} - R_f \cdot \frac{u_{i1}}{R_1}$$

当两输入端外电路平衡时,$R_- = R_+$,则

$$u_o = \frac{R_f}{R_2}u_{i2} - \frac{R_f}{R_1}u_{i2}$$

当 $R_1 = R_2 = R_f$ 时,则

$$u_o = u_{i2} - u_{i1}$$

2.6.4 滤波电路

滤波是信号处理中的一个重要概念。滤波分经典滤波和现代滤波。经典滤波是根据傅里叶分析和变换提出的。根据高等数学理论,任何一个满足一定条件的信号,都可以被看成是由无限个正弦波叠加而成。换句话说,工程信号是不同频率的正弦波线性叠加而成的,组成信号的不同频率的正弦波叫做信号的频率成分或叫做谐波成分。只允许一定频率范围内的信号成分正常通过,而阻止另一部分频率成分通过的电路,叫做经典滤波器或滤波电路。常见的滤波电路如图 2.35 所示。

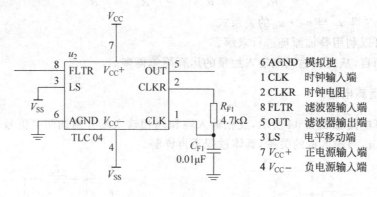

图 2.35 常见的滤波电路

当流过电感的电流变化时,电感线圈中产生的感生电动势将阻止电流的变化。当通过电感线圈的电流增大时,电感线圈产生的自感电动势与电流方向相反,阻止电流的增加,同时将一部分电能转化成磁场能存储于电感之中;当通过电感线圈的电流减小时,自感电动势与电流方向相同,阻止电流的减小,同时释放出存储的能量,以补偿电流的减小。因此经电感滤波后,不但负载电流及电压的脉动减小,波形变得平滑,而且整流二极管的导通角增大。在电感线圈不变的情况下,负载电阻愈小,输出电压的交流分量愈小。只有在 $RL \gg \omega L$ 时才能获得较好的滤波效果。L 愈大,滤波效果愈好。另外,由于滤波电感电动势的作用,可以使二极管的导通角接近 π,减小了二极管的冲击电流,平滑了流过二极管的电流,从而延长了整流二极管的寿命。

常用的滤波电路有无源滤波和有源滤波两大类。若滤波电路元件仅由无源元件(电阻、

电容、电感)组成,则称为无源滤波电路。无源滤波的主要形式有电容滤波、电感滤波和复式滤波(包括倒 L 型、LC 滤波、$LC\pi$ 型滤波和 $RC\pi$ 型滤波等)。若滤波电路不仅由无源元件,还有源元件(双极型管、单极型管、集成运放)组成,则称为有源滤波电路。有源滤波的主要形式是有源 RC 滤波,也被称做电子滤波器。

1. 无源滤波电路

无源滤波电路的结构简单,易于设计,但它的通带放大倍数及其截止频率都随负载而变化,因而不适用于信号处理要求高的场合。无源滤波电路通常用在功率电路中,比如直流电源整流后的滤波,或者大电流负载时采用 LC(电感、电容)电路滤波。

2. 有源滤波电路

有源滤波电路的负载不影响滤波特性,因此常用于信号处理要求高的场合。有源滤波电路一般由 RC 网络和集成运放组成,因而必须在合适的直流电源供电的情况下才能使用,同时还可以进行放大。但电路的组成和设计也较复杂。有源滤波电路不适用于高电压大电流的场合,只适用于信号处理。

根据滤波器的特点可知,它的电压放大倍数的幅频特性可以准确地描述该电路属于低通、高通、带通还是带阻滤波器,因而如果能定性分析出通带和阻带在哪一个频段,就可以确定滤波器的类型。

识别滤波器的方法是:若信号频率趋于零时有确定的电压放大倍数,且信号频率趋于无穷大时电压放大倍数趋于零,则为低通滤波器;反之,若信号频率趋于无穷大时有确定的电压放大倍数,且信号频率趋于零时电压放大倍数趋于零,则为高通滤波器;若信号频率趋于零和无穷大时电压放大倍数均趋于零,则为带通滤波器;反之,若信号频率趋于零和无穷大时电压放大倍数具有相同的确定值,且在某一频率范围内电压放大倍数趋于零,则为带阻滤波器。

滤波电路尽可能减小脉动的直流电压中的交流成分,保留其直流成分,使输出电压纹波系数降低,波形变得比较平滑。

2.6.5 模拟信号的变换电路

信号的变换与处理是直接对连续时间信号进行分析处理的过程,是利用一定的数学模型所组成的运算网络来实现的。从广义讲,它包括了调制、滤波、放大、微积分、乘方、开方、除法运算等。模拟信号分析的目的是便于信号的传输与处理,例如,信号调制后的放大与远距离传输;利用信号滤波实现剔除噪声与频率分析;对信号的运算估值,以获取特征参数等。常用的信号调理环节有电桥、放大器、滤波器、调制器与解调器等。

1. 幅度调制

调制与解调原理,调幅是将一个高频正弦信号(或称载波信号)与测试信号相乘,使载波信号幅值随测试信号的变化而变化。现以频率为 f_z 的余弦信号 $z(t)$ 作为载波进行讨论。由傅里叶变换的性质知,在时域中两个信号相乘,则对应于在频域中这两个信号进行卷积。

余弦函数的频域图形是一对脉冲谱线,即

$$z(t) = \cos(2\pi f_z t) \Leftrightarrow \frac{1}{2}\delta(f - f_z) + \frac{1}{2}\delta(f + f_z) \tag{2-24}$$

一个函数与单位脉冲函数卷积的结果,就是将其图形由坐标原点平移至该脉冲函数处。所以,若以高频余弦信号作载波,把信号 $x(t)$ 和载波信号 $z(t)$ 相乘,其结果

$$x_m(t) = x(t) \cdot \cos(2\pi f_z t)$$

$$X_m(f) = \frac{1}{2}X(f) * \delta(f + f_z) + \frac{1}{2}X(f) * \delta(f - f_z) \tag{2-25}$$

就相当于把原信号频谱图形由原点平移至载波频率处,其幅值减半,如图 2.36 所示,所以调幅过程就相当于频率"搬移"过程。

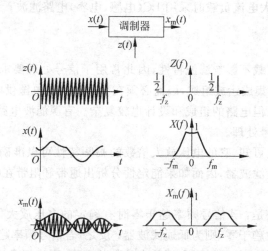

图 2.36 普通调幅信号波形及频谱

若把调幅波 $x_m(t)$ 再次与载波 $z(t)$ 信号相乘,则频域图形将再一次进行"搬移",如图 2.37 所示,即 $x_m(t)$ 与 $z(t)$ 相乘积的傅里叶变换为

$$F[x_m(t)z(t)] = \frac{1}{2}X(f) + \frac{1}{4}X(f) * \delta(f + 2f_z) + \frac{1}{4}X(f) * \delta(f - 2f_z) \tag{2-26}$$

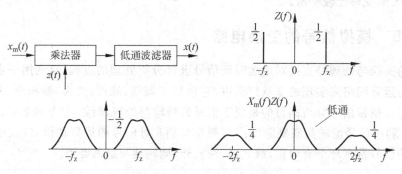

图 2.37 调幅波信号波形及频谱

若用一个低通滤波器滤除中心频率为 $2f_z$ 的高频成分,那么将可以复现原信号的频谱(只是其幅值减少了一半,这可用放大处理来补偿),这一过程称为同步解调。"同步"指解调时所乘的信号与调制时的载波信号具有相同的频率和相位。

上述调制方法是将调制信号 $x(t)$ 直接与载波信号 $z(t)$ 相乘。这种调幅波具有极性变

化,即在信号过零线时,其幅值发生由正到负(或由负到正)的突然变化,此时调幅波的相位(相对于载波)也相应地发生 180°的相位变化,这种调制方法称为抑制调幅。抑制调幅波需要采用同步解调或相敏检波解调的方法,方能反映出原信号的幅值和极性。

若把调制信号 $z(t)$ 进行偏置,叠加一个直流分量 A,使偏置后的信号都具有正电压,此时调幅波表达式为:

$$x_m(t) = [A + x(t)]\cos 2\pi f_z t$$

这种调制方法称为非抑制调幅或偏置调幅。其调幅波的包络线具有原信号形状,如图 2.38(a)所示。对于非抑制调幅波,一般采用整流、滤波(或称包络法检波)以后,就可以恢复原信号。

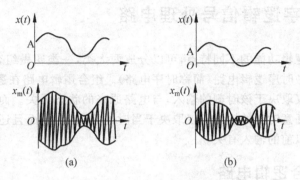

图 2.38 调幅波的波形失真

信号经过调制以后,有下列情况可能出现波形失真现象。

(1) 过调失真:对于非抑制调幅,要求其直流偏置必须足够大,否则 $x(t)$ 的相位将发生 180°倒相,如图 2.38(b)所示,此称为过调。此时,如果采用包络法检波,则检出的信号就会产生失真,而不能恢复出原信号。

(2) 重叠失真:调幅波是由一对每边 f_m 的双边带信号组成的。当载波频率 f_z 较低时,正频端的下边带将与负频端的下边带相重叠,这类似于采样频率较低时所发生的频率混叠效应,如图 2.39 所示。因此,要求载波频率 f_z 必须大于调制信号 $x(t)$ 中的最高频率,即 $f_z > f_m$。实际应用中,往往选择载波频率至少数倍甚至数十倍于信号中的最高频率。

图 2.39 调幅波的波形重叠失真

(3) 调幅波通过系统时的失真:调幅波通过系统时,还将受到系统频率特性的影响。

2. 频率调制

调频是利用信号 $x(t)$ 的幅值调制载波的频率,或者说,调频波是一种随信号 $x(t)$ 的电压幅值而变化的疏密度不同的等幅波,调频波的瞬时频率可表示为:$f = f_0 + d_f$,式中 f_0 为载波信号频率;d_f 为频率偏移,与调制信号 $x(t)$ 的幅值成正比。

常用的频率调制法有直接调频法和间接调频法。直接调频法就是用调制信号 $x(t)$ 对压控振荡器(VCO)进行电压控制,利用其振荡频率与控制电压成线性变化的特性,改变压控振荡器的输出频率,从而达到频率调制的目的。

鉴频就是对调频波进行解调,将信号的频率变化再变换为电压幅值的变化。鉴频的方法也有许多,常用的有变压器耦合的谐振回路法。

频率调制较之幅度调制的一个重要的优点是改善了信噪比。分析表明,在调幅情况下,若干扰噪声与载波同频,则有效的调幅波对干扰波的功率比(S/N),必须在 35dB 以上。但在调频的情况下,在满足上述调幅情况下的相同性能指标时,有效的调频波对干扰波的功率比只要 6dB 即可(干扰波的干扰作用则主要表现在振幅之中)。

调频方法也存在着严重缺点,调频波通常要求很宽的频带,甚至为调幅所要求带宽的20倍;调频系统较之调幅系统复杂,因为频率调制是一种非线性调制,它不能运用叠加原理。因此,分析调频波要比分析调幅波困难。实际上,对调频波的分析是近似的。

2.7 典型数字逻辑信号处理电路

数字电路根据逻辑功能的不同特点,可以分成两大类,一类叫做组合逻辑电路(简称组合电路),另一类叫做时序逻辑电路(简称时序电路)。组合逻辑电路在逻辑功能上的特点是任意时刻的输出仅仅取决于该时刻的输入,与电路原来的状态无关。而时序逻辑电路在逻辑功能上的特点是任意时刻的输出不仅取决于当时的输入信号,而且还取决于电路原来的状态,或者说,还与以前的输入有关。

2.7.1 组合逻辑电路

组合逻辑电路是指在任何时刻,输出状态只决定于同一时刻各输入状态的组合,而与电路以前的状态无关,与其他时间的状态无关。其逻辑函数如下:

$$L_i = f(A_1, A_2, A_3, \cdots, A_n) \quad (i = 1, 2, 3, \cdots, n)$$

其中,$A_1 \sim A_n$ 为输入变量;L_i 为输出变量。

组合逻辑电路的特点归纳如下:

(1) 输入、输出之间没有反馈延迟通道;

(2) 电路中无记忆单元。

对于任一个逻辑表达式或逻辑电路,其真值表是唯一的,但其对应的逻辑电路或逻辑表达式可能有多种实现形式,所以,一个特定的逻辑问题,其对应的真值表是唯一的,但可实现的逻辑电路是多种多样的。在实际设计工作中,如果由于某些原因无法获得某些门电路,可以通过变换逻辑表达式变换电路,从而能使用其他器件来代替该器件。为了使逻辑电路的设计更简洁,利用各种方法对逻辑表达式进行化简是必要的。组合电路可用一组逻辑表达式来描述。设计组合电路就是实现逻辑表达式。要求在满足逻辑功能和技术要求的基础上,力求使电路简单、经济、可靠。实现组合逻辑函数的途径是多种多样的,可采用基本门电路,也可采用中、大规模集成电路。其一般设计步骤为:①分析设计要求,列真值表;②进行逻辑和必要变换,得出所需要的最简逻辑表达式;③画逻辑图。

组合逻辑电路的分析有以下几个步骤:

(1) 由给定的逻辑电路图,写出输出端的逻辑表达式;

(2) 列出真值表;

(3) 通过真值表概括出逻辑功能,看原电路是不是最理想,若不是,则对其进行改进。

在数字系统中算术运算都是利用加法进行的,因此加法器是数字系统中最基本的运算单元。由于二进制运算可以用逻辑运算来表示,因此可以用逻辑设计的方法来设计运算电路。加法在数字系统中分为全加和半加,所以加法器也分为全加器和半加器。

1. 半加器设计

半加器不考虑低位向本位的进位,因此它有两个输入端和两个输出端。设加数(输入端)为 A、B 和 S;向高位的进位为 C_{i+1},函数的逻辑表达式为:$S = \overline{A}B + A\overline{B} = A \oplus B$;$C_{i+1} = AB$。

2. 全加器的设计

由于全加器考虑低位向高位的进位,它是将本位的加数、被加数以及来自低位的进位 3 个数相加,所以它有三个输入端和两个输出端,如图 2.40 所示。

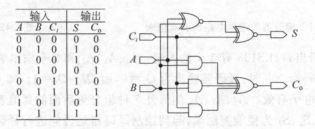

图 2.40 全加器的真值表和逻辑电路图

设输入变量为(加数)A、B、C_i,输出变量为 S、C_o,函数的逻辑表达式为:
$$S = A \oplus B \oplus C_i$$
$$C_o = AB + BC + CA$$

3. 全加器的应用

加法器是数字系统中最基本的逻辑器件,因此它的应用很广。它可用于二进制的减法运算、乘法运算,BCD 码的加、减法,码组变换,数码比较等。

组合逻辑电路中最常用的就是编码器和译码器。指定二进制代码代表特定的信号的过程就叫编码;把某一组二进制代码的特定含义译出的过程叫译码。

1) 编码器

n 位二进制数码有 $2n$ 种状态,所以它可代表 $2n$ 组信息。人们在编码过程中一般是采用编码矩阵和编码表。编码矩阵就是在卡诺图上指定每一方格代表某一自然数,把这些自然数填入相应的方格,编码器的逻辑电路图和真值表如图 2.41 所示。

2) 译码器

译码器可以将输入代码的状态翻译成相应的输出信号,以高、低电平的形式在各自的输出端口送出,以表示其意愿。译码器有多个输入端和多个输出端。假如输入端个数为 n,每个输出端只能有两个状态,则输出端个数最多有 $2n$ 个。常用译码器输入、输出端个数来称呼译码器,如 3 线-8 线译码器,4 线-10 线译码器等。

74LS138 为 3-8 译码器,共有 54/74S138 和 54/74LS138 两种线路结构形式,其管脚图如图 2.42 所示,内部电路如图 2.43 所示,其工作原理如下。

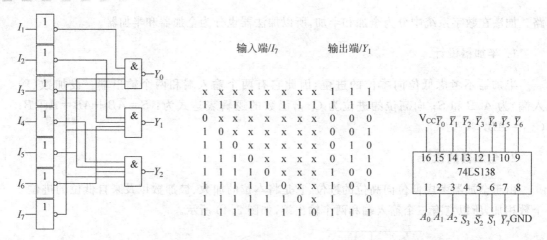

图 2.41 编码器的逻辑电路图和真值表　　图 2.42 74LS138 的管脚图

从图 2.42 可看出，74LS138 有 3 个输入端：A_0、A_1、A_2 和 8 个输出端 $Q_0 \sim Q_7$。当输入端 A_0、A_1、A_2 的编码为 000 时，译码器输出为 $Q_0=0$，而 $Q_1 \sim Q_7=1$。即 Q_0 对应于 A_0、A_1、A_2 为 000 状态，低电平有效。A_0、A_1、A_2 的另外 7 种组合见后面的真值表。

图 2.42 中 $\overline{S}_1$、$\overline{S}_2$、$\overline{S}_3$ 为使能控制端，起到控制译码器是否能进行译码的作用。只有 $\overline{S}_1$ 为高电平，$\overline{S}_2$、$\overline{S}_3$ 均为低电平时，才能进行译码，否则不论输入为何值，每个输出端均为 1。

由图 2.43 可以看出，74LS138 译码器是由若干与非门构成的，当一个选通端(G_1)为高

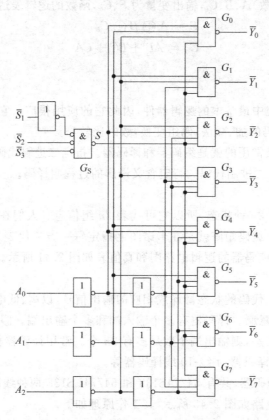

图 2.43 74LS138 译码器内部电路

电平,另两个选通端(/(G_2A)和/(G_2B))为低电平时,可将地址端(A、B、C)的二进制编码在一个对应的输出端以低电平译出。

利用 G_1、/(G_2A)和/(G_2B)可级联扩展成 24 线译码器;若外接一个反相器还可级联扩展成 32 线译码器。若将选通端中的一个作为数据输入端时,74LS138 还可作数据分配器。74LS138 译码器的功能表如图 2.44 所示。

输入					输出							
S_1	$\bar{S}_2+\bar{S}_3$	A_2	A_1	A_0	$\bar{Y}_0$	$\bar{Y}_1$	$\bar{Y}_2$	$\bar{Y}_3$	$\bar{Y}_4$	$\bar{Y}_5$	$\bar{Y}_6$	$\bar{Y}_7$
0	X	X	X	X	1	1	1	1	1	1	1	1
X	1	X	X	X	1	1	1	1	1	1	1	1
1	0	0	0	0	0	1	1	1	1	1	1	1
1	0	0	0	1	1	0	1	1	1	1	1	1
1	0	0	1	0	1	1	0	1	1	1	1	1
1	0	0	1	1	1	1	1	0	1	1	1	1
1	0	1	0	0	1	1	1	1	0	1	1	1
1	0	1	0	1	1	1	1	1	1	0	1	1
1	0	1	1	0	1	1	1	1	1	1	0	1
1	0	1	1	1	1	1	1	1	1	1	1	0

图 2.44　74LS138 功能表

无论从逻辑图还是功能表我们都可以看到 74LS138 的 8 个输出管脚,任何时刻要么全为高电平 1——芯片处于不工作状态,要么只有一个为低电平 0,其余 7 个输出管脚全为高电平 1。如果出现两个输出管脚在同一个时间为 0 的情况,说明该芯片已经损坏。

当附加控制门的输出为高电平($S=1$)时,可由逻辑图写出

$$\begin{cases} \bar{Y}_0 = \overline{\bar{A}_2\bar{A}_1\bar{A}_0} = \bar{m}_0 \\ \bar{Y}_1 = \overline{\bar{A}_2\bar{A}_1 A_0} = \bar{m}_1 \\ \bar{Y}_2 = \overline{\bar{A}_2 A_1\bar{A}_0} = \bar{m}_2 \\ \bar{Y}_3 = \overline{\bar{A}_2 A_1 A_0} = \bar{m}_3 \\ \bar{Y}_4 = \overline{A_2\bar{A}_1\bar{A}_0} = \bar{m}_4 \\ \bar{Y}_5 = \overline{A_2\bar{A}_1 A_0} = \bar{m}_5 \\ \bar{Y}_6 = \overline{A_2 A_1\bar{A}_0} = \bar{m}_6 \\ \bar{Y}_7 = \overline{A_2 A_1 A_0} = \bar{m}_7 \end{cases} \quad (2-27)$$

由上式可以看出,译码器的输出是这三个变量的全部最小项的组合,所以也把这种译码器叫做最小项译码器。

2.7.2　时序逻辑电路

任何一个时刻的输出状态不仅取决于当时的输入信号,而且还取决于电路原来的状态。电路由存储电路(主要是触发器,且必不可少)和组合逻辑电路(可选)构成,时序逻辑电路的状态是由存储电路来记忆和表示的。

1. 时序逻辑电路的特点

(1) 时序逻辑电路通常包含组合电路和存储电路两部分,存储电路(触发器)是必不可少的,如图 2.45 所示。

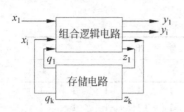

图 2.45 时序逻辑电路的结构框图

(2) 存储电路的输出状态必须反馈到组合电路的输入端,与输入信号一起,共同决定组合逻辑电路的输出。

2. 时序逻辑电路的分类

(1) 按逻辑功能划分有:计数器、寄存器、移位寄存器、读/写存储器、顺序脉冲发生器等。

(2) 根据存储电路中触发器的动作特点不同分为:同步时序电路和异步时序电路。在同步时序电路中,所有触发器状态的变化都是在同一时钟信号操作下同时发生的。在异步时序电路中,触发器状态的变化不是同时发生的。

(3) 根据输出信号的特点分为:米利(Mealy)型和穆尔(Moore)型。在米利型电路中,输出信号不仅取决于存储电路的状态,而且还取决于输入变量。在穆尔型电路中,输出信号仅仅取决于存储电路的状态。穆尔型电路只是米利型电路的一种特例。

3. 时序逻辑电路的基本分析步骤

1) 写方程式

(1) 输出方程。时序逻辑电路的输出逻辑表达式,它通常为现态的函数。

(2) 驱动方程。各触发器输入端的逻辑表达式,即 J=?,K=?,D=?。

(3) 状态方程。将驱动方程代入相应触发器的特性方程中,便得到该触发器的次态方程。时序逻辑电路的状态方程由各触发器次态的逻辑表达式组成。

2) 列状态转换真值表

将外部输入信号和现态作为输入,次态和输出作为输出,列出状态转换真值表。

3) 逻辑功能的说明

根据状态转换真值表来说明电路的逻辑功能。

4) 画状态转换图和时序图

状态转换图:电路由现态转换到次态的示意图。

时序图:在时钟脉冲 CP 作用下,各触发器状态变化的波形图。

4. 分析举例

例 2-2 试分析图 2.46 所示电路的逻辑功能,并画出状态转换图和时序图。

解 由电路可看出,时钟脉冲 CP 加在每个触发器的时钟脉冲输入端上。因此它是一个同步时序逻辑电路,时钟方程可以不写。三个 JK 触发器的状态更新时刻都对应 CP 的下降沿。

1) 写方程式

(1) 输出方程

$$Y = Q_2^n Q_0^n$$

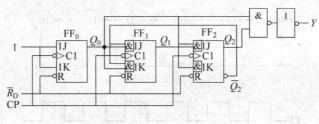

图 2.46 例 2-2 题图

(2) 驱动方程

$$\begin{cases} J_0 = 1, & K_0 = 1 \\ J_1 = \overline{Q_2^n} Q_0^n, & K_1 = \overline{Q_2^n} Q_0^n \\ J_2 = Q_1^n Q_0^n, & K_2 = Q_0^n \end{cases}$$

(3) 状态方程。将驱动方程带入 JK 触发器的特性方程 $Q^{n+1} = J\overline{Q^n} + \overline{K}Q^n$,便得电路状态方程为

$$\begin{cases} Q_0^{n+1} = J_0 \overline{Q_0^n} + \overline{K_0} Q_0^n = 1\overline{Q_0^n} + \overline{1}Q_0^n \\ Q_1^{n+1} = J_1 \overline{Q_1^n} + \overline{K_1} Q_1^n = \overline{Q_2^n} Q_0^n \overline{Q_1^n} + \overline{\overline{Q_2^n} Q_0^n} Q_1^n \\ Q_2^{n+1} = J_2 \overline{Q_2^n} + \overline{K_2} Q_2^n = Q_1^n Q_0^n \overline{Q_2^n} + \overline{Q_0^n} Q_2^n \end{cases}$$

2) 状态转换真值表

由状态方程,可列状态转换真值表,如图 2.47 所示。

现态			次态			输出
Q_2^n	Q_1^n	Q_0^n	Q_2^{n+1}	Q_1^{n+1}	Q_0^{n+1}	Y
0	0	0	0	0	1	0
0	0	1	0	1	0	0
0	1	0	0	1	1	0
0	1	1	1	0	0	0
1	0	0	1	0	1	0
1	0	1	0	0	0	1
1	1	0	1	1	1	0
1	1	1	0	1	0	1

图 2.47 例 2-2 的真值表

3) 逻辑功能说明

由状态转换真值表,在输入第 6 个计数脉冲 CP 后,返回原来的状态,同时输出端 Y 输出一个进位脉冲,因此为同步六进制计数器。

4) 画状态转换图和时序图

(1) 根据状态转换真值表→状态转换图。圆圈内表示电路的一个状态,箭头表示电路状态的转换方向(现态→次态),箭头线上方标注的 X/Y 为转换条件,X 为转换前输入变量的取值,Y 为输出值。由于本例没有输入变量,故 X 未标上数值,如图 2.48(a) 所示。

(2) 根据状态转换真值表→时序图(或称工作波形图),如图 2.48(b) 所示。

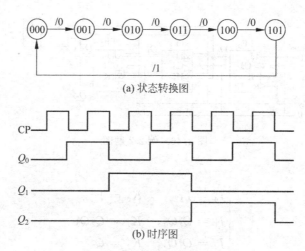

图 2.48 例 2-2 的状态转换图和时序图

5）检查电路能否自启动

电路应有 8 个工作状态，只有 6 个状态被利用了，称为有效状态。还有 110 和 111 没有被利用，称为无效状态。能够自启动：如果由于某种原因而进入无效状态工作时，只要继续输入计数脉冲 CP，电路会自动返回到有效状态工作，该电路能够自启动。

2.8 集成电路

2.8.1 集成电路的基本概念

集成电路是一种微型电子器件或部件。采用一定的工艺，把一个电路中所需的晶体管、二极管、电阻、电容和电感等元件及布线互连在一起，制作在一小块或几小块半导体晶片或介质基片上，然后封装在一个管壳内，成为具有所需电路功能的微型结构；其中所有元件在结构上已组成一个整体，使电子元件向着微小型化、低功耗和高可靠性方面迈进了一大步。它在电路中用字母"IC"表示。集成电路发明者为杰克·基尔比（基于硅的集成电路）和罗伯特·诺伊思（基于锗的集成电路）。当今半导体工业大多数应用的是基于硅的集成电路。

2.8.2 集成电路的基本结构

集成电路是采用半导体制作工艺，在一块较小的单晶硅片上制作许多晶体管以及电阻器、电容器等元器件，并按照多层布线或隧道布线的方法将元器件组合成完整的电子电路。它在电路中用字母"IC"（也有用文字符号"N"等）表示。

1. 按功能结构分类

集成电路按其功能结构的不同，可以分为模拟集成电路、数字集成电路和数/模混合集成电路三大类。

模拟集成电路又称线性电路,用来产生、放大和处理各种模拟信号(指幅度随时间变化的信号。例如半导体收音机的音频信号、录放机的磁带信号等),其输入信号和输出信号成比例关系。而数字集成电路用来产生、放大和处理各种数字信号(指在时间上和幅度上离散取值的信号。例如 3G 手机、数码相机、计算机 CPU、数字电视的逻辑控制和重放的音频信号和视频信号)。

2. 按导电类型不同分类

集成电路按导电类型可分为双极型集成电路和单极型集成电路,它们都是数字集成电路。

双极型集成电路的制作工艺复杂,功耗较大,其代表有 TTL、ECL、HTL、LST-TL、STTL 等类型。单极型集成电路的制作工艺简单,功耗也较低,易于制成大规模集成电路,其代表有 CMOS、NMOS、PMOS 等类型。图 2.49 即为常见集成电路的图片。

3. 按制作工艺分类

集成电路按制作工艺可分为半导体集成电路和膜集成电路。膜集成电路又分为厚膜集成电路和薄膜集成电路。

4. 按集成度高低分类

集成电路按集成度高低的不同可分为小规模集成电路、中规模集成电路、大规模集成电路和超大规模集成电路。

图 2.49 常见集成电路图片

5. 按用途分类

集成电路按用途可分为电视机用集成电路、音响用集成电路、影碟机用集成电路、录像机用集成电路、计算机(微机)用集成电路、电子琴用集成电路、通信用集成电路、照相机用集成电路、遥控用集成电路、语言用集成电路、报警器用集成电路及各种专用集成电路。

电视机用集成电路包括行、场扫描集成电路,中放集成电路,伴音集成电路,彩色解码集成电路,AV/TV 转换集成电路,开关电源集成电路,遥控集成电路,丽音解码集成电路,画中画处理集成电路,微处理器(CPU)集成电路,存储器集成电路等。

音响用集成电路包括 AM/FM 高中频电路,立体声解码电路,音频前置放大电路,音频运算放大集成电路,音频功率放大集成电路,环绕声处理集成电路,电平驱动集成电路,电子音量控制集成电路,延时混响集成电路,电子开关集成电路等。

影碟机用集成电路有系统控制集成电路,视频编码集成电路,MPEG 解码集成电路,音频信号处理集成电路,音响效果集成电路,RF 信号处理集成电路,数字信号处理集成电路,伺服集成电路,电动机驱动集成电路等。

录像机用集成电路有系统控制集成电路,伺服集成电路,驱动集成电路,音频处理集成电路,视频处理集成电路。

2.8.3　集成电路中的基本电路模块

集成电路是把不同的电路组合到一起形成的,所以,基本模块电路是组成集成电路的基础。

1. 模拟电路基本模块

1) 电流源模块

电流源电路就是利用集成电路中元件特性的对称性和偏置一定的晶体管集电极电流恒定的特点组成的单元电路,用电流源作偏置电路的优点有两个:其一是静态偏置电流对电源电压不敏感,与电阻相比占用芯片面积小;其二是作为中间级的有源负载,其交流电阻很大,以期获得高的增益,且能在较低的电源电压下工作。

2) 差分放大电路模块

图 2.50 是用两个特性相同的晶体管(场效应管也可以)T_1、T_2 所组成的差分式放大电路。电路由 V_{CC} 供电,输入电压分成相同的两部分加到两管的基极,输出电压等于两管的集电极电压之差。

假设 T_1、T_2 管的特性完全相同,相应的电阻也完全一致,当输入电压等于零时,$U_{CQ1} = U_{CQ2}$,即输出电压 $U_o = 0$。如果温度升高导致 I_{CQ1} 增大,则 U_{CQ1} 降低,由于电路结构对称,I_{CQ2} 也将增大,U_{CQ2} 将降低,而且两管的变化幅度相等,结果 T_1 和 T_2 输出端的输出电压仍然为零,其零点漂移相互抵消,进而抑制了零点漂移。

3) 输出电路模块

为了保证集成电路具有足够的输出驱动能力,集成电路的输出端往往是由具有电流驱动能力的电路所组成的。对于模拟集成电路,一般采用图 2.51 所示的电路作为输出端,此电路叫做甲乙类互补输出。

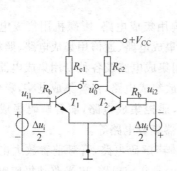
图 2.50 差分放大电路的基本形式

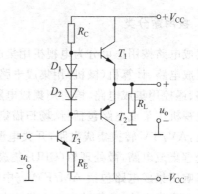
图 2.51 甲乙类互补对称输出电路

同样,在 MOS 和 CMOS 类电路中,输出驱动电路一般都是用工作在甲乙类状态的互补输出电路。

2. 数字电路模块

1) 三极管数字逻辑门电路模块

由三极管组成的数字逻辑电路叫做 TTL 电路。图 2.52 是 TTL 的或门及其等效电路。

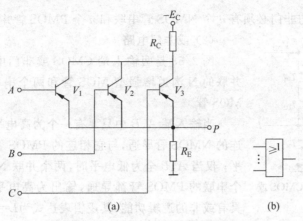

图 2.52 TTL 的或门及其等效电路

2) CMOS 管数字逻辑门电路

CMOS 逻辑门电路是在 TTL 电路问世之后,所开发出的第二种广泛应用的数字集成器件。从发展趋势来看,由于制造工艺的改进,CMOS 电路的性能有可能超越 TTL 而成为占主导地位的逻辑器件。CMOS 电路的工作速度可与 TTL 相比较,而它的功耗和抗干扰能力则远优于 TTL。此外,几乎所有的超大规模存储器件,以及 PLD 器件都采用 CMOS 艺制造,且费用较低。

早期生产的 CMOS 门电路为 4000 系列,随后发展为 4000B 系列。当前与 TTL 兼容的 CMOS 器件如 74HCT 系列等可与 TTL 器件交换使用。

3) CMOS 反相器

非门电路是构成所有数字逻辑电路的基本单元。如图 2.53 表示 CMOS 反相器电路,由两只增强型 MOSFET 组成,其中一个为 N 沟道结构,另一个为 P 沟道结构。为了保证电路正常工作,要求电源电压 V_{DD} 大于两个管子的开启电压的绝对值之和,即

$$V_{DD} > (V_{TN} + |V_{TP}|)$$

(1) 与非门电路

图 2.54 是两输入端 CMOS 与非门电路,其中包括两个串联的 N 沟道增强型 MOS 管和两个并联的 P 沟道增强型 MOS 管。每个输入端连到一个 N 沟道和一个 P 沟道 MOS 管的栅极。当输入端 A、B 中只要有一个为低电平时,就会使与它相连的 NMOS 管截止,与它相连的 PMOS 管导通,输出为高电平;仅当 A、B 全为高电平时,才会使两个串联的 NMOS 管都导通,使两个并联的 PMOS 管都截止,输出为低电平。因此,这种电路具有与非的逻辑功能,即 $L = \overline{A \cdot B}$。

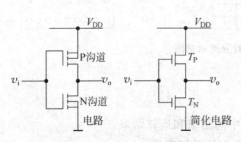

图 2.53 CMOS 反相器电路

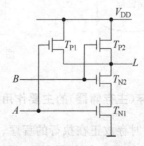

图 2.54 两输入端 CMOS 与非门电路

n 个输入端的与非门必须有 n 个 NMOS 管串联和 n 个 PMOS 管并联。

(2) 或非门电路

图 2.55 是两输入端 CMOS 或非门电路,其中包括两个并联的 N 沟道增强型 MOS 管和两个串联的 P 沟道增强型 MOS 管。

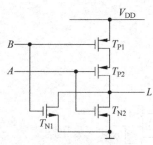

图 2.55 两输入端 CMOS 或非门电路

当输入端 A、B 中只要有一个为高电平时,就会使与它相连的 NMOS 管导通,与它相连的 PMOS 管截止,输出为低电平;仅当 A、B 全为低电平时,两个并联 NMOS 管都截止,两个串联的 PMOS 管都导通,输出为高电平。因此,这种电路具有或非的逻辑功能,其逻辑表达式为 $L=\overline{A+B}$。

2.8.4 存储器集成电路

存储器就是用来存储程序和数据的,程序和数据都是信息的表现形式。存储器的容量越大,记忆的信息也就越多,计算机的功能也就越强。

1. 概述

存储器的分类如图 2.56 所示。

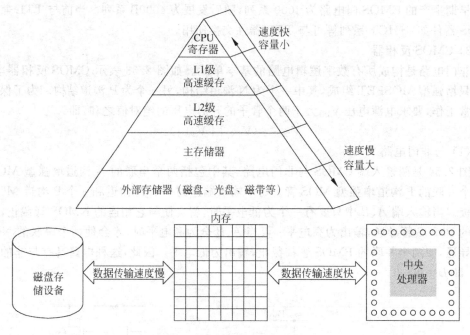

图 2.56 存储器分类示意图

2. 内存(主存储器)的主要作用

(1) 暂时存放正在执行的程序、原始数据、中间结果和运算结果。

(2) 作为 CPU 运行程序的区域,配合 CPU 与外设打交道。

3. 存储器的分类

(1) 按存储介质分：半导体存储器、磁介质存储器、光存储器。
(2) 按与 CPU 耦合程度分：内存、外存。
(3) 按掉电后信息能否保存分：易失性、非易失性（一般指 RAM、ROM）。
(4) 按数据存取的随机性：只读型、顺序存储型、直接存取型。
(5) 按信息存储方法：动态、静态。

本节主要介绍半导体存储器的分类，半导体存储器分类框图如图 2.57 所示。

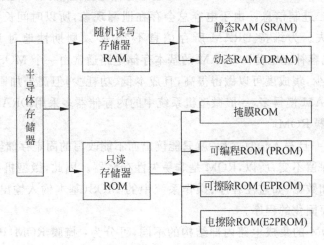

图 2.57 半导体存储器分类框图

① 半导体存储器的优点：速度快，存取时间纳秒级、高度集成、体积小、消耗功率小，一般只有几十毫瓦，主要用作微机的内存和高速缓存。

② 按制造工艺可分双极型和金属氧化物半导体型。

• 双极型（Bipolar）

由 TTL（晶体管-晶体管逻辑电路）构成。该类存储器件的工作速度快，与 CPU 处在同一量级，但集成度低、功耗大、价格偏高，在微机系统中常用作高速缓存器（Cache）。

• 金属氧化物半导体型

金属氧化物半导体（Metal-Oxide-Semiconductor，MOS）型。该类型有多种制作工艺，如 NMOS、HMOS、CMOS、CHMOS 等。可用来制作多种半导体存储器件，如静态 ROM、动态 RAM、EPROM 等。该类存储器的集成度高、功耗低、价格便宜，易于与其他电路连接，抗干扰能力强，但速度较双极型器件慢。微机的内存主要由 MOS 型半导体构成。

③ 按存取方式可分为随机存储器 RAM（Random Access Memory）和只读存储器 ROM（Read Only Memory）。

• 随机存取存储器 RAM

RAM 也称读/写存储器，即 CPU 在运行过程中能随时进行数据的读出和写入。RAM 中存放的信息在关闭电源时会全部丢失，所以，RAM 是易失性存储器，只能用来存放暂时性的输入输出数据、中间运算结果和用户程序，也常用它来与外存交换信息或用作堆栈。按照 RAM 存储器存储信息电路原理的不同，RAM 可分为静态 RAM 和动态 RAM 两种。

静态 RAM，即 SRAM(Static RAM)，基本存储电路一般由 MOS 晶体管触发器组成，每个触发器可存放一位二进制的 0 或 1。只要不断电，所存信息就不会丢失，因此，SRAM 工作速度快、稳定可靠，不需要外加刷新电路，使用方便。但它的基本存储电路所需的晶体管多（最多的需要 6 个），因而集成度不易做得很高，功耗也较大。一般，SRAM 常用作微型机系统的高速缓冲存储器(Cache)。

动态 RAM，即 DRAM(Dynamic RAM)，基本存储电路是以 MOS 晶体管的栅极和衬底间的电容来存储二进制信息。由于电容总会存在泄漏现象，所以时间长了 DRAM 内存储的信息会自动消失。为维持 DRAM 所存信息不变，必须周期性地对 DRAM 进行刷新(Refresh)，即对电容补充电荷。DRAM 的基本存储电路通常由一个 MOS 晶体管和一个电容组成，所用元件少，集成度可以做得很高，且成本低、功耗少，但需外加刷新电路。DRAM 的工作速度比 SRAM 慢得多，一般微型机系统中的内存储器多采用 DRAM。

- 只读存储器 ROM

ROM 是一种一旦写入信息之后，就只能读出而不能改写的固定存储器。断电后，ROM 中存储的信息仍保留不变，所以，ROM 是非易失性存储器。因此，微型机系统中常用 ROM 存放固定的程序和数据，如监控程序、操作系统中的 BIOS(基本输入输出系统)、BASIC 解释程序或用户需要固化的程序。

按照构成 ROM 的集成电路内部结构的不同，可分为：掩膜 ROM，PROM——可编程 ROM，EPROM——可擦除可编程，EEPROM/E2PROM——电可擦除可编程 ROM。

掩膜 ROM，即 MASKROM，利用掩膜工艺制造，由存储器生产厂家根据用户要求进行编程，一经制作完成就不能更改其内容。因此，只适合于存储成熟的固定程序和数据，大批量生产时成本较低。

可编程 ROM，该存储器在出厂时器件中没有任何信息，是空白存储器，由用户根据需要，利用特殊的方法写入程序和数据。但只能写入一次，写入后不能更改。它类似于掩摸 ROM，适合于小批量生产。

可擦除可编程 ROM，该存储器允许用户按规定的方法和设备进行多次编程，如果编程之后需要修改，可用紫外线灯制作的抹除器照射约 20min，即可使存储器全部复原(不能部分复原)，用户可以再次写入新的内容。这对于工程研制和开发特别方便，应用得比较广泛。

电可擦除可编程 ROM，能以字节为单位进行擦除和改写，且不需要把芯片从用户系统中取下来用编程器编程，在用户系统中即可进行改写。随着技术的发展，E2PROM 的擦写速度不断加快，容量也将不断提高，将可作为非易失性的 RAM 使用。

④ 新型半导体存储——快闪存储器。

特点：可擦除、可编程、非易失、访问速度快、存储容量大低功耗、可在线读写。

用途：可升级的主板 BIOS、显卡 BIOS、USB 闪盘、PDA、手机芯片。

存储器的一般结构如图 2.58 所示。存储器由若干个存储单元组成，每个存储单元有一个地址(称为存储单元地址)，CPU 访问时按地址访问。每个存储单元又由若干个基本存储电路(或称存储元)组成，每个存储元可存放一位二进制信息。

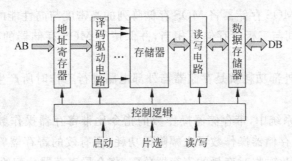

图 2.58 存储器的基本组成

存储体按照二维矩阵的形式来排列存储元电路。体内基本存储元的排列结构通常有两种方式：

(1) "多字一位结构"（简称位结构），其容量表示成 N 字×1 位，如 1K×1 位，4K×1 位。

(2) "多字多位"结构（简称字结构），将一个单元的若干位（如 4 位、8 位）连在一起，其容量表示为 N 字×4 位或 N 字×8 位，如静态 RAM 的 6116 为 2K×8，6264 为 8K×8 等。

⑤ 半导体存储器的主要技术指标如下。

衡量半导体存储器性能的指标很多，如易失性、只读性、容量、功耗、存取速度、价格、可靠性。

- 存储容量

存储器容量 = $2M \times N$

式中，M 为地址总线位数，N 为数据总线位数。

$1KB = 2^{10}B$

$1MB = 1024KB = 2^{20}B$

$1GB = 1024MB = 2^{30}B$

$1TB = 1024GB = 2^{40}B$

- 存取速度（可由不同指标来衡量）

(1) 存取时间 Access Time(TA)：反映存储器工作速度的一个重要指标。从 CPU 给出有效的存储器地址启动一次存储器读/写操作开始，到该操作完成所经历的时间，称为存取时间。通常在 $10^1 \sim 10^2$ ns 之间。

(2) 存取周期 Memory Cycle(TM)：连续启动两次独立的存储器读/写操作所需的最小间隔时间。对于读操作，就是读周期时间；对于写操作，就是写周期时间。通常，TM≫TA，因为存储器在读出数据之后还要用一定的时间来完成内部操作，这一时间称为恢复时间。读出时间加上恢复时间才是读周期。

- 功耗

存储器的功耗可分为内部功耗和外部功耗。只读存储器 ROM 的逻辑简单，功耗主要由生产工艺决定；这里以随机存取存储器 RAM 为例进行分析。

(1) 内部功耗：内部功耗是存储器内部电流消耗。存储器主要由存储阵列和译码电路组成。存储阵列包含大量的晶体管，如果设计不当，功耗会很大，因此在设计 SRAM 单元时，首先要将静态功耗降到最低（即低功耗设计）。可以将负载电阻加大来降低功耗（可以使用无掺杂多晶硅来实现大电阻）。另外，双极型工艺速度比较快，但功耗大，密度小；MOS

工艺正好相反。BICMOS 存储器将 MOS 存储阵列的高密度与高性能的双极型外围电路相结合，这样其存取时间与三极管存储器相当，并保持了 MOS 存储器的高密度，故而具有面积小、功耗低的优点。

(2) 外部功耗：外部功耗就是存储器与外部电路进行工作时所产生的功耗。其解决方案有以下几种。

① 在 DSP 指令系统中，带存储器操作数的指令比带寄存器操作数的指令所产生的功耗高很多，因此，减少存储器操作数可大幅降低功耗，而有效的寄存器管理可最大限度地降低功耗。这就需要优化对临时变量的寄存器分配，将全局寄存器分配给最常用的变量。

② 在开发低功耗存储器产品时，往往是根据典型的 3G 终端工作特性，当系统处于休眠或空闲模式时，将存储器设计为在低功耗的等待状态。快闪存储器主要用在增加读出带宽的高速体系结构中，需要同时减少工作周期时间并且使功耗总和（工作期间加等待时间）最小化。DRAM 器件在等待时间的电力消耗是其主要的功耗，因为它为了保证存储数据的完整性，要求刷新操作。因此，新型 DRAM 器件往往研究在自刷新期间的功耗最小化的方法。

③ 高速存储器。以高速页面或突发模式存取的存储器正在迅速取代老式 legacy 异步存储器接口。这些更新的存储器利用邻接存储单元，使之比随机存取更容易实现存取访问。页面模式存储器产品能够有效地改善平均吞吐量，而不要求存储器控制器作出重大改变，尽管初始存取占用了像异步器件同样的存取时间，但是后继访问地址是在页面内，访问速度很快。同步突发模式的产品将更进一步缩短花费在高电流工作状态的时间。

• 可靠性

通常用平均故障间隔时间 MTBF 来衡量。对非易失性存储器而言，保存时限也是一个可靠性指标，如要求 20～100 年，甚至更长。

图 2.59 为静态 RAM 的基本存储电路图，其中 T1～T4 构成双稳态触发器。其中 T1、T2 为工作管，T3、T4 分别为 T1、T2 的负载电阻（起放大作用）。T5、T6、T7、T8 为控制管，T7、T8 为所有存储元共用。

当选中该单元写信息时，若写入"1"，令 A 点为高电平，则 T1 截止、T2 导通，若写入"0"，令 B 点为高电平，则 T1 导通、T2 截止。当选中该单元读信息时，判断 A、B 两点的状态。

优点：工作稳定（T1、T2 互锁，只要不断电，可保持写入的状态不变，除非写入新的信息。读出为非破坏性读出）。

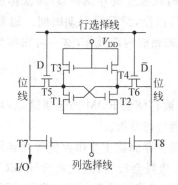

图 2.59　静态 RAM 的基本存储单元电路图

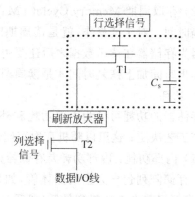

图 2.60　动态 RAM 的基本存储单元

缺点：集成度低(含晶体管多)；功耗较大(T1、T2 总有一个处于导通状态)。

最简单的动态 RAM 基本存储元电路由一个 MOS 晶体管和一个电容 C_s 组成，如图 2.60 所示。存储信息依赖于电容 C_s，电容 C_s 上的电荷(信息)是能够维持的。C_s 上有电荷为"1"；C_s 上无电荷为"0"。

优点：结构简单，集成度高，功耗小。

缺点：列线对地间寄生电容大，噪声干扰大，要求 C_s 大，刷新放大器也要求较高灵敏度和放大倍数。

2.8.5　FPGA 与 CPLD 器件

(1) 数字集成电路本身在不断地进行更新换代。它由早期的电子管、晶体管、中小规模集成电路发展到超大规模集成电路(VLSIC，几万门以上)以及许多具有特定功能的专用集成电路。但是，随着微电子技术的发展，设计与制造集成电路的任务已不完全由半导体厂商来独立承担。系统设计师们更愿意自己设计专用集成电路(ASIC)芯片，而且希望 ASIC 的设计周期尽可能短，最好是在实验室里就能设计出合适的 ASIC 芯片，并且立即投入实际应用之中，因而出现了现场可编程逻辑器件(FPLD)，其中应用最广泛的当属现场可编程门阵列(FPGA)和复杂可编程逻辑器件(CPLD)。早期的可编程逻辑器件只有可编程只读存储器(PROM)、紫外线可擦除只读存储器(EPROM)和电可擦除只读存储器(EEPROM)三种。由于结构的限制，它们只能完成简单的数字逻辑功能。其后，出现了一类结构上稍复杂的可编程芯片，即可编程逻辑器件(PLD)，它能够完成各种数字逻辑功能。典型的 PLD 由一个"与"门和一个"或"门阵列组成，而任意一个组合逻辑都可以用"与-或"表达式来描述，所以，PLD 能以乘积和的形式完成大量的组合逻辑功能。这一阶段的产品主要有 PAL(可编程阵列逻辑)和 GAL(通用阵列逻辑)。PAL 由一个可编程的"与"平面和一个固定的"或"平面构成，或门的输出可以通过触发器有选择地被置为寄存状态。PAL 器件是现场可编程的，它的实现工艺有反熔丝技术、EPROM 技术和 EEPROM 技术。还有一类结构更为灵活的逻辑器件是可编程逻辑阵列(PLA)，它也由一个"与"平面和一个"或"平面构成，但是这两个平面的连接关系是可编程的。PLA 器件既有现场可编程的，也有掩膜可编程的。在 PAL 的基础上，又发展了一种通用阵列逻辑 GAL(Generic Array Logic)，如 GAL16V8、GAL22V10 等。它采用了 EEPROM 工艺，实现了电可擦除、电可改写，其输出结构是可编程的逻辑宏单元，因而它的设计具有很强的灵活性，至今仍有许多人使用。这些早期的 PLD 器件的一个共同特点是可以实现速度特性较好的逻辑功能，但其过于简单的结构也使它们只能实现规模较小的电路。

为了弥补这一缺陷，20 世纪 80 年代中期，Altera 和 Xilinx 分别推出了类似于 PAL 结构的扩展型 CPLD(Complex Programmable Logic Dvice)和与标准门阵列类似的 FPGA (Field Programmable Gate Array)，它们都具有体系结构和逻辑单元灵活、集成度高以及适用范围广等特点。这两种器件兼容了 PLD 和通用门阵列的优点，可实现较大规模的电路，编程也很灵活。与门阵列等其他 ASIC(Application Specific IC)相比，它们又具有设计开发周期短、设计制造成本低、开发工具先进、标准产品无需测试、质量稳定以及可实时在线检验等优点，因此被广泛应用于产品的原型设计和产品生产(一般在 10 000 件以下)之中。几乎所有应用门阵列、PLD 和中小规模通用数字集成电路的场合均可应用 FPGA 和 CPLD 器件。

(2) 对于 PLD 产品,一般分为两种。

① 基于乘积项(Product-Term)技术,EEPROM(或 Flash)工艺的中小规模 PLD。此 PLD 密度小,多用于 5000 门以下的小规模设计,适合做复杂的组合逻辑,如译码,Altera 的 MAX 系列,Lattice 的大部分产品,Xilinx 的 XC9500,Coolrunner 系列。

② 基于查找表(Look-Uptable)技术,SRAM 工艺的大规模 PLD/FPGA。此 FPGA,密度高,触发器多,多用于 10 000 门以上的大规模设计,适合做复杂的时序逻辑,如数字信号处理和各种算法。如 Altera 的所有 FPGA,ACE Cyclone,Stratix 系列,Xilinx 的所有 FPGA,Spartan,Virtex 系列,Lattice 的 EC/ECP 系列等。

随着技术的发展,在 2004 年以后,一些厂家推出了一些新的 FPGA/CPLD,这些产品模糊了 CPLD 和 FPGA 的区别。Altera 最新的 MAX Ⅱ 系列 PLD,这是一种基于 FPGA(LUT)结构,集成配置芯片的 PLD,在本质上它就是一种在内部集成了配置芯片的 FPGA。但由于配置时间极短,上电就可以工作,所以对用户来说,感觉不到配置过程,可以和传统的 PLD 一样使用,加上容量和传统 PLD 类似,所以 Altera 把它归作 PLD。Lattice 的 XP 系列 FPGA,也是使用了同样的原理,将外部配置芯片集成到内部,在使用方法上和 PLD 类似,但是因为容量大,性能和传统 FPGA 相同,也是 LUT 架构,所以 Lattice 仍把它归为 FPGA。

2.8.6 包含 CPU 的集成电路

包含 CPU 的集成电路就是一个微处理器,它是集成若干功能的计算机的中央处理器(CPU)。它在一个单一的集成电路(IC)或在几个集成电路上实现多个功能,是可编程的设备,接受数字数据作为输入处理,存储在其内存中的指令,并提供输出结果。它是数字逻辑顺序。

2.8.7 集成电路及应用技术的发展

集成电路设计的初期,是从物理版图入手,以元件级(即晶体管)为基础。这种原始的设计方法使得芯片产品的集成度和复杂度都难以提高,其开发周期也特别长,不适合电子市场飞速发展的需求。

20 世纪 80 年代,随着半导体行业的发展,尤其是 EDA 工具技术的出现,集成电路设计开始以标准单元库(Cell Library)为基础。标准单元库一般由常用的门电路、逻辑电路、触发器、驱动电路等标准单元组成,并形成标准的逻辑符号库、功能参数库和版图库。单元库中的每个标准单元均具有相同的高度,而宽度则视单元的复杂程度而有所不同。尽管以单元库为基础的设计规模有所增大,芯片产品的集成度和复杂度都有所提高,但因单元库中单元较小的限制,其设计效率仍然难以大幅度提高。

20 世纪 90 年代,随着中大规模集成电路的发展以及 EDA 工具的进一步发展,集成电路设计开始以 RTL 级(Register Transfer Level,寄存器传输级)为基础。RTL 级是按电路的数据流进行设计,以寄存器(Register)为基本构成单位,对数据在寄存器之间的流动和传输使用代码描述。RTL 级以 Verilog 和 VHDL 等为设计语言,与工艺无关,容易理解,移植性好,可以充分利用已有的设计成果,集成电路的集成度和复杂度进一步提高,产品研发周期进一步缩短。但是,由于 RTL 代码复杂、管理困难、验证难度大且时间长,基于 RTL 的设计方法限制了集成电路在性能、集成度、复杂度等的进一步提高。

进入 21 世纪,由于实时控制、计算机、通信、多媒体等技术的加速融合,对系统规模、性能、功耗、产品开发时间、生命周期等提出愈来愈高的要求,使得半导体行业逐步向超大规模集成电路发展,尤其是 EDA 工具技术的飞速发展以及第三方独立 IP 核的出现,集成电路设计开始以 IP 核为基础。IP 核是一种预先设计好的甚至已经通过验证的具有某种确定功能的集成电路。IP 核有三种类型:提供行为描述的"软 IP 内核(soft IP core)"、完成结构描述的"固 IP 内核(firm IP core)"和基于物理描述并经过生产工艺验证的"硬 IP 内核(hard IP core)"。这相当于集成电路的毛坯、半成品和成品的设计技术。因此,IP 核具有 RTL 所不具备的优点,其本身通常是经过成功验证的,可供用户直接进行集成设计。IP 核设计方法的采用,使得超大规模集成电路的设计成为可能,芯片产品的性能、集成度和复杂度等都可以大幅度地提高,产品研发周期进一步缩短。至此,集成电路的设计真正步入快速发展的轨道。

本章小结

本章主要讨论了半导体二极管、三极管、场效应管的结构及技术特性;晶闸管电路的设计方法;电子电路测试设计与分析等内容。重点介绍了几种典型模拟信号处理电路(包括放大电路、信号发生器电路、模拟信号运算电路、模拟信号的变换电路)、典型数字逻辑信号处理电路(包含组合逻辑电路和时序逻辑电路)。最后对集成电路的结构、包含的基本电路模块、存储器集成电路、FPGA 与 CPLD 器件以及各种包含 CPU 的集成电路进行了详细的介绍,为集成电路的发展指明了方向,为读者更好的学习电子技术奠定了基础。

第 3 章 信号的分析和处理

3.1 信号

3.1.1 信息、消息和信号

1. 什么是信号

信号是带有信息的随时间变化的物理量,通常是以随时间变化的电压或电流来表示。它是由消息经信源变换器转换而来的,是传递信息的载荷体。

像图像、语音、文字及数据等包含有某种信息的客观对象统称为消息。但消息的传送和处理一般不是直接的,它必须经信源变换器转换为一定形式的信号(如光信号、声信号、电信号等),才能远距离传输以及进行各种处理。因而,信号是消息的表现形式,它是通信传输的对象;消息则是信号所携带的具体内容。如烽火台的狼烟信号、电视广播信号等。

2. 信号的描述

信号的特性可以从以下两个方面进行描述。

1) 信号的时间特性

任何信号都可以表示为时间 t 函数,或者说可表示为自变量为 t 的数学表达式。这样,我们可以在时间-幅度坐标系中画出信号的时域波形,用以表现信号的时间特性。如信号出现的时间,持续时间的长短,随时间变化的快慢以及重复周期的大小等。

2) 信号的频率特性

根据傅里叶级数,任一信号在一定条件下总可以分解为许多不同频率的正弦分量,即信号具有一定的频率成分。因而在频率-幅度坐标系中信号也具有一定的波形,表现出一定波形的频率特性。如含有大小不同的频率分量,主要频率分量占有不同的范围等。

信号的形式之所以不同,是因为它们各有不同的时间特性和频率特性,而信号的时间特性和频率特性有一一对应的关系,即不同的时间特性将导致不同的频率特性出现。

3. 信号的分类

信号的种类很多。对形形色色的信号,可以从不同的角度来进行分类。

1) 信号按时间函数的确定性划分

(1) 确定信号

确定信号指可以表示为确定的时间函数的信号，即对应任意的时刻，信号都有确定的函数值。

(2) 随机信号

随机信号不是一个确定时间函数，通常只知道取某一值的概率，如噪声信号等。随机信号具有统计特性。

实际传输的信号几乎都是随机信号，这是因为传送信息未知，否则无传送价值。另外信号在传输过程中会受到各种干扰信号和噪声信号的影响而产生失真。但是，在一定条件下，随机信号也表现出某些确定性。通常把在较长时间内确定的随机信号近似成确定信号，使分析简化。

2) 信号按时间函数取值的连续性划分

(1) 连续时间信号

连续时间信号简称连续信号，指自变量(时间 t)的取值是连续的。这类信号在所讨论的时间范围内，对于一切自变量(时间 t)的取值，除了有若干个不连续点外，信号都有确定的值与之对应，如图 3.1 所示。

(2) 离散时间信号

离散时间信号简称离散信号，指在某些离散的时刻函数值有定义，其他时间函数值无定义的信号，如图 3.2 所示。

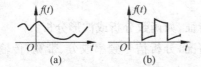
图 3.1 连续时间信号

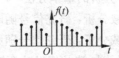
图 3.2 离散时间信号

3) 信号按时间函数出现的周期性划分

(1) 周期信号

周期信号指每隔一定时间 T，重复出现一次，且周而复始、无始无终的信号。可表示为

$$f(t) = f(t+nT) \tag{3-1}$$

其中 $n=0, \pm 1, \pm 2, \cdots$。满足此关系式的最小 T 值称为信号的周期。只要给出此信号在任一周期内的变化过程，便可知道它在任一时刻的函数值。

(2) 非周期信号

非周期信号指的是在时间上不具有周而复始特性的信号。也可认为非周期信号是周期信号 $T \to \infty$ 时的情况。

4) 信号按时间函数的可积性划分

信号可看成是随时间变化的电压或电流，信号 $f(t)$ 在 1Ω 电阻上的瞬时功率为 $|f(t)|^2$，在时间区间 $(-\infty, \infty)$ 所消耗的总能量为

$$E = \lim_{T \to \infty} \int_{-T}^{T} |f(t)|^2 dt \tag{3-2}$$

其平均功率为

$$P = \frac{1}{2T} \lim_{T\to\infty} \frac{1}{2T} \int_{-T}^{T} |f(t)|^2 dt = \lim_{T\to\infty} \frac{E}{2T} \tag{3-3}$$

(1) 能量信号

能量信号指能量有界,即 $0<E<\infty$ 的信号。因 E 有界,故当 $T\to\infty$ 时,$P = \lim_{T\to\infty}\frac{E}{2T} = 0$,表明能量信号平均功率为零。

(2) 功率信号

功率信号指功率有界,即 $0<P<\infty$ 的信号。因 P 有界,故当 $T\to\infty$ 时,$E = \lim_{T\to\infty} T \cdot P = \infty$,表明功率信号能量无界。

3.1.2 信号分析和信号处理

信号分析和信号处理是人们为了某种目的获取信息的主要手段,信号分析是信号处理的基础。

1. 信号分析

1) 信号分析的目的

(1) 研究信号自身特性,以及信号发生某些变化时,特性的变化。

(2) 将一复杂信号分解为若干简单信号分量叠加,并以这些分量的组成情况去考察信号的特性。

2) 信号分析的基本方法

(1) 时域分析:研究信号随时间的变化特征,如函数分析或波形分析。

(2) 频域分析:研究信号随频率的变化情况,分析信号频率成分、带宽、传输特性,属变换域分析的一种,涉及傅里叶变换和 Z 变换。

2. 信号处理

对信号进行某种加工变换或运算(滤波、相关、卷积、变换、增强、压缩、估计、识别等),获取信息或变换为人们所希望的另一种信号形式。

信号处理的目的如下:

(1) 去伪存真:去除信号中冗余的和次要的成分。

(2) 特征抽取:把信号变成易于进行分析和识别的形式。

(3) 编码解码:把信号变成易于传输、交换与存储的形式(编码),或从编码信号中恢复出原始信号(解码)。

3.1.3 基本的连续信号

1. 直流信号

直流信号定义为

$$f(t) = A \quad -\infty < t < \infty \tag{3-4}$$

式中 A 为参数。若 $A=1$,则称为单位直流信号。

2. 正弦信号

正弦信号定义为

$$f(t) = A\cos(\omega t + \phi) \quad -\infty < t < \infty \tag{3-5}$$

式中 A, ω, ϕ 分别称为振幅、角频率和初相,均为实常数。正弦信号按欧拉公式可写为

$$f(t) = A\cos(\omega t + \phi) = \frac{1}{2}A[e^{j(\omega t+\phi)} + e^{-j(\omega t+\phi)}] \tag{3-6}$$

其物理意义是简谐振荡。它是最简单的声波、光波、机械波、电波等物理现象的数学抽象。其波形如图 3.3 所示。

3. 指数信号

指数信号定义为

$$f(t) = Ke^{-\alpha t} \tag{3-7}$$

其中 α 为常数,$-\infty > t > \infty$。$\alpha > 0$,$f(t)$ 信号随时间增长;$\alpha < 0$,信号随时间衰减;$\alpha = 0$,指数信号变为直流信号。$\tau = \dfrac{1}{|\alpha|}$ 称做时间参数,τ 越大,信号随时间增长或衰减得就越慢。其波形如图 3.4 所示。

$f(t) = Ke^{-\alpha t}\varepsilon(t)$ 称为单边指数信号。

4. 符号函数

符号函数的定义为

$$\operatorname{sgn}(t) = \begin{cases} -1 & t < 0 \\ 0 & t = 0 \\ 1 & t > 0 \end{cases} \tag{3-8}$$

其波形如图 3.5 所示。符号函数也可写成

$$\operatorname{sgn}(t) = \varepsilon(t) - \varepsilon(-t) = 2\varepsilon(t) - 1$$

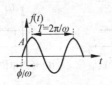

图 3.3 正弦信号

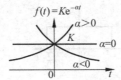

图 3.4 指数信号

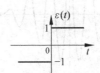

图 3.5 符号函数

5. 复指数信号

$$f(t) = Ke^{st} \quad -\infty > t > \infty \tag{3-9}$$

式中,$s = \sigma + j\omega$ 称为复频率,σ, ω 均为实数。

(1) $s = 0$ 时,$f(t) = K$ 为直流信号。

(2) $s = \sigma$ 时,$f(t) = Ke^{\sigma t}$ 为指数信号。

(3) $s = j\omega$ 时,$f(t) = Ke^{j\omega t} = K(\cos\omega t + j\sin\omega t)$ 为等幅正弦波。

(4) $s=\sigma+j\omega$ 时,$f(t)=Ke^{st}=Ke^{\sigma t}(\cos\omega t+j\sin\omega t)$。$\sigma>0$ 时,虚部和实部都为按指数规律增长的正弦波;$\sigma<0$ 时,虚部和实部都为按指数规律衰减的正弦波。

6. 抽样信号

$$f(t)=\frac{\sin(t)}{t}=Sa(t) \quad -\infty>t>\infty \tag{3-10}$$

其波形如图 3.6 所示。其性质如下:
(1) $Sa(t)$ 为实变量 t 的偶函数。
(2) $\lim\limits_{t\to 0}Sa(t)=Sa(0)=1$。
(3) 当 $t=K\pi(K=\pm 1,\pm 2,\pm 3,\cdots)$ 时,$Sa(t)=0$。
(4) $\lim\limits_{t\to\pm\infty}Sa(t)=0$。

7. 门信号

$$门信号定义为 g_\tau(t)=\begin{cases} 1 & |t|<\frac{\tau}{2} \\ 0 & 其余 \end{cases} \tag{3-11}$$

其波形如图 3.7 所示。

8. 单位阶跃信号

单位阶跃信号定义为

$$\varepsilon(t-t_0)=\begin{cases} 1 & t>0 \\ 0 & t<0 \end{cases} \tag{3-12}$$

其波形如图 3.8(a)所示。在跃变点 $t=0$ 处,函数值未定义。

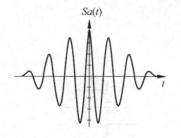
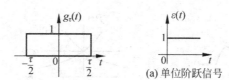

图 3.6 抽样信号波形　　图 3.7 门信号　　图 3.8 阶跃信号

如果其跃变点在 $t=t_0$ 处,则称其为延迟单位阶跃函数,表示为

$$\varepsilon(t-t_0)=\begin{cases} 1 & t>t_0 \\ 0 & t<t_0 \end{cases} \tag{3-13}$$

其波形如图 3.8(b)所示。

利用阶跃信号及延时的阶跃信号可以方便地将门信号表示为

$$G_\tau(t)=\varepsilon\left(t+\frac{\tau}{2}\right)-\varepsilon\left(t-\frac{\tau}{2}\right) \tag{3-14}$$

阶跃信号表现出在某时刻 t_0 以前幅度为零的"单边"特性。利用这一特性,可以方便地表示各种信号的接入特性。如 $f(t)=\sin t \cdot \varepsilon(t)$ 表示信号 $f(t)=\sin t$ 在 $t=0$ 时刻接入,如图 3.9 所示。

9. 单位冲激信号

单位冲激信号又称狄拉克函数,定义为

$$\begin{cases} \delta(t)=0 & t\neq 0 \\ \delta(t)=\infty & t=0 \\ \int_{-\infty}^{\infty}\delta(t)\mathrm{d}t=1 \end{cases} \quad (3-15)$$

图 3.9 $\sin t \cdot \varepsilon(t)$ 的波形

其定义表明,单位冲激信号除在原点外,处处为零,且具有单位面积值。

3.1.4 连续时间信号的运算

1. 信号相加、相乘、微分、积分

1) 信号的相加与相乘

两个信号相加(或相乘),可得到一个新的信号,它在任意时刻的值等于两个信号在该时刻的值之和(或积)。计算两个信号的相加或相乘有两种方法:图解法和表达式计算法。在计算过程中要注意时间的对应关系。

2) 信号的微分与积分

(1) 信号的微分

$f'(t)=\dfrac{\mathrm{d}f(t)}{\mathrm{d}t}$ 表示信号随时间变化的变化率。当 $f(t)$ 有不连续点时,在这些点的微分即为冲激函数,其冲激强度为原函数在该处的跳变量。

(2) 信号的积分

$f^{-1}(t)=\int_{-\infty}^{t}f(\tau)\mathrm{d}\tau$ 表示 $f^{-1}(t)$ 在任一时刻 t 的值,等于从 $-\infty$ 到 t 区间 $f(t)$ 与时间轴所包围的面积。

2. 信号的折叠、时移及尺度变换

1) 信号的折叠

信号 $f(t)$ 的折叠,就是将 $f(t)$ 表达式中及定义域中所有 t 用 $-t$ 替换,使 $f(t)$ 变为 $f(-t)$。从波形看 $f(-t)$ 的波形是 $f(t)$ 的波形相对于纵轴的镜像。

2) 信号的时移

$f(t)$ 时移 $\pm t_0$,就是用 $t\pm t_0$ 代替表达式中所有的 t,使 $f(t)$ 变为 $f(t\pm t_0)$,$f(t)$ 的时间定义域中的 t 同时也被 $t\pm t_0$ 替换。

3) 信号的尺度变换

信号的尺度变换就是用 at 代替 $f(t)$ 表达式中以及时间定义域中所有的 t。其中 a 为常数,称其为尺度变换系数。如果 $a>1$,则 $f(at)$ 的波形是把 $f(t)$ 的波形以原点为基准,沿时间轴压缩至原来的 $1/a$;如果 $0<a<1$,则 $f(at)$ 的波形是把 $f(t)$ 的波形扩展至原来的 $1/a$;

如果$-1<a<0$,则$f(at)$的波形是把$f(t)$的波形折叠并扩展至原来的$1/|a|$;如果$-\infty<a<-1$,则$f(at)$的波形是把$f(t)$的波形折叠并压缩至原来的$1/|a|$。

3.2 信号分析和处理方法

系统分析的步骤一般包含三个过程:①给系统建立数学模型。②对所建立的数学模型利用数学方法进行求解,从而得到系统对给定的输入所产生的响应。③对所得到的解给出物理解释,赋予其物理意义。

建立系统数学模型的方法,一般可分为两大类型。一类是输入-输出描述法,另一类是状态变量描述法。

输入-输出描述法只反映系统输出响应与输入激励之间的关系,并不关心系统内部变量的情况。这种数学模型只反映系统的外部特性。对于单输入、单输出的系统,利用这种方法比较方便。

状态变量描述法不仅反映了系统输出响应与输入激励之间的关系,而且还描述了系统内部各变量的情况。对多输入、多输出的系统、非线性系统以及时变系统,利用这种方法较方便,该方法更便于利用计算机求解。

数学模型的求解方法,一般也可分为两大类型。一是时域方法,另一是变换域方法。

时域法就是直接分析时间变量的函数,研究系统的时间响应,或称时域特性。对用输入-输出描述的数学模型,可利用经典法解常系数线性微分方程或差分方程;对状态变量描述的数学模型,则需求解矩阵方程。另外,在线性系统时域分析方法中,卷积方法尤为重要,它的优点在于,不管是在连续系统中的卷积,还是在离散系统中的卷积和,都为分析线性系统提供了简单而有效的方法。

线性时不变系统的分析,以叠加性、齐次性和时不变特性作为分析一切问题的基准。在此基础上,不管是时域分析,还是变换域分析,都是将激励信号分解为某种基本单元信号,在这些单元信号分别作用下求得系统响应,然后叠加。例如,在时域卷积方法中把激励信号分解为冲激函数,在傅里叶变换方法中是把信号分解为正弦函数或指数函数,在拉普拉斯变换中则是把信号分解为复指数函数。

3.2.1 连续信号的时域分解

连续时间系统在时域的数学模型,是以时间t为变量的函数。时域分析就是直接求解系统的微分方程。这种方法比较直观,是学习各种变换域的基础。

连续时间系统的数学模型是常系数线性微分方程,其响应可分解为零输入响应和零状态响应,这为解决实际问题带来很大的方便。直接求解微分方程主要利用经典法求解,引入系统的冲激响应后,将冲激响应与激励信号进行卷积积分,就可求得系统在任意信号作用下的零状态响应。卷积积分有清楚的物理概念,运算过程比较简单,并在变换域中也得到广泛应用,是连接时域与变换域两种方法的纽带。

1. 系统微分方程的建立

分析一个实际系统,首先要对其建立数学模型,基于建立的数学模型运用数学方法求其解答,然后再回到实际系统对结果作出物理解释,并赋予物理意义。利用输入-输出描述法时,只关心输入与输出之间的关系,所建立的数学模型一般为 n 阶微分方程。

系统数学模型是在一定的条件下建立的。要注意,对于同一个物理系统,在不同的条件下,可以得到不同的数学模型;而对于不同的物理系统,经过抽象和近似,有可能得到形式上完全相同的模型。

2. 微分方程的求解

1) 微分方程的齐次解

对线性时不变系统,其数学模型为常系数 n 阶微分方程,其完全解由微分方程的齐次解和特解两部分组成。当式(3-15)中 $f(t)$ 及其各阶导数都等于零时,方程的解称为齐次解。即方程的齐次解应满足:

$$a_n y^{(n)}(t) + a_{n-1} y^{(n-1)}(t) + \cdots + a_0 y(t) = 0 \tag{3-16}$$

齐次解的形式为 $K_1 e^{\alpha_1 t} + K_2 e^{\alpha_2 t} + \cdots + K_n e^{\alpha_n t}$,其中 $K_1, K_2, \cdots, K_n$ 是由初始条件和激励的形式决定的系数,$\alpha_1, \alpha_2, \cdots, \alpha_n$ 为特征方程 $a_n \alpha^n + a_{n-1} \alpha^{n-1} + \cdots + a_1 \alpha + a_0 = 0$ 的 n 个单根。

当特征方程有重根时,假定有 m 重根则其齐次解的形式为

$$K_1 t^{m-1} e^{\alpha_1 t} + K_2 t^{m-2} e^{\alpha_1 t} + \cdots + K_{m-1} t e^{\alpha_1 t} + K_m e^{\alpha_1 t} + K_{m+1} e^{\alpha_2 t} + \cdots + K_n e^{\alpha_n t} \tag{3-17}$$

其中 α_1 为 m 重根。

例 3-1 已知系统微分方程为 $y''(t) + 7y'(t) + 12y(t) = f(t)$,求该系统的齐次解。

解 微分方程的特征方程为

$$\alpha^2 + 7\alpha + 12 = 0$$

其特征根为

$$\alpha_1 = -3; \quad \alpha_2 = -4$$

其齐次解形式为

$$y(t) = K_1 e^{-3t} + K_2 e^{-4t}$$

上式 K_1、K_2 为待定系数,需由系统初始状态和特解的形式确定,我们把这个问题放到讨论完特解后讨论。

2) 微分方程的特解

对 n 阶的常系数微分方程

$$a_n y^{(n)}(t) + a_{n-1} y^{(n-1)}(t) + \cdots + a_0 y(t) = b_m f^{(m)}(t) + b_{m-1} f^{(m-1)}(t) + \cdots + b_0 f(t)$$

其特解的形式与激励信号的形式有关,只要将已知的激励信号代入上述微分方程的右边,得到激励信号及其各阶导数项,观察它们的形式,试选特解的形式,代入微分方程右边,利用系数平衡原理来确定特解函数中的待定系数即可。下面以例题的形式加以说明。

例 3-2 已知系统微分方程为 $y''(t) + 3y'(t) + 2y(t) = 2f'(t) + 3f(t)$。当 $f(t) = t^3$ 时,求微分方程的特解。

解 将 $f(t) = t^3$ 代入微分方程右边得

$$2f'(t) + 3f(t) = 3t^3 + 6t^2$$

为使微分方程两端平衡,我们试选其特解形式为

$$y(t) = L_1 t^3 + L_2 t^2 + L_3 t + L_4$$

上式 L_1、L_2、L_3、L_4 为待定系数,将上式代入微分方程得

$$2L_1 t^3 + (9L_1 + 2L_2) t^2 + (6L_1 + 6L_2 + 2L_3) t + (2L_2 + 3L_3 + 2L_4) = 3t^3 + 6t^2$$

根据系数平衡原理得

$$2L_1 = 3$$
$$9L_1 + 2L_2 = 6$$
$$6L_1 + 6L_2 + 2L_3 = 0$$
$$2L_2 + 3L_3 + 2L_4 = 0$$

解上述方程组可得

$$L_1 = \frac{3}{2}; \quad L_2 = -\frac{5}{2}; \quad L_3 = 3; \quad L_4 = -2$$

因此,该方程的特解为

$$y(t) = \frac{3}{2}t^3 - \frac{5}{2}t^2 + 3t - 2$$

类似上述方法,几种典型激励信号对应的特解的形式列于表 3.1 所示,以供大家参考。

表 3.1 典型激励信号作用下系统特解形式

激励信号 $f(t)$	响应特解的形式
t^p	$L_1 t^p + L_2 t^{p-1} + \cdots + L_p t + L_{p+1}$
e^{at}	$L e^{at}$
$\cos\omega t$	$L_1 \cos\omega t + L_2 \sin\omega t$
$\sin\omega t$	
$t^p e^{at} \cos\omega t$	$(L_1 t^p + L_2 t^{p-1} + \cdots + L_p t + L_{p+1}) e^{at} \cos\omega t + (D_1 t^p + D_2 t^{p-1} + \cdots + D_p t + D_{p+1}) e^{at} \sin\omega t$
$t^p e^{at} \sin\omega t$	
A(常数)	L

有关特解的一些更复杂的情况,请大家参考有关资料进行更进一步的研究,这里不再进行讨论。表 3.1 中 L、D 为待定系数。

3) 系统齐次解中待定系数的确定

对 n 阶微分方程,为确定系统齐次解中的待定系数,首先必须写出微分方程的完全解的形式,然后根据系统 n 个初始条件:$y(0)$、$y'(0)$、$\cdots$、$y^{(n-1)}(0)$、$y^{(n)}(0)$ 来确定其系数。

由以上分析可知,系统微分方程的完全解由两部分组成,即齐次解和特解。齐次解的函数形式仅仅依赖于系统本身的特性,与激励信号的形式无关。因此齐次解也称为系统的自由响应。但应注意,齐次解的系数的确定是与激励信号的形式有关的。特解的形式则由激励信号的函数形式决定,因此称为系统的强迫响应。

为了对系统的全响应作出不同的物理解释,完全解还可取其他形式的分解。其中,将全响应分解为零输入响应和零状态响应的形式,是另一种广泛应用的重要形式。所谓零输入响应,就是激励信号为零时,只由系统初始状态所产生的输出响应。所谓零状态响应,就是系统初始状态为零时,只由系统外加激励信号所产生的输出响应。

3.2.2 周期信号的频谱分析

1. 一般周期信号的傅里叶变换

对于一般周期信号,我们可以采用下面的方法求它的傅里叶变换:

$$f(t) = \sum_{n=-\infty}^{\infty} F_n e^{jn\omega_1 t}$$

因为
$$e^{j\omega_1 t} \leftrightarrow 2\pi\delta(\omega-\omega_1)$$
所以
$$FT[f(t)] = \sum_{n=-\infty}^{\infty} F_n F[e^{jn\omega t}] = 2\pi \sum_{n=-\infty}^{\infty} F_n \delta(\omega-n\omega_1)$$

周期信号的频谱有以下特点:
(1) 由一些冲激组成离散频谱。
(2) 位于信号的谐频处$(0, \pm\omega_1, 2\omega_1, \cdots)$。
(3) 大小不是有限值,而是无穷小频带内有无穷大的频谱值。

2. 周期信号的傅里叶变换存在条件

尽管周期信号不满足绝对可积条件,但是引入冲激信号后,冲激信号的积分是有意义的。因此,在这个意义上,周期信号的傅里叶变换是存在的。周期信号的频谱是离散的,其频谱密度,即傅里叶变换是一系列冲激。

3. 正弦、余弦信号的傅里叶变换

我们先研究最常见的周期信号——正弦和余弦信号的傅里叶变换。可以通过傅里叶变换的频移特性来得到正弦和余弦信号的傅里叶变换。

我们还可以利用极限的方法来求正弦、余弦信号的傅里叶变换。将有限长余弦信号$f_0(t)$看成矩形$G(t)$乘$\cos\omega_1 t$。对有限长余弦信号求极限,即可得到无限长余弦信号。

4. 周期信号的傅里叶级数与其傅里叶变换的关系

对于周期函数$f(t)$,其傅里叶变换和傅里叶级数的关系如下:

$$\text{周期函数} \quad f(t) \leftrightarrow 2\pi \sum_{n=-\infty}^{\infty} F_n \delta(\omega-n\omega_1)$$

其中
$$F_n = \frac{1}{T_1} \int_{-\frac{T_1}{2}}^{\frac{T_1}{2}} f(t) \cdot e^{-jn\omega_1 t} dt$$

5. 单脉冲和周期信号的傅里叶变换的比较

(1) 单脉冲的频谱$F_0(\omega)$是连续谱,它的大小是有限值。
(2) 周期信号的谱$F(\omega)$是离散谱,含谱密度概念,它的大小用冲激表示。

3.2.3 非周期信号的频谱分析

1. 频谱密度

如果把非周期信号看作周期信号,当周期趋于无穷的极限情况,则由于$T_0 \to \infty$,各谱线之间的间隔趋于零,使原为离散的频谱变成连续频谱,虽然这时频谱的变化规律仍按包络线$\frac{\sin x}{x}$在变化。但因T_0趋于无穷,幅度频谱$|X(n\omega_0)|$趋于零,以致难以用无限小频谱函数

值来描述非周期信号的频谱特性。为了避免 T_0 对 $X(n\omega_0)$ 的影响,定义一个物理量

$$\hat{X}(n\omega_0) = \frac{X(n\omega_0)}{\Delta\omega} = \frac{X(n\omega_0)}{\omega_0} = \frac{1}{2\pi}\int_{-T_0/2}^{T_0/2} x(t)e^{-jn\omega_0 t}dt$$

该式表示每单位频带宽度的复频谱,故称为频谱密度。当 $T_0 \to \infty$,$n\omega_0 \to \omega$,则得

$$\lim_{T_0 \to \infty} X(n\omega_0) = \hat{X}(\omega) = \frac{1}{2\pi}\int_{-\infty}^{\infty} x(t)e^{-j\omega t}dt \tag{3-18}$$

式(3-18)是连续变量 ω 的函数,称为非周期信号频谱密度函数。按理,就可以用 $\hat{X}(\omega)$ 来表征非周期信号的频谱特性,但为了与习惯上通用的定义式相一致,又让式(3-18)乘以常数 2π,即定义频谱密度为

$$X(\omega) = 2\pi \hat{X}(\omega) = \int_{-\infty}^{\infty} x(t)e^{-j\omega t}dt \tag{3-19}$$

2. 非周期信号的傅里叶变换

前面已讨论了信号的傅里叶级数展开,下面来分析非周期信号的傅里叶变换。当周期信号的重复周期 T 无限增大时,周期信号就转化为非周期信号(单个不重复信号),如对于周期矩形脉冲波,当周期 T 趋于无穷大时,周期信号就转化为单个非周期脉冲。此时信号频谱间隔 $\omega_1 = 2\pi/T$ 趋于零,即谱线从离散转向连续,而其振幅值则趋于零,信号中各分量都变为无穷小。尽管各频率分量从绝对值来看都趋于无穷小,但其相对大小却是不相同的。为区别这种相对大小,在周期 T 趋于无穷大时,求 $\dot{F}_n/(1/T)$ 的极限,并定义此极限值为非周期函数的频谱函数 $F(j\omega)$,即

$$F(j\omega) = \lim_{T \to \infty} \frac{\dot{F}_n}{\frac{1}{T}} = \lim_{T \to \infty} \int_{-\frac{T}{2}}^{\frac{T}{2}} f(t)e^{-jn\omega_1 t}dt$$

当 $T \to \infty$ 时,$\omega_1 \to 0$,离散的频谱转为连续频谱,上式可改为

$$F(j\omega) = \int_{-\infty}^{\infty} f(t)e^{-j\omega t}dt \tag{3-20}$$

对于一个非周期信号 $f(t)$,可由上式求出其频谱函数,同理若已知非周期信号频谱函数 $F(j\omega)$,则也可求出其时域表达式。其计算式为

$$f(t) = \frac{1}{2\pi}\int_{-\infty}^{\infty} F(j\omega)e^{j\omega t}d\omega \tag{3-21}$$

式(3-20)与式(3-21)是一对傅里叶积分变换式,式(3-20)把时域信号 $f(t)$ 转换为频域的频谱函数信号,称为傅里叶正变换。而式(3-21)是把频域信号 $F(j\omega)$ 变换为时域信号,称为傅里叶逆变换。进行傅里叶变换的函数需满足狄里赫利条件和绝对可积条件。

非周期信号存在傅里叶变换的条件需要满足下列狄里赫利条件。

(1) 信号 $X(t)$ 绝对可积,即

$$\int_{-\infty}^{\infty} |x(t)|dt < \infty$$

按

$$|X(\omega)| = \left|\int_{-\infty}^{\infty} x(t)e^{-j\omega t}dt\right| \leqslant \int_{-\infty}^{\infty} |x(t)|dt$$

所以 $|X(\omega)| < \infty$ 存在傅里叶变换。

(2) 在任意有限区间内,信号 $X(t)$ 只有有限个最大值和最小值。

(3) 在任意有限区间内,信号 $X(t)$ 仅有有限个不连续点,而且这些点都必须是有限值。

3.2.4 抽样信号的傅里叶变换

设连续信号 $f(t) \xrightarrow{FT} F(w)$;抽样脉冲信号 $p(t) \xrightarrow{FT} P(w)$;抽样后信号 $f_s(t) \xrightarrow{FT} F_s(w)$;若采用均匀抽样,抽样周期为 T_s,抽样频率为 $w_s = 2\pi f_s = \dfrac{2\pi}{T_s}$。

抽样过程:通过抽样脉冲序列 $p(t)$ 与连续信号 $f(t)$ 相乘。即

$$f_s(t) = f(t)p(t)$$

$p(t)$ 是周期信号,其傅里叶变换

$$P(w) = 2\pi \sum_{n=-\infty}^{\infty} P_n \delta(w - nw_s)$$

其中,$P_n = \dfrac{1}{T} \int_{-\frac{T_s}{2}}^{\frac{T_s}{2}} p(t) e^{-jnw_s t} dt$,是 $p(t)$ 的傅里叶级数的系数。

根据频域卷积定理:

$$F_s(w) = \dfrac{1}{2\pi} F(w) * P(w)$$

化简

$$F_s(w) = \sum_{n=-\infty}^{\infty} P_n F(w - nw_s)$$

信号时域抽样结论如下。
(1) 其频谱 $F_s(w)$ 是连续信号频谱,$F(w)$ 是原信号频谱的周期延拓。
(2) 其周期为抽样频率 w_s。
(3) 其幅度被 P_n 加权。由于 P_n 仅是 n 的函数,所以其形状不会发生变化。
(4) 可采用不同的抽样脉冲进行抽样,讨论两种典型的抽样脉冲序列。
(5) 矩形脉冲抽样(自然抽样)。

抽样脉冲 $p(t)$ 是矩形,它的脉冲幅度为 E,脉宽为 τ,抽样角频率为 ω_s(抽样间隔为 T_s)。求得频谱包络幅度,如图 3.10 所示。

$$P_n = \dfrac{1}{T} \int_{-\frac{T_s}{2}}^{\frac{T_s}{2}} p(t) e^{-jnw_s t} dt = \dfrac{1}{T} \int_{-\frac{T_s}{2}}^{\frac{T_s}{2}} E e^{-jnw_s t} dt = \dfrac{E\tau}{T_s} \text{Sa}\left(\dfrac{nw_s \tau}{2}\right)$$

得到矩形抽样信号的频谱:

$$F_s(w) = \dfrac{E\tau}{T_s} \sum_{n=-\infty}^{\infty} \text{Sa}\left(\dfrac{nw_s \tau}{2}\right) F(w - nw_s)$$

说明:矩形抽样在脉冲顶部不是平的,而是随 $f(t)$ 变化的,故称之"自然抽样"。
(6) 冲激抽样(理想抽样)。

若抽样脉冲 $p(t)$ 是:

$$p(t) = \delta_T(t) = \sum_{n=-\infty}^{\infty} \delta(t - nT_s)$$

求得频谱包络幅度,如图 3.11 所示。

$$P_n = \dfrac{1}{T} \int_{-\frac{T_s}{2}}^{\frac{T_s}{2}} p(t) e^{-jnw_s t} dt = \dfrac{1}{T} \int_{-\frac{T_s}{2}}^{\frac{T_s}{2}} \delta_T(t) e^{-jnw_s t} dt = \dfrac{1}{T_s}$$

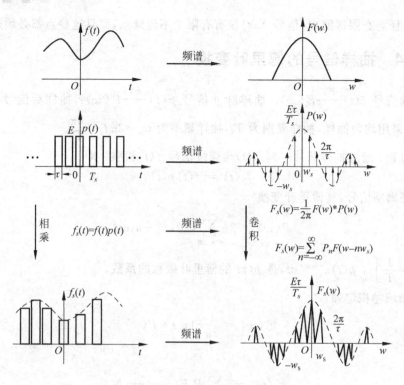

图 3.10 矩形抽样脉冲频谱包络幅度

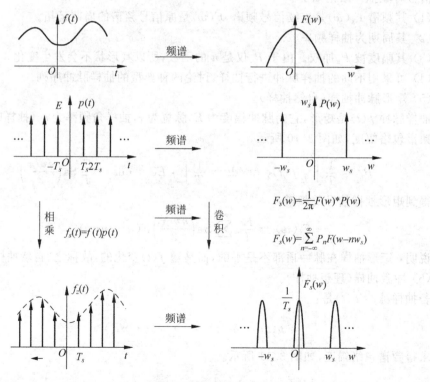

图 3.11 冲激抽样脉冲频谱包络幅度

得到冲激抽样信号的频谱：

$$F_s(w) = \frac{1}{T_s}\sum_{n=-\infty}^{\infty}F(w-nw_s)$$

不管是矩形脉冲抽样还是冲激抽样，抽样后的信号其频谱是离散周期的信号，其频谱的周期为：

$$w_s = \frac{2\pi}{T_s}$$

对于矩形脉冲抽样，其频谱的幅度随 Sa 函数变化。

对于冲激抽样，其频谱的幅度为常数。

冲激抽样是矩形脉冲抽样的一种极限情况。实际抽样为矩形脉冲抽样。

(7) 频率抽样。

设连续信号 $f(t) \xrightarrow{FT} F(w)$

若已知连续信号频谱 $F(w) \xrightarrow{IFT} f(t)$

根据时域卷积定理 $F_1(w) \xrightarrow{IFT} f_1(t) = f(t) * \dfrac{1}{w_1}\sum_{n=-\infty}^{\infty}\delta(t-nT_1)$

$$= \frac{1}{w_1}\sum_{n=-\infty}^{\infty}f(t-nT_1)$$

连续信号 $f(t)$ 的频谱 $F(\omega)$ 抽样后对应的信号 $f_1(t)$ 等效于 $f(t)$ 以 $T_1 = 2\pi/w_1$ 周期重复。

3.2.5 拉普拉斯变换

1. 拉普拉斯变换的定义及定义域

1) 定义

单边拉普拉斯变换：

正变换 $\zeta[f(t)] = F(s) = \int_{0-}^{\infty} f(t)\,\mathrm{e}^{-st}\mathrm{d}t$

逆变换 $\zeta[F(s)] = f(t) = \dfrac{1}{2\pi j}\int_{\sigma-j\infty}^{\sigma+j\infty} F(s)\,\mathrm{e}^{st}\mathrm{d}s$

双边拉普拉斯变换：

正变换 $F_B(s) = \int_{-\infty}^{\infty} f(t)\,\mathrm{e}^{-st}\mathrm{d}t$

逆变换 $f(t) = \dfrac{1}{2\pi j}\int_{\sigma-j\infty}^{\sigma+j\infty} F_B(s)\,\mathrm{e}^{st}\mathrm{d}s$

2) 定义域

若 $\sigma > \sigma_0$ 时，$\lim\limits_{t\to\infty}f(t)\,\mathrm{e}^{-\sigma t} = 0$，则 $f(t)\,\mathrm{e}^{-\sigma t}$ 在 $\sigma > \sigma_0$ 的全部范围内收敛，积分 $\int_{0-}^{+\infty}f(t)\mathrm{e}^{-st}\mathrm{d}t$ 存在，即 $f(t)$ 的拉普拉斯变换存在。$\sigma > \sigma_0$ 就是 $f(t)$ 的单边拉普拉斯变换的收敛域。σ_0 与函数 $f(t)$ 的性质有关。

2. 拉普拉斯变换的性质

1) 线性

若 $\zeta[f_1(t)]=F_1(S), \zeta[f_2(t)]=F_2(S), \kappa_1, \kappa_2$ 为常数时,则

$$\zeta[\kappa_1 f_1(t)+\kappa_2 f_2(t)] = \kappa_1 F_1(s)+\kappa_2 F_2(s)$$

2) 原函数微分

若 $\zeta[f(t)]=F(s)$ 则

$$\zeta\left[\frac{\mathrm{d}f(t)}{\mathrm{d}t}\right]=sF(s)-f(0_-), \quad \zeta\left[\frac{\mathrm{d}^n f(t)}{\mathrm{d}t^n}\right]=s^n F(s)-\sum_{r=0}^{n-1}s^{n-r-1}f^{(r)}(0_-)$$

式中 $f^{(r)}(0_-)$ 是 r 阶导数 $\frac{\mathrm{d}^r f(t)}{\mathrm{d}t^r}$ 在 0_- 时刻的取值。

3) 原函数积分

若 $\zeta[f(t)]=F(s)$,则

$$\zeta\left[\int_{-\infty}^0 f(t)\mathrm{d}t\right]=\frac{F(s)}{s}+\frac{f^{(-1)}(0_-)}{s}$$

式中 $f^{(-1)}(0_-)=\int_{-\infty}^0 f(t)\mathrm{d}t$。

4) 延时性

若 $\zeta[f(t)]=F(s)$,则 $\zeta[f(t-t_0)u(t-t_0)]=\mathrm{e}^{-st_0}F(s)$。

5) s 域平移

若 $\zeta[f(t)]=F(s)$,则 $\zeta[f(t)\mathrm{e}^{-at}]=F(s+a)$。

6) 尺度变换

若 $\zeta[f(t)]=F(s)$,则 $\zeta[f(at)]=\frac{1}{a}F\left(\frac{s}{a}\right)(a>0)$。

7) 初值定理

$$\lim_{t\to 0_+}f(t)=f(0_+)=\lim_{s\to\infty}sF(s)$$

8) 终值定理

$$\lim_{t\to +\infty}f(t)=\lim_{s\to\infty}sF(s)$$

9) 卷积定理

若 $\zeta[f_1(t)]=F_1(s), \zeta[f_2(t)]=F_2(s)$,则有

$$\zeta[f_1(t)*f_2(t)]=F_1(s)F_2(s)$$

$$\zeta[f_1(t)f_2(t)]=\frac{1}{2\pi j}[F_1(s)*F_2(s)]=\frac{1}{2\pi j}\int_{\sigma-j\infty}^{\sigma+j\infty}F_1(p)F_2(s-p)\mathrm{d}p$$

3. 拉普拉斯逆变换

1) 部分分式展开法

首先应用展开定理将 $F(s)$ 展开成部分分式,然后将各部分分式逐项进行逆变换,最后叠加起来即得到原函数 $f(t)$。

2) 留数法

留数法是将拉普拉斯逆变换的积分运算转化为求被积函数 $F(s)\mathrm{e}^{st}$ 在围线中所有极点

的留数运算，即 $\zeta^{(-1)}[F(s)] = \frac{1}{2\pi j}\int_{\sigma-j\infty}^{\sigma+j\infty} F(s)e^{st}ds = \frac{1}{2\pi j}\oint_c F(s)e^{st}ds = \sum_{极点}[F(s)e^{st}\text{的留数}]$

若 p_i 为一阶级点，则在极点 $s=p_i$ 处的留数 $r_i = [(s-p_i)F(s)e^{st}]\sum_{i=1}^{n}X_i^2|_{s=p_i}$。

若 p_i 为 k 阶级点，则 $r_i = \frac{1}{(k-1)!}\left[\frac{d^{k-1}}{ds^{k-1}}(s-p_i)^k F(s)e^{st}\right]|_{s=p_i}$。

4. 系统函数（网络函数）$H(s)$

1）定义

系统零状态响应的拉普拉斯变换与激励的拉普拉斯变换之比称为系统函数，即 $H(s) = \frac{R_{zs}(s)}{E(s)}$。冲激响应 $h(t)$ 与系统函数 $H(s)$ 构成变换对，即 $H(s) = \zeta[h(t)]$。系统的频率响应特性 $H(jw) = H(s)|_{s=jw} = |H(jw)|e^{j\varphi(w)}$ 式中，$|H(jw)|$ 是幅频响应特性，$\varphi(w)$ 是相频响应特性。

2）零极点分布图

$H(s) = \frac{N(s)}{D(s)} = \frac{K(s-z_1)(s-z_2)\cdots(s-z_m)}{(s-p_1)(s-p_2)\cdots(s-p_n)}$ 式中，K 是系数；$z_1, z_2, \cdots, z_m$ 为 $H(s)$ 的零点；$p_1, p_2, \cdots, p_n$ 为 $H(s)$ 的极点。在 s 平面上，用"○"表示零点，"X"表示极点。将 $H(s)$ 的全部零点和极点画在 s 平面上得到的图称为系统的零极点分布图。对于实系统函数而言，其零极点要么位于实轴上，要么关于实轴成镜像对称分布。

3）全通函数

如果一个系统函数的极点位于左半平面，零点位于右半平面，而且零点与极点关于 jw 轴互为镜像，那么这种系统函数称为全通函数，此系统则为全通系统或全通网络。全通网络函数的幅频特性是常数。

4）最小相移函数

如果系统函数的全部极点和零点均位于 s 平面的左半平面或 jw 轴，则称这种函数为最小相移函数。具有这种网络函数的系统为最小相移网络。

5）系统函数 $H(s)$ 的求解方法

(1) 由冲激响应 $h(t)$ 求得，即 $H(s) = \zeta[h(t)]$。

(2) 对系统的微分方程进行零状态条件下的拉普拉斯变换，然后由 $H(s) = \frac{R_{zs}(s)}{E(s)}$ 获得。

(3) 根据 s 域电路模型，求得零状态响应的像函数与激励的像函数之比，即为 $H(s)$。

5. 系统的稳定性

若系统对任意的有界输入，其零状态响应也是有界的，则此系统为稳定系统。

(1) 稳定系统的时域判决条件 $\int_{-\infty}^{+\infty}|h(t)|dt \leqslant M$（充要条件）

若系统是因果的，则(1)式可改写为 $\int_{0}^{+\infty}|h(t)|dt \leqslant M$

(2) 对于因果系统，其稳定性的 s 域判决条件如下。

① 若系统函数 $H(s)$ 的全部极点落于 s 左半平面，则该系统稳定；

② 若系统函数 $H(s)$ 有极点落于 s 右半平面，或在虚轴上具有二阶以上的极点，则该系统不稳定；

③ 若系统函数 $H(s)$ 没有极点落于 s 右半平面，但在虚轴上有一阶极点，则该系统临界稳定。

最后，将拉氏变换的基本性质归纳如表 3.2 所示，以便查阅。

表 3.2　拉氏变换的基本性质

1	线性定理	齐次性	$L[af(t)] = aF(s)$
		叠加性	$L[f_1(t) \pm f_2(t)] = F_1(s) \pm F_2(s)$
2	微分定理	一般形式	$L\left[\dfrac{\mathrm{d}f(t)}{\mathrm{d}t}\right] = sF(s) - f(0)$ $L\left[\dfrac{\mathrm{d}^2 f(t)}{\mathrm{d}t^2}\right] = s^2 F(s) - sf(0) - f'(0)$ ⋮ $L\left[\dfrac{\mathrm{d}^n f(t)}{\mathrm{d}t^n}\right] = s^n F(s) - \sum_{k=1}^{n} s^{n-k} f^{(k-1)}(0)$ $f^{(k-1)}(t) = \dfrac{\mathrm{d}^{k-1} f(t)}{\mathrm{d}t^{k-1}}$
		初始条件为 0 时	$L\left[\dfrac{\mathrm{d}^n f(t)}{\mathrm{d}t^n}\right] = s^n F(s)$
3	积分定理	一般形式	$L\left[\int f(t)\mathrm{d}t\right] = \dfrac{F(s)}{s} + \dfrac{\left[\int f(t)\mathrm{d}t\right]_{t=0}}{s}$ $L\left[\iint f(t)(\mathrm{d}t)^2\right] = \dfrac{F(s)}{s^2} + \dfrac{\left[\int f(t)\mathrm{d}t\right]_{t=0}}{s^2} + \dfrac{\left[\iint f(t)(\mathrm{d}t)^2\right]_{t=0}}{s}$ ⋮ $L\left[\underbrace{\int \cdots \int}_{\text{共}n\text{个}} f(t)(\mathrm{d}t)^n\right] = \dfrac{F(s)}{s^n} + \sum_{k=1}^{n} \dfrac{1}{s^{n-k+1}} \left[\underbrace{\int \cdots \int}_{\text{共}n\text{个}} f(t)(\mathrm{d}t)^n\right]_{t=0}$
		初始条件为 0 时	$L\left[\underbrace{\int \cdots \int}_{\text{共}n\text{个}} f(t)(\mathrm{d}t)^n\right] = \dfrac{F(s)}{s^n}$
4	延迟定理（或称 t 域平移定理）		$L[f(t-T)\mathbf{1}(t-T)] = \mathrm{e}^{-Ts} F(s)$
5	衰减定理（或称 s 域平移定理）		$L[f(t)\mathrm{e}^{-at}] = F(s+a)$
6	终值定理		$\lim_{t \to \infty} f(t) = \lim_{s \to 0} sF(s)$
7	初值定理		$\lim_{t \to 0} f(t) = \lim_{s \to \infty} sF(s)$
8	卷积定理		$L\left[\int_0^t f_1(t-\tau) f_2(\tau)\mathrm{d}\tau\right] = L\left[\int_0^t f_1(t) f_2(t-\tau)\mathrm{d}\tau\right] = F_1(s) F_2(s)$

6. 用查表法进行拉氏反变换

用查表法进行拉氏反变换的关键在于将变换式进行部分分式展开，然后逐项查表进行反变换。设 $F(s)$ 是 s 的有理真分式

$$F(s) = \frac{B(s)}{A(s)} = \frac{b_m s^m + b_{m-1} s^{m-1} + \cdots + b_1 s + b_0}{a_n s^n + a_{n-1} s^{n-1} + \cdots + a_1 s + a_0} \quad (n > m)$$

式中，系数 $a_0, a_1, \cdots, a_{n-1}, a_n, b_0, b_1, \cdots, b_{m-1}, b_m$ 都是实常数；m, n 是正整数。按代数定理

可将 $F(s)$ 展开为部分分式。分以下两种情况讨论。

1) $A(s)=0$ 无重根

这时，$F(s)$ 可展开为 n 个简单的部分分式之和的形式。

$$F(s) = \frac{c_1}{s-s_1} + \frac{c_2}{s-s_2} + \cdots + \frac{c_i}{s-s_i} + \cdots + \frac{c_n}{s-s_n} = \sum_{i=1}^{n} \frac{c_i}{s-s_i} \qquad (3\text{-}22)$$

式中，$s_1, s_2, \cdots, s_n$ 是特征方程 $A(s)=0$ 的根。c_i 为待定常数，称为 $F(s)$ 在 s_i 处的留数，可按下式计算：

$$c_i = \lim_{s \to s_i}(s-s_i)F(s) \qquad (3\text{-}23)$$

或

$$c_i = \left.\frac{B(s)}{A'(s)}\right|_{s=s_i} \qquad (3\text{-}24)$$

式中，$A'(s)$ 为 $A(s)$ 对 s 的一阶导数。根据拉氏变换的性质，从式(3-22)可求得原函数

$$f(t) = L^{-1}[F(s)] = L^{-1}\left[\sum_{i=1}^{n}\frac{c_i}{s-s_i}\right] = \sum_{i=1}^{n} c_i \mathrm{e}^{-s_i t} \qquad (3\text{-}25)$$

2) $A(s)=0$ 有重根

设 $A(s)=0$ 有 r 重根 s_1，$F(s)$ 可写为

$$F(s) = \frac{B(s)}{(s-s_1)^r(s-s_{r+1})\cdots(s-s_n)}$$

$$= \frac{c_r}{(s-s_1)^r} + \frac{c_{r-1}}{(s-s_1)^{r-1}} + \cdots + \frac{c_1}{(s-s_1)} + \frac{c_{r+1}}{s-s_{r+1}} + \cdots$$

$$+ \frac{c_i}{s-s_i} + \cdots + \frac{c_n}{s-s_n}$$

式中，s_1 为 $F(s)$ 的 r 重根，$s_{r+1}, \cdots, s_n$ 为 $F(s)$ 的 $n-r$ 个单根；其中，$c_{r+1}, \cdots, c_n$ 仍按式(3-23)或式(3-24)计算，$c_r, c_{r-1}, \cdots, c_1$ 则按下式计算：

$$\begin{cases} c_r = \lim_{s \to s_1}(s-s_1)^r F(s) \\ c_{r-1} = \lim_{s \to s_1}\frac{\mathrm{d}}{\mathrm{d}s}[(s-s_1)^r F(s)] \\ \vdots \\ c_{r-j} = \frac{1}{j!}\lim_{s \to s_1}\frac{\mathrm{d}^{(j)}}{\mathrm{d}s^{(j)}}(s-s_1)^r F(s) \\ \vdots \\ c_1 = \frac{1}{(r-1)!}\lim_{s \to s_1}\frac{\mathrm{d}^{(r-1)}}{\mathrm{d}s^{(r-1)}}(s-s_1)^r F(s) \end{cases} \qquad (3\text{-}26)$$

原函数 $f(t)$ 为

$$f(t) = L^{-1}[F(s)]$$

$$= L^{-1}\left[\frac{c_r}{(s-s_1)^r} + \frac{c_{r-1}}{(s-s_1)^{r-1}} + \cdots + \frac{c_1}{(s-s_1)} + \frac{c_{r+1}}{s-s_{r+1}} + \cdots + \frac{c_i}{s-s_i} + \cdots + \frac{c_n}{s-s_n}\right]$$

$$= \left[\frac{c_r}{(r-1)!}t^{r-1} + \frac{c_{r-1}}{(r-2)!}t^{r-2} + \cdots + c_2 t + c_1\right]\mathrm{e}^{s_1 t} + \sum_{i=r+1}^{n} c_i \mathrm{e}^{s_i t} \qquad (3\text{-}27)$$

3.2.6 Z变换

1. Z变换的定义

离散信号(序列)$f(k)=\{\cdots,f(-1),f(0),f(1),\cdots\}$的Z变换$F(z)$可直接定义为

$$F(z) = \cdots + f(-1)z^1 + f(0)z^0 + f(1)z^{-1} + \cdots + f(k)z^{-k} + \cdots$$

$$= \sum_{k=-\infty}^{\infty} f(k)z^{-k} \tag{3-28}$$

即$F(z)$是z^{-1}(z为复数)的一个幂级数。其中,z^{-k}的系数就是序列$f(k)$的样值。式(3-28)称为$f(k)$的Z变换式,上式还常简写为

$$F(z) = Z[f(k)] \tag{3-29}$$

离散信号Z变换的定义也可以由取样信号的拉氏变换引出。设连续信号$f(t)$以均匀时间间隔T进行理想取样,得到的取样信号$f_s(t)$可表示为

$$f_s(t) = f(t)\delta_T(t) = f(t)\sum_{k=-\infty}^{\infty}\delta(t-kT)$$

$$= \sum_{k=-\infty}^{\infty} f(kT)\delta(t-kT) \tag{3-30}$$

即取样信号$f_s(t)$可以视为一系列在$t=kT(k=0,\pm1,\pm2,\cdots)$时刻出现的强度为$f(kT)$的脉冲信号之和。其中$f(kT)$为连续信号$f(t)$在$t=kT$时刻的值,是一个序列。

对式(3-30)两边取拉氏变换,得到

$$F_s(s) = L[f_s(t)] = \int_{-\infty}^{\infty} \left[\sum_{k=-\infty}^{\infty} f(kT)\delta(t-kT)\right] e^{-st} dt$$

$$= \sum_{k=-\infty}^{\infty} f(kT)e^{-skT} \tag{3-31}$$

引入一个新的复变量z,令

$$z = e^{sT} \quad \text{或} \quad s = \frac{1}{T}\ln z \tag{3-32}$$

通常取$T=1$,则式(3-32)就变成复变量z的表达式,即

$$F_s(s)\bigg|_{s=\frac{1}{T}\ln z} = F(z) = \sum_{k=-\infty}^{\infty} f(kT)z^{-k} = \sum_{k=-\infty}^{\infty} f(k)z^{-k} \tag{3-33}$$

可见,离散信号$f(k)$的Z变换$F(z)$是取样信号$f_s(t)$的拉氏变换$f_s(t)$将变量s代换为变量$z=e^{sT}$的结果。式(3-32)、式(3-33)反映了连续时间系统与离散时间系统以及S域与Z域间的重要关系。

如果离散信号$f(k)$为因果序列,即$k<0$时,$f(k)=0$,则有

$$F(z) = \sum_{k=0}^{\infty} f(k)z^{-k} \tag{3-34}$$

式(3-34)中,$0<k<\infty$,因此称为单边Z变换。相应的称式(3-33)为双边Z变换。由于实际离散信号一般均为因果序列,因此,我们以后主要讨论单边Z变换。

2. Z变换的收敛域

无论是双边Z变换,还是单边Z变换都表现为一个幂级数。显然,只有当该级数收敛

时，Z变换才有意义。

对于任意给定的有界序列 $f(k)$，使其 Z 变换式收敛的所有 z 值的集合称为 Z 变换 $F(z)$ 的收敛域。根据级数理论，式(3-33)所示级数收敛的充分必要条件是

$$\sum_{k=-\infty}^{\infty} |f(k)z^{-k}| < \infty \tag{3-35}$$

3. 典型离散信号的 Z 变换

1) 单位样值序列 $\delta(k)$ 的 Z 变换

$$Z[\delta(k)] = \sum_{k=0}^{\infty} \delta(k)z^{-k} = z^{-k}|_{k=0} = 1 \tag{3-36}$$

可见，与连续时间系统单位冲击函数 $\delta(t)$ 的拉氏变换类似，单位函数 $\delta(k)$ 的 Z 变换等于 1。

2) 单位阶跃序列 $\varepsilon(k)$ 的 Z 变换

$$Z[\varepsilon(k)] = \sum_{k=0}^{\infty} \varepsilon(k)z^{-k} = \sum_{k=0}^{\infty} z^{-k} = \frac{1}{1-z^{-1}} = \frac{z}{z-1} \tag{3-37}$$

其收敛域为 $|z^{-1}|<1$，即 $|z|>1$。

3) 单边指数序列 $a^k\varepsilon(k)$ 的 Z 变换

$$Z[a^k\varepsilon(k)] = \sum_{k=0}^{\infty} a^k z^{-k} = \frac{1}{1-az^{-1}} = \frac{z}{z-a} \tag{3-38}$$

其收敛域为 $|z|>|a|$。当 $a=e^{\lambda T}$ 时

$$Z[e^{\lambda kT}\varepsilon(k)] = \frac{z}{z-e^{\lambda T}} \tag{3-39}$$

其收敛域为 $|z|>|e^{\lambda T}|$。

4) 单边正弦序列 $\sin\omega_0 k\varepsilon(k)$ 和单边余弦序列 $\cos\omega_0 k\varepsilon(k)$ 的 Z 变换

在指数序列 $a^k\varepsilon(k)$ 的 Z 变换中，若 $a=e^{j\omega_0}$ 时，则得复指数序列 $e^{j\omega_0 k}\varepsilon(k)$ 的 Z 变换为

$$Z[e^{j\omega_0 k}\varepsilon(k)] = \frac{z}{z-e^{j\omega_0}} \tag{3-40}$$

其收敛域为 $|z|>|e^{j\omega_0}|=1$，即单位圆外收敛。上式可以分解为实部和虚部，即

$$Z[e^{j\omega_0 k}\varepsilon(k)] = \frac{z}{z-\cos\omega_0 - j\sin\omega_0}$$

$$= \frac{z(z-\cos\omega_0)+jz\sin\omega_0}{z^2-2z\cos\omega_0+1}$$

根据欧拉公式，有

$$Z[e^{j\omega_0 k}\varepsilon(k)] = Z[\cos\omega_0 k\varepsilon(k)] + jZ[\sin\omega_0 k\varepsilon(k)]$$

比较上两式，可得

$$Z[\cos\omega_0 k\varepsilon(k)] = \frac{z(z-\cos\omega_0)}{z^2-2z\cos\omega_0+1} \tag{3-41}$$

$$Z[\sin\omega_0 k\varepsilon(k)] = \frac{z\sin\omega_0}{z^2-2z\cos\omega_0+1} \tag{3-42}$$

表 3.3 中列出了常见序列的单边 Z 变换。

表 3.3 常见序列的 Z 变换

序号	序列 $f(k)$ $k \geqslant 0$	Z 变换 $F(z)$	收敛域
1	$\delta(k)$	1	$|z| \geqslant 0$
2	$\varepsilon(k)$	$\dfrac{z}{z-1}$	$|z|>1$
3	a^k	$\dfrac{z}{z-a}$	$|z|>|a|$
4	$a^{k-1}\varepsilon(k-1)$	$\dfrac{1}{z-a}$	$|z|>|a|$
5	k	$\dfrac{z}{(z-1)^2}$	$|z|>1$
6	k^2	$\dfrac{z(z+1)}{(z-1)^3}$	$|z|>1$
7	k^3	$\dfrac{z(z^2+4z+1)}{(z-1)^4}$	$|z|>1$
8	ka^{k-1}	$\dfrac{z}{(z-a)^2}$	$|z|>|a|$
9	ka^k	$\dfrac{az}{(z-a)^2}$	$|z|>|a|$
10	$k^2 a^k$	$\dfrac{az(z+a)}{(z-a)^3}$	$|z|>|a|$
11	e^{ak}	$\dfrac{z}{z-e^a}$	$|z|>e^a$
12	$ke^{a(k-1)}$	$\dfrac{z}{(z-e^a)^2}$	$|z|>e^a$
13	$\cos\omega_0 k$	$\dfrac{z(z-\cos\omega_0)}{z^2-2z\cos\omega_0+1}$	$|z|>1$
14	$\sin\omega_0 k$	$\dfrac{z\sin\omega_0}{z^2-2z\cos\omega_0+1}$	$|z|>1$
15	$e^{-ak}\cos\omega_0 k$	$\dfrac{z(z-e^{-a}\cos\omega_0)}{z-2ze^{-a}\cos\omega_0+e^{-2a}}$	$|z|>e^{-a}$
16	$e^{-ak}\sin\omega_0 k$	$\dfrac{ze^{-a}\sin\omega_0}{z^2-2ze^{-a}\cos\omega_0+e^{-2a}}$	$|z|>e^{-a}$

4．Z 变换的基本性质

由 Z 变换的定义可以直接求得序列的 Z 变换，然而对于较复杂的序列，直接利用定义求解比较复杂。因此，我们利用 Z 变换的定义推导出 Z 变换的性质，从而实现利用一些简单序列的 Z 变换导出复杂序列的 Z 变换，简化计算与分析。在此我们主要针对单边序列讨论 Z 变换的性质。

1) 线性性质

设

$$Z[f_1(k)] = F_1(z), \quad Z[f_2(k)] = F_2(z)$$

则
$$Z[a_1 f_1(k) + a_2 f_2(k)] = a_1 F_1(z) + a_2 F_2(z) \tag{3-43}$$
其中 a_1, a_2 为常数。这个性质根据 Z 变换的定义即可直接推出。

2）位移（移序）性质

设
$$Z[f(k)] = F(z)$$
则
$$Z[f(k+1)] = zF(z) - zf(0) \tag{3-44}$$
$$Z[f(k-1)] = z^{-1}F(z) + f(-1) \tag{3-45}$$
$$Z[f(k+m)] = z^m \left[F(z) - \sum_{n=0}^{m-1} f(n) z^{-n} \right]$$
$$Z[f(k-m)] = z^{-m} \left[F(z) + \sum_{n=1}^{m} f(-n) z^{n} \right]$$

特别是当 $f(k)$ 是因果序列时，即当 $f(-1)=f(-2)=\cdots=f(-m)=0$ 时，有
$$Z[f(k-m)] = z^{-m} F(z)$$

Z 变换的移序性质能将关于 $f(k)$ 的差分方程转化为关于 $F(z)$ 的代数方程，对于简化离散时间系统分析起着重要的作用。

3）比例特性（尺度变换）

设
$$Z[f(k)] = F(z)$$
则
$$Z[a^k f(k)] = F\left(\frac{z}{a}\right) \tag{3-46}$$
式中 a 为非零常数。

4）Z 域微分

设
$$Z[f(k)] = F(z)$$
则
$$Z[kf(k)] = -z \frac{\mathrm{d}F(z)}{\mathrm{d}z} \tag{3-47}$$

5）时域卷积定理

设
$$Z[f_1(k)] = F_1(z), \quad Z[f_2(k)] = F_2(z)$$
则
$$Z[f_1(k) * f_2(k)] = F_1(z) F_2(z) \tag{3-48}$$

时域卷积定理表明两个离散函数在时域中的卷积的 Z 变换，等于这两个离散函数的 Z 变换的乘积。它与拉氏变换的时域卷积定理具有完全相同的形式，它们在联系时域和 Z 域的关系中起着十分重要的作用。

6)序列求和

利用时域卷积定理,可以得到序列求和的 Z 变换式。

设

$$Z[f(k)] = F(z)$$

则

$$Z\left[\sum_{n=0}^{k} f(n)\right] = \frac{z}{z-1}F(z) \tag{3-49}$$

7)初值定理和终值定理

设 $f(k)$ 为因果序列且

$$Z[f(k)] = F(z)$$

则

$$f(0) = \lim_{z \to \infty} F(z) \tag{3-50}$$

$$f(\infty) = \lim_{z \to 1}(z-1)F(z) \tag{3-51}$$

式(3-49)称为初值定理,式(3-50)称为终值定理。

特别应注意终值定理的应用条件:①在时域,当 $k \to \infty$ 时,$f(k)$ 收敛;②在 Z 域,$F(z)$ 的极点必须处在单位圆之内(若在单位圆上只能位于 $z=1$ 点,且是一阶极点);此两个条件是等效的。

5. Z 逆变换

在离散时间系统分析中,利用 Z 变换把时域中对序列 $f(k)$ 的复杂运算变换为 Z 域中对于 $F(z)$ 的较为简单的运算,然后将 Z 域中的运算结果再变回到时域中去。类似于在连续系统中利用拉普拉斯变换进行系统分析。这种由已知 $F(z)$ 求 $f(k)$ 的运算过程称为 Z 逆变换或 Z 反变换。记为

$$f(k) = Z^{-1}[F(z)]$$

求 Z 反变换的方法有三种:幂级数展开法,部分分式展开法和围线积分法(留数法)。这里仍然只考虑单边 Z 变换的情况。

1)幂级数展开法(长除法)

由 Z 变换的定义可知

$$F(z) = \sum_{k=0}^{\infty} f(k)z^{-k} = f(0) + f(1)z^{-1} + f(2)z^{-2} + \cdots$$

若把已知的 $F(z)$ 展开成 z^{-1} 的幂级数,则该级数的各系数就是序列 $f(k)$ 的值。

$F(z)$ 一般为变量 z 的有理分式,展开为幂级数时,可以用代数中的长除法,即将分子和分母多项式按 z 的升幂(或 z^{-1} 的降幂)排列,然后将分子多项式除以分母多项式所得的商式,商式中各项系数便构成序列 $f(k)$。

例 3-3 求 $F(z) = e^{-\frac{a}{z}}$ 的反变换。

解 当 $F(z)$ 不是有理分式的形式时,可直接根据级数理论展开成幂级数。由

$$e^x = 1 + x + \frac{x^2}{2!} + \cdots + \frac{x^k}{k!} + \cdots$$

得

$$F(z) = \mathrm{e}^{-\frac{a}{z}} = 1 + \left(-\frac{a}{z}\right) + \frac{\left(-\frac{a}{z}\right)^2}{2!} + \cdots + \frac{\left(-\frac{a}{z}\right)^k}{k!} + \cdots$$

$$= \sum_{k=0}^{\infty} \frac{\left(-\frac{a}{z}\right)^k}{k!} = \sum_{k=0}^{\infty} \frac{(-a)^k}{k!} z^{-k}$$

根据 Z 变换定义式,可得

$$f(k) = \frac{(-a)^k}{k!} \quad (k \geqslant 0)$$

2) 部分分式展开法

在实际中,序列的 Z 变换式 $F(z)$ 通常是有理分式形式

$$F(z) = \frac{N(z)}{D(z)} = \frac{b_m z^m + b_{m-1} z^{m-1} + \cdots + b_1 z + b_0}{a_n z^n + a_{n-1} z^{n-1} + \cdots + a_1 z + a_0}$$

类似于拉氏变换中的部分分式展开法,我们可以先将 $F(z)$ 展开成一些简单的部分分式之和,然后分别求出各部分分式的逆变换,再将各逆变换相加得到 $f(k)$。

由于 Z 变换最基本的形式是 1 和 $\frac{z}{z-a}$,因此,通常不是直接展开 $F(z)$,而是展开 $\frac{F(z)}{z}$,然后,每个部分分式再乘以 z。

若 $F(z)$ 有 n 个非零单阶极点 $p_1, p_2, \cdots, p_n$ 时,可将 $\frac{F(z)}{z}$ 展开为

$$\frac{F(z)}{z} = \frac{A_0}{z} + \frac{A_1}{z - p_1} + \cdots + \frac{A_n}{z - p_n} \quad 常数\ A_0 = \frac{F(z)}{z}\bigg|_{z=0},$$

$$A_i = (z - p_i)\frac{F(z)}{z}\bigg|_{z=p_i} \quad (i = 1, 2, \cdots, n)$$

将式两边同乘以 z,则得

$$F(z) = A_0 + \frac{A_1 z}{z - p_1} + \cdots + \frac{A_n z}{z - p_n}$$

利用表 3.3,可得序列

$$f(k) = Z^{-1}[F(z)] = A_0 \delta(k) + (A_1 p_1^k + \cdots + A_n p_n^k)\varepsilon(k)$$

例 3-4 用部分分式展开法求 $F(z) = \dfrac{10}{z^2 - 3z + 2}$ 的 Z 反变换。

解

$$F(z) = \frac{10z}{z^2 - 3z + 2} = \frac{10z}{(z-1)(z-2)}$$

$$F(z) = \frac{-10z}{z - 1} + \frac{10z}{z - 2}$$

根据表 3.3,得

$$f(k) = 10(2^k - 1)\varepsilon(k)$$

如果 $F(z)$ 存在高阶极点或共轭极点时,同样可以用与拉氏反变换类似的方法展开。

3) 围线积分法(留数法)

单边 Z 变换的积分公式可以直接从 Z 变换的定义式推导出来。由

$$F(z) = \sum_{k=0}^{\infty} f(k) z^{-k}$$

将上式两边分别乘以 z^{n-1}，在 $F(z)$ 的收敛域内任选一条包围原点的闭和围线 C，然后沿围线 C 的逆时针方向积分，即

$$\oint_c F(z)z^{n-1}\mathrm{d}z = \oint_c \sum_{k=0}^{\infty} f(k)z^{n-k-1}\mathrm{d}z$$

交换上式右边积分与求和的次序，得

$$\oint_c F(z)z^{n-1}\mathrm{d}z = \sum_{k=0}^{\infty} f(k)\oint_c z^{n-k-1}\mathrm{d}z \tag{3-52}$$

根据复变函数中的柯西定理

$$\oint_c z^{n-1}\mathrm{d}z = \begin{cases} 2\pi j & (n=0) \\ 0 & (n \neq 0) \end{cases}$$

可知，式(3-52)右边只有 $n=k$ 这一项为 $2\pi j$，其余各项均为零，即

$$\oint_c F(z)z^{k-1}\mathrm{d}z = 2\pi j f(k)$$

则得 Z 逆变换公式为

$$f(k) = \frac{1}{2\pi j}\oint_c F(z)z^{k-1}\mathrm{d}z \tag{3-53}$$

Z 反变换的积分公式，是 Z 反变换的一般表达式。当 $F(z)$ 是 z 的有理函数时，可利用留数定理计算式(3-53)的围线积分，所以又称为留数法。其表达式为

$$f(k) = \frac{1}{2\pi j}\oint_c F(z)z^{k-1}\mathrm{d}z = \sum_m \mathrm{Res}[F(z)z^{k-1}\mathrm{d}z]_{z=p_m} \tag{3-54}$$

式中，p_m 是围线 C 内 $F(z)z^{k-1}$ 的极点，$\mathrm{Res}[F(z)z^{k-1}\mathrm{d}z]$ 为极点 p_m 的留数，$\sum_m$ 表示对围线 C 内的所有极点 $\{p_1, p_2, \cdots, p_m\}$ 求和。式(3-54)表示 $f(k)$ 等于 $F(z)z^{k-1}$ 在围线 C 内所有极点的留数之和。

一般来说，$F(z)z^{k-1}$ 是有理分式，如果 $F(z)z^{k-1}$ 在 $z=p_m$ 处有 L 阶极点，则

$$\mathrm{Res}[F(z)z^{k-1}]_{z=p_m} = \frac{1}{(L-1)!}\left[\frac{\mathrm{d}^{L-1}}{\mathrm{d}z^{L-1}}(z-p_m)^L F(z)z^{k-1}\right]_{z=p_m}$$

如果 $z=p_m$ 仅是一阶极点，即 $L=1$，则有

$$\mathrm{Res}[F(z)z^{k-1}]_{z=p_m} = [(z-p_m)F(z)z^{k-1}]_{z=p_m}$$

例 3-5 应用围线法计算 $F(z) = \dfrac{2z^2-1.5z}{z^2-1.5z+0.5}$ 所对应的离散函数 $f(k)$。

解

$$f(k) = \frac{1}{2\pi j}\oint_c F(z)z^{k-1}\mathrm{d}z = \frac{1}{2\pi j}\oint_c \frac{(2z-1.5)z^k}{(z-0.5)(z-1)}\mathrm{d}z$$

被积函数的极点 $p_1=0.5$ 和 $p_2=1$。在这两个极点处的留数分别为

$$\mathrm{Res}[F(z)z^{k-1}]_{z=0.5} = \frac{(2z-1.5)z^k}{z-1}\bigg|_{z=0.5} = (0.5)^k$$

$$\mathrm{Res}[F(z)z^{k-1}]_{z=1} = \frac{(2z-1.5)z^k}{z-0.5}\bigg|_{z=1} = 1^k = 1$$

故

$$f(k) = [(0.5)^k + 1]\varepsilon(k)$$

6. 离散系统的 Z 域分析

与连续时间系统的拉氏变换分析类似,在分析离散时间系统时,可以通过 Z 变换把描述离散时间系统的差分方程转化为代数方程来求解,再对结果取 Z 逆变换,求出系统响应的时域解。

离散时间系统的 Z 变换分析法与时域分析法一样,可以分别求出零输入响应和零状态响应,然后叠加求得全响应,也可以直接求得全响应。

1) 零输入响应的 Z 域求解

设描述离散时间系统的差分方程为

$$\sum_{i=0}^{n} a_i y(k-i) = \sum_{j=0}^{m} b_j x(k-j)$$

当输入 $x(k)=0$ 时,可得相应的齐次差分方程为

$$\sum_{i=0}^{n} a_i y(k-i) = 0$$

对上式进行 Z 变换,并利用移序性质,可得

$$\sum_{i=0}^{n} a_i z^{-i} \left[Y(z) + \sum_{l=1}^{i} y(-l) z^l \right] = 0$$

或

$$\sum_{i=0}^{n} a_i z^{-i} \left[Y(z) + \sum_{l=-i}^{-1} y(l) z^{-l} \right] = 0$$

式中,$Y(z)$ 就是零输入响应 $y_{zi}(k)$ 的 Z 变换 $Y_{zi}(z)$,$y(l)$ 和 $y(-l)$ 是零输入初始条件。整理后,可得

$$Y_{zi}(z) = \frac{-\sum_{i=1}^{n} \left[a_i z^{-i} \sum_{l=-i}^{-1} y(l) z^{-l} \right]}{\sum_{i=0}^{n} a_i z^{-i}} \tag{3-55}$$

对 $Y_{zi}(z)$ 进行 Z 反变换,即可得零输入响应

$$y_{zi}(k) = Z^{-1}[Y_{zi}(z)] \tag{3-56}$$

例 3-6 已知某离散系统的差分方程为 $y(k)-5y(k-1)+6y(k-2)=x(k)-3x(k-2)$,初始条件为 $y(-1)=\frac{7}{6}, y(-2)=\frac{23}{36}$,试用 Z 变换法求该系统的零输入响应。

解 当 $x(k)=0$ 时,相应的齐次方程为

$$y(k)-5y(k-1)+6y(k-2) = 0$$

得

$$Y_{zi}(z) = \frac{5y(-1)-6y(-2)-6y(-1)z^{-1}}{1-5z^{-1}+6z^{-2}}$$

代入初始条件 $y(-1)=\frac{7}{6}, y(-2)=\frac{23}{36}$,得

$$Y_{zi}(z) = \frac{2z^2-7z}{z^2-5z+6}$$

进行部分分式展开,得

$$Y_{zi}(z) = \frac{3z}{z-2} - \frac{z}{z-3}$$

进行 Z 反变换,得零输入响应

$$Y_{zi}(k) = 3(2)^k - 3^k$$

当描述离散系统的差分方程为前向差分方程时,应用上述分析方法可得零输入响应如下式

$$Y_{zi}(z) = \frac{\sum_{i=1}^{n}\left[a_i z^i \sum_{l=0}^{i-1} y(1)z^{-1}\right]}{\sum_{i=0}^{n} a_i z^{-i}} \tag{3-57}$$

例 3-7 上例中若差分方程的序号都加 2,则前向齐次方程 $y(k+2)-5y(k+1)+6y(k)=0$,设给定的初始条件仍为 $y(-1)=\frac{7}{6}$,$y(-2)=\frac{23}{36}$,求零输入响应。

解 要应用式(3-57),计算所需要的初始条件是 $y(1)$ 和 $y(2)$,而已知的初始条件为 $y(-1)$ 和 $y(-2)$,可通过齐次方程用递推方法求得。

令 $k=-2$,递推得 $y(0)=2$;令 $k=-1$,递推得 $y(1)=3$。代入得

$$y_{zi}(z) = \frac{2z^2 - 7z}{z^2 - 5z + 6}$$

对上式进行 Z 反变换,同样可得到零输入响应

$$y_{zi}(k) = 3(2)^k - 3^k$$

上述两例说明,常系数线性差分方程中,若离散函数的序号同时增加或减少同样的数目,差分方程所描述的关系不变。若计算所需的初始条件并不是已知的零输入条件时,可以用递推的方法将已知的初始条件代入相应的齐次差分方程中,即可得到所需的初始条件。

2) 零状态响应的 Z 域求解

在离散的时间系统的时域分析法中,已经导出了零状态响应等于激励函数与单位函数响应的卷积和,即

$$y_{zs}(k) = x(k) * h(k)$$

对上式进行 Z 变换,并应用时域卷积定理,则有

$$Y_{zs}(z) = Z[x(k) * h(k)] = X(z)H(z)$$

式中 $X(z)$,$H(z)$ 和 $Y_{zs}(z)$ 分别为激励函数 $x(k)$、单位函数响应 $h(k)$ 和零状态响应 $y_{zs}(k)$ 的 Z 变换,最后进行 Z 反变换,即可得到零状态响应。

例 3-8 描述离散时间系统的差分方程为 $y(k)+y(k-2)=x(k)+x(k-1)$,试求离散系统函数 $H(z)$ 和单位函数响应 $h(k)$;若 $x(k)=\varepsilon(k)$,求零状态响应。

解 对差分方程求 Z 变换,得

$$(1+z^{-2})Y_{zs}(z) = X(z) + z^{-1}X(z)$$

$$H(z) = \frac{Y_{zs}(z)}{X(z)} = \frac{1+z^{-1}}{1+z^{-2}} = \frac{z^2+z}{z^2+1}$$

对上式进行 Z 反变换,由表 3.1 可得,当 $\omega_0 T = \frac{\pi}{2}$ 时,正弦序列和余弦序列的 Z 变换,于是,系统的单位函数响应为

$$h(k) = \cos\frac{\pi}{2}k\varepsilon(k) + \sin\frac{\pi}{2}k\varepsilon(k)$$

由 $X(z) = Z[x(k)] = \dfrac{z}{z-1}$,得

$$Y_{zs}(z) = X(z)H(z) = \frac{z}{(z-1)} * \frac{z^2+z}{(z^2+1)}$$

$$\frac{Y_{zs}(z)}{z} = \frac{z^2+z}{(z-1)(z^2+1)} = \frac{A}{z-1} + \frac{BZ+C}{z^2+1} \tag{3-58}$$

得

$$A = (z-1)\frac{z^2+z}{(z-1)(z^2+1)}\bigg|_{z=1} = 1$$

取 $z=0$ 代入式(3-58),可得 $C=A=1$
取 $z=2$ 代入式(3-58),可得 $B=0$
于是

$$Y_{zs}(z) = \frac{z}{z-1} + \frac{z}{z^2+1}$$

对上式求 Z 反变换,得到零状态响应为

$$y_{zs}(k) = \left(1 + \sin\frac{\pi}{2}k\right)\varepsilon(k)$$

3) 全响应的 Z 域求解

离散时间系统的全响应可以如上述方法,先分别求出零输入响应和零状态响应,然后将二者相加得到,即

$$y(k) = y_{zi}(k) + y_{zs}(k)$$

除此以外,类似于运用拉普拉斯变换直接求解连续时间系统的全响应,读者也可以直接对离散系统运用 Z 变换,一次求出系统的全响应。

例 3-9 一离散系统的差分方程为 $y(k) - by(k-1) = x(k)$,若激励 $x(k) = a^k\varepsilon(k)$,起始值 $y(-1) = 2$,试求系统的全响应。

解 对差分方程取 Z 变换,得

$$Y(z) - bz^{-1}Y(z) - by(-1) = X(z)$$

得到

$$Y(z) = \frac{X(z) + by(-1)}{1 - bz^{-1}} = \underbrace{\frac{X(z)}{1 - bz^{-1}}}_{Y_{zs}(z)} + \underbrace{\frac{by(-1)}{1 - bz^{-1}}}_{y_{zi}(z)}$$

已知

$$X(z) = \frac{z}{z-a}, \quad y(-1) = 2$$

则

$$Y(z) = \frac{z^2}{(z-a)(z-b)} + \frac{2bz}{z-b} = \frac{a}{a-b} \times \frac{z}{z-a} - \frac{b}{a-b} \times \frac{z}{z-b} + \frac{2bz}{z-b}$$

Z 逆变换的全响应为

$$y(k) = \underbrace{\frac{1}{a-b}(a^{k+1} - b^{k+1})\varepsilon(k)}_{y_{zs}(k)} + \underbrace{2b^{k+1}\varepsilon(k)}_{y_{zi}(k)}$$

3.3 现代信号处理技术

3.3.1 时频分析

1. 时频分析的基本方法

一般来说,时频分析方法具有很强的能量聚集作用,不需知道信号频率随时间的确定关系,只要信噪比足够高,通过时频分析方法就可在时间-频率平面上得到信号的时间频率关系。时频分析主要用来寻找信号的特征。时频分析方法主要采用一些特殊的变换来突出信号的特征点,在非平稳信号的处理中具有突出的优越性。

2. 短时傅里叶变换

我们将一个信号的 STFT 定义如下

$$S(\omega,t) = \frac{1}{2\pi}\int_{-\infty}^{+\infty} e^{-i\omega t} s(\tau) h(\tau-t) d\tau$$

其中 $h(t)$ 是窗函数。沿时间轴移动分析窗,我们可以得到两维的时频平面。STFT 方法最大的优点是容易实现。STFT 分析实质上是限制了时间窗长的 Fourier 分析。STFT 只能选定一个固定的窗函数,且 STFT 分析受限于不确定性原理,较长的窗可以改善频域解但会使时域解变糙;而较短的窗尽管能得到好的时域解,频域解却会变得模糊。

3. Wigner-Ville 分布(WVD)

实际信号 $s(t)$ 的 Wigner-Ville 分布定义为

$$WVD(t,\omega) = \int_{-\infty}^{+\infty} x\left(t+\frac{\tau}{2}\right) x^*\left(t-\frac{\tau}{2}\right) e^{-j\omega\tau} d\tau$$

式中,$x(t)$ 为 $s(t)$ 的解析信号。

在 Wigner-Ville 分布中使用解析信号 $x(t)$ 而不是原实际信号 $s(t)$ 的优点在于:第一,解析信号的处理中只采用频谱正半部分,因此不存在由正频率项和负频率项产生的交叉项;第二,使用解析信号不需要过采样,同时可避免不必要的畸变影响。

3.3.2 高阶谱分析

采用高阶累计量方法处理生理信号,它的主要优点有:①抑制加性有色噪声;②辨识非最小相位系统;③抽取由于高斯性偏离引起的各种信息;④既包含幅度信息又包含相位信息。

利用高阶统计量进行频谱分析,存在着经典法和参数模型法。经典法利用快速傅里叶变换及加窗技术进行谱估计,要求有较长的观测数据,否则,估计的方差很大且分辨率低,根源还是傅里叶变换的缺点。针对这一情况,多采用基于三阶累积量的非高斯 AR 模型法进行参数化双谱估计。

与功率谱分析比较,运用基于高阶累计量的谱估计算法估计信号,消除了高斯噪声的影响,使估计结果更准确,并且保留了信号的相位特性,提供更多的内在信息。

3.3.3 小波分析基础

小波分析包括小波变换到小波基的构造以及小波的应用等一系列的知识,本节简单地介绍一下小波分析的产生、发展、基本要素以及一维小波变换,连续小波变换等小波基础。

1. 小波的引入

小波分析是傅里叶分析最辉煌的继承、总结和发展。

1) Fourier 变换

1822 年,Fourier 正式出版推动世界科学研究进展的巨著——《热的解析理论》(*The Analytic Theory of Heat*)。由于这一理论成功地求解了困扰科学家 150 年之久的牛顿二体问题微分方程,因此 Fourier 分析成为几乎每个研究领域科学工作者乐于使用的数学工具,尤其是理论科学家。目前,Fourier 的思想和方法得到了广泛应用。

2) Fourier 分析的主要内容

从本质上讲,Fourier 变换就是一个棱镜(Prism),它把一个信号函数分解为众多的频率成分,这些频率又可以重构原来的信号函数,这种变换是可逆的且保持能量不变。

2. 小波分析的基本思想、基本原理与基本方法

1) 小波分析的主要内容

小波分析的主要内容包括:小波基的构造与选择,快速小波算法,对小波变换本身的研究,对应用场合的合理把握。

2) 小波函数

定义函数 $\psi(t)$ 是小波函数,如果它满足

$$C_\psi = \int_0^{+\infty} \frac{|\hat{\psi}(\omega)|^2}{\omega} d\omega < +\infty$$

或者

$$\int_{-\infty}^{+\infty} \psi(t) dt = 0$$

定义式对小波函数的要求非常宽松,只要具有一定振荡性即某种频率特性即可。这就为小波函数的选择提供了十分广阔的空间。小波函数 $\psi(t)$ 的平移和伸缩 $\{2^{-\frac{j}{2}}\psi(2^{-j}t-k)|j,k \in Z\}$ 构成 $L^2(R)$ 的一组正交小波基。

3) 尺度函数

定义函数是尺度函数,它满足条件

(1)

$$0 < A \leqslant \sum_{k \in Z} |\hat{\varphi}(\xi + 2k\pi)|^2 \leqslant B < +\infty$$

A,B 为正常数。

(2)

$$\varphi(0) = 1, \quad \varphi^{(m)}(2k\pi) = 0$$

$$k \in Z, k \neq 0, m = 0, 1, \cdots, L-1$$

(3)
$$\varphi(t) = \sum_{k \in Z} h(k) \varphi(2t-k)$$

尺度函数有两个重要作用：①它给出分析的起始点；②它使得快速计算小波系数成为可能。

4) 小波包

不严格地讲，小波包就是一个小波函数与一个摆动振荡函数的乘积。

3. 一维小波分析

1) 小波变换

小波变换指信号与局部化特性良好的小波函数的内积，即
$$<f(t), \psi_{a,b}(t)> = \int f(t) \psi_{a,b}(t) \mathrm{d}t$$

2) 连续小波变换

设信号 $f(t) \in L^2(R)$，$\psi(t)$ 为母小波函数，$\psi_{a,b}(t) = |a|^{-\frac{1}{2}} \psi\left(\frac{t-b}{a}\right)$。$a$ 是非零实数，b 是实数。那么连续的小波变换为 $Wf(a,b) = CWT(a,b) = <f(t), \psi_{a,b}(t)> = \int f(t) |a|^{-\frac{1}{2}} \overline{\psi\left(\frac{t-b}{a}\right)} \mathrm{d}t$。

如果为实函数，那么上式变成
$$Wf(a,b) = CWT(a,b) = <f(t), \psi_{a,b}(t)> = |a|^{-\frac{1}{2}} \int f(t) \psi\left(\frac{t-b}{a}\right) \mathrm{d}t$$

假定 $\psi(t)$、$\hat{\psi}(\omega)$ 的窗函数的中心与半径分别为 (t^*, Δ_ψ)，$(\omega^*, \Delta_{\hat{\psi}})$，则 $\psi\left(\frac{t-b}{a}\right)$ 及其 Fourier 变换的窗函数中心与半径分别为 $(b+at^*, a\Delta_\psi)$，这就是著名的连续小波变换时间-频率窗。正因为如此，小波可以在时频 (t,w) 两相精确定位，而被誉为数学的显微镜。

3) 离散小波变换

设信号 $f(t)$ 取离散值 $f(k)$，$f(k)$ 为有限能量信号，$\psi(t)$ 为母小波函数，$\psi_{m,n}(t) = 2^{\frac{m}{2}} \psi(2^m t - n)$，则离散式 $\psi_{m,n}(k) = 2^{\frac{m}{2}} \psi(2^m k - n)$，那么离散小波变换为
$$DWTf = DWT(m,n) = 2^{\frac{m}{2}} \sum_k f(k) \psi(2^m k - n)$$

4) 一维 Mallat 算法

设尺度函数为 $\varphi(x)$，对应的小波函数为 $\psi(x)$，满足尺度方程
$$\begin{cases} \varphi(x) = \sum_n h(n) \varphi(2x-n) \\ \psi(x) = \sum_n g(n) \varphi(2x-n) \end{cases}$$

其中 $g(n) = (-1)^{1-n} h(1-n)$，同时可以构造相应的 MRA 系统。那么信号 $f(x)$ 在尺度 j 下所平滑的信号 $A_j^d f$ 为 $A_j^d f = <f(x), \varphi_{j,k}(x)> = 2^{\frac{j}{2}} \int f(x) \varphi(2^j x - k) \mathrm{d}x$

在尺度 j 下的细节信号 $D_j f$ 为 $D_j f = <f(x), \psi_{j,k}(x)> = 2^{\frac{j}{2}} \int f(x) \psi(2^j x - k) \mathrm{d}x$

信号分解的过程是 $j+1$ 尺度到 j 尺度的逐步分解过程，即对信号从分辨率高到低的过程，具体是把 $A_{j+1}^d f$ 分解为 $A_j^d f$ 和 $D_j f$，总结如下：

$$\begin{cases} A_j^d f = \sum_k h(k-2n) A_{j+1}^d f \\ D_j f = \sum_k g(k-2n) A_{j+1}^d f \end{cases}$$

4. 独立成分分析技术

1) ICA 的定义

假设我们获得了 n 个线性混合信号：$x_j = a_{j1} s_1 + a_{j2} s_2 + \cdots + a_{jn} s_n \quad j=1 \sim n$ 即：

$$x_j = \sum_{i=1}^n a_{ji} s_i$$

混合向量 $x_1, \cdots, x_n$ 构成矩阵 X，$s_1, \cdots, s_n$ 构成矩阵 S，混合矩阵 A 的元素是 a_{ji}。那么上式可以写成：$X = AS$。

2) 独立性

数学上，独立性可以由概率密度来解释。令 $p(y_1, y_2)$ 为联合概率密度函数，$p(y_1)$ 为边缘概率密度函数，那么：$p_1(y_1) = \int p(y_1, y_2) \mathrm{d} y_2$。

同理可得 $p(y_2)$。变量 y_1 和 y_2 相互独立，当且仅当满足下式：

$$p(y_1, y_2) = p_1(y_1) p_2(y_2)$$

3) ICA 估计的原理

(1) 非高斯是独立的

直观地讲估计 ICA 模型的关键就是非高斯性。

(2) 峰度值

经典的测量非高斯性就是峰度值或四阶累积量。y 的峰度值定义为

$$kurt(y) = E\{y^4\} - 3(E\{y^2\})^2$$

(3) 负熵和负熵近似

① 负熵

在某些简单假设下熵就是随机变量的编码长度。

离散随机变量 Y 的熵 H 定义为：$H(Y) = -\sum_i P(Y=a_i) \log P(Y=a_i)$，$a_i$ 是 Y 的可能值。

随机向量 y 及其密度 $f(y)$ 的微熵定义为：$H(y) = -\int f(y) \log f(y) \mathrm{d}y$。

信息理论的一个基本结论是：在所有相同方差下的随机变量中，高斯变量有最大的熵。

为了让获得的非高斯性测量一直为非负值(高斯变量为 0)，我们经常采取对微熵的形式做一修改的办法，称为负熵。负熵 J 定义为

$$J(y) = H(y_{\text{gauss}}) - H(y)$$

y_{gauss} 是与 y 具有同样协方差矩阵的高斯随机变量。可见负熵一直非负，当且仅当 y 是

高斯分布时为 0。负熵的另一个有意义的特性是它对可逆线性变换无变化。

② 负熵近似

近似负熵的经典方法是采用高阶矩。

(4) 互信息量最小化

① 互信息量

采用微熵的概念定义 m(尺度)随机变量的互信息量为

$$I(y_1, y_2, \cdots, y_m) = \sum_{i=1}^{m} H(y_i) - H(y)$$

互信息量是随机变量间独立的自然测量。事实上它等效于联合密度 $f(y)$ 和边缘密度乘积之间的著名 Kullback-Leibler 分散。它为零，当且仅当变量统计独立。

② 互信息量定义的 ICA

既然互信息量是随机变量独立性的信息理论测量法，我们就可以用它作为寻找 ICA 变换的判句。

(5) 极大似然估计

一个更常用的估计 ICA 模型的方法是极大似然估计，它与信息极大原理密切相关。

① 信息极大原理

假设 x 是输入，输出的格式是一些非线性尺度函数，w_i 是神经元的权向量。使输出的熵最大化：

$$L_2 = H(\phi_1(w_1^T x), \cdots, \phi_n(w_n^T x))$$

如果选择得当，这个框架也能够估计 ICA 模式。可以证明网络熵最大化或信息极大原理，相当于极大似然估计。显然极大似然估计 ICA 的原理就是求解神经网络输出的最大熵，也是一个最优化问题。

② 极大似然估计与互信息量的联系

为了考察极大似然估计和互信息量间的联系，考虑对数似然的期望：

$$\frac{1}{T} E\{L\} = \sum_{i=1}^{n} E\{\log f_i(w_i^T x)\} + \log |\det W|$$

4) 快速 ICA 算法

(1) ICA 预处理

一些非常有用的预处理是

① 中心化(Centering)

最基本的和必须的预处理是给 x 定中心。

② 白化(Whitening)

一个最普通的白化方法是用协方差矩阵特征值分解。

③ 进一步预处理(Further Preprocessing)

ICA 获取数据的成功非常依赖于某些应用相关的预处理步骤。

(2) 快速 ICA

FastICA 算法的基本格式是

① 选择初始权向量 w(可以随机选择)，设置收敛误差。

② 计算 $w_{n+1}^+ = E\{x g(w_n^T x)\} - E\{g'(w_n^T x)\} w_n$。

③ 计算,即归一化 $w_{n+1} = w_{n+1}^+ / \| w_{n+1}^+ \|$。

④ 判断 w 的收敛性:$\| w_{n+1} \pm w_n \|$ 是否大于或小于。如果小于则收敛,否则重复②,③,④步。

⑤ 收敛结果可能是 $-w$ 或 $+w$,又一次说明了独立成分的强度不能唯一重构。

本章小结

本章内容主要介绍了信号分析和信息处理的目的和方法,使读者对信号的分析与处理这部分知识有了深刻的认识。首先,在研究连续信号的时域分解时,本章在用经典法求解微分方程的基础上,讨论零输入响应,零状态响应的求解。在引入系统的冲激响应之后零状态响应等于冲激响应与激励的卷积积分。接着,本章讨论了 Z 变换分析法。Z 变换的作用类似于连续系统分析中的拉普拉斯变换,它将描述系统的差分方程变换为代数方程,而且代数方程中包括了系统的初始状态,从而能求得系统的零输入响应和零状态响应以及全响应。

第4章 电子系统工程分析方法与EDA工具

4.1 概述

电子系统分析是电子科学与技术中研究元器件和电路的重要内容。电子系统分析主要的概念包括模型、建模和仿真。模型是仿真的基础,仿真是模型分析的工具。注意,仿真分析并不是简单的计算,而是重要的应用方法和工具。

电子系统分析不仅涉及电子技术本身,还与测量与测试技术、基本物理概念等直接相关,同时,不同应用领域提供的知识树也是电子系统分析的重要基础。

由于电子系统属于物理实体,所采用的加工制造方法具有一次成型的特点,因此,工程实际中的电子元器件和电路具有以下几个特征:

(1) 任何元器件或电路,都只能在相应的约束条件下正常工作;

(2) 正常工作时,元器件或电路具有相应的功能和技术性能指标;

(3) 一旦元器件或电路制作完成,所有的功能和技术指标就只能限制在一定的范围内,一般情况下难以更改。

这些特征是分析电子系统的基础,对电子系统的分析具有十分重要的意义。

4.1.1 电子系统中的模型概念

在工程实际中,系统分析的目的是要解决如下问题:

(1) 元器件和电路所具有的功能;

(2) 元器件和电路的性能指标;

(3) 元器件和电路的指标调整方法。

解决上述问题的基础就是建立正确的电子系统的模型。因此,在电子科学与技术的研究中,最关心的问题就是研究对象的模型。特别是在应用电子系统的设计中,建立系统模型是分析器件、子系统的首要任务。

所谓模型,就是对研究对象的描述,也可以是数学描述。模型与实际系统的区别,就在于模型突出了研究者关心的部分。

1. 模型的作用

任何一个元器件或电路,都是为了完成某一个工程目标而设计的。例如放大器,设计目标就是把弱电压或电流信号放大到所需要的幅度。为了完成相应的功能,元器件或电路需要具有相应的技术性能指标。

正常工作是指元器件或电路处于所给定功能或性能技术指标的工作状态。

从分析的角度看,在分析一个给定的元器件或电路时,首先要确定元器件和电路的约束条件,这些约束条件是建立器件或电路模型的基础。约束条件包括外部约束条件和内部约束条件。

外部约束条件是指元器件或电路正常工作时所需要的外部环境,例如环境温度范围、电源电压范围、对其他电路或元器件的连接要求等。表4.1给出了常见的外部约束条件。

内部约束条件是指电子元器件或电路的某些技术指标,例如双极型三极管的电流放大倍数、数字电路的扇出系数(输出端能连接其他数字电路的个数)。在应用电子元器件或应用电子系统进行设计时,内部条件是必须遵守的技术条件。

表 4.1 器件或系统设计中需要考虑的外部约束条件

性 质	约束条件	使 用 场 合
物理	温度	所有场合
	湿度	需要考虑环境湿度,例如工程、库房等
	功率损耗	所有场合
	震动	会出现颠簸的场合,例如车载设备、机载设备
	支撑强度	会出现震动或需要承受压力的场合,例如需要设备叠加
	体积	使用环境提出限制的场合
	重量	对重量有特殊要求或便携设备
	单方向尺寸	对外观尺寸有限制的场合
	使用寿命	所有应用领域
	光照	使用光敏感器件的场合
	雷电	户外设备或天线设备
	工作方式	设计要求连续或断续的场合
化学	腐蚀	化工设备中的电子系统、汽车电子
	气体	使用气敏传感器或有腐蚀性气体的场合
信号	频率	所有电路应用领域
	信号电压	所有电路应用领域
	输出驱动	所有电路应用领域
	电源波动	所有电路应用领域
	波形	指定波形要求的场合
	线性	模拟电路
	时变	所有电路应用领域
	连续工作	一般电子系统
	断续工作	特殊要求的场合

2. 电路模型的基本概念

所谓电路模型,是指用相应的电路元器件、结构和参数描述实际电子元器件或系统。建立电路模型的目的是为了对实际电路进行描述、分析和设计。对于具有半导体元器件的电路来说,无论是简单电路还是复杂电路,模型都是分析的基础,更是仿真的基础。可以说,没有模型就无法对电路进行特性分析,就无法给出设计的技术要求,就无法对电路进行定量分析和精确计算。模型不仅是工程技术领域的重要概念,也是工程技术中的重要分析方法。

众所周知,任何电子器件都有其本身固有的特性,因此,由这些电子器件组成的电路的工作状态将会受到一系列条件的约束。在这些约束条件中,既有器件本身的因素(如半导体二极管、三极管本身的特征),又有电路的因素(电路中的电参量要符合欧姆定律和基尔霍夫定律等);既有已知的,又有未知的(比如尚不完全清楚影响电路速度的因素及其关系);约束条件又可能是变化的,在某一情况下对电路工作状态起决定作用的条件,在另一种情况下,将可能变为起次要作用的条件了。

任何电路模型都是在一定约束条件下建立的。对于模拟电路来说,所谓基本约束条件是指建立模型的前提条件,也就是在什么条件下建立的模型。其中 5 个主要的电子系统建模约束如下。

1) 线性时不变条件

由于模拟电路的核心是半导体器件,而半导体器件最明显的特征就是非线性,所以,一个重要的约束条件就是对模型的线性化要求。同时,为了能定量计算电路的参数和物理量,要求电路的结构不能随时间变化,这实际上也是要求电路的参数不能随时间变化。因此,时不变是对模型的另一个重要约束条件。

2) 温度条件

对于电路来说,由于组成电路的元件,特别是半导体元件,都具有明显的温度特性,即元件的电学参数的数值与温度有关。不同温度下的元件电学参数的数值会不同,从而可能会引起模型参数的变化。因此,温度对电路参数具有十分重要的意义。

3) 频率条件

从物理学和频率分析的角度看,任何一个电路都具有相应的频率特性。比如电子电路的频率特性在高频、中频和低频区各不相同。约束条件决定电路的特性,因此了解电路的约束条件是正确分析电路的前提。例如,运算放大器采用理想化模型是有条件的,条件是低频小信号。如果当电路的工作频率超过运算放大器的上限截止频率时,在大信号激励下,运算放大器将进入强非线性状况,此时若对运算放大器仍采用理想化模型来处理,结论一定不符合实际。图 4.1 给出了 MOS 管的交流小信号的模型。

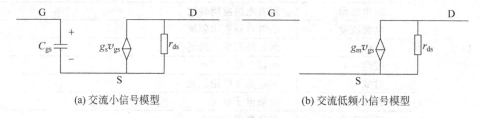

图 4.1 MOS 管交流小信号模型

4) 功率条件

功率条件表明了电路的基本输出能力,是电路的重要特征,也是电路模型的一个重要约束条件。在电路的理论和技术中,功率是一个重要的特征,是电路的一个重要参数。根据电路理论,各种不同的电路,特别是具有半导体器件的电路,总可以等效为具有受控源的电路。

因此,在什么条件下受控源具有模型所提供的参数和功能,直接与功率有关。在建立模型时必须指出相应的功率输出条件。

5) 静态工作条件

静态工作点是电路的一个重要特征,特别是半导体器件电路和集成电路。例如,三极管有三个电极,分别为集电极、基极和发射极,三极管工作在放大状态的外部条件是加上合适的偏置工作电压,保证三极管发射极电压小于基极电压、小于集电极电压,放大电路中设置静态工作点的目的就是为了让放大器工作在放大状态(发射结正偏,集电结反偏),使得输出波形不失真,如果静态工作点设置不合适输出波形就会出现饱和或截止失真,这是我们所不希望发生的。

4.1.2 电子系统常用 EDA 工具简介

20 世纪 90 年代,国际上电子和计算机技术较先进的国家,一直在积极探索新的电子电路设计方法,并在设计方法、工具等方面进行了彻底的变革,取得了巨大成功。在电子技术设计领域,可编程逻辑器件(如 CPLD、FPGA)的应用,已得到广泛的普及,这些器件为数字系统的设计带来了极大的灵活性。这些器件可以通过软件编程对其硬件结构和工作方式进行重构,从而使得硬件的设计可以如同软件设计那样方便快捷。这一切极大地改变了传统的数字系统设计方法、设计过程和设计观念,促进了 EDA 技术的迅速发展。EDA 技术就是以计算机为工具,设计者在 EDA 软件平台上,用硬件描述语言 VHDL 完成设计文件,然后由计算机自动地完成逻辑编译、化简、分割、综合、优化、布局、布线和仿真,直至对于特定目标芯片的适配编译、逻辑映射和编程下载等工作。EDA 技术的出现,极大地提高了电路设计的效率和可操作性,减轻了设计者的劳动强度。利用 EDA 工具,电子设计师可以从概念、算法、协议等开始设计电子系统,大量工作可以通过计算机完成,并可以将电子产品从电路设计、性能分析到设计出 IC 版图或 PCB 版图的整个过程在计算机上自动处理完成。现在对 EDA 的概念或范畴用得很宽,包括在机械、电子、通信、航空航天、化工、矿产、生物、医学、军事等各个领域,都有 EDA 的应用。例如在飞机制造过程中,从设计、性能测试及特性分析直到飞行模拟,都可能涉及 EDA 技术。

4.2 电子系统分析设计的目标与内容

4.2.1 电子系统分析的目标

电子系统的分析,不仅是电子科学与技术的重要研究内容,也是应用电子技术的重要方法。要分析电子系统,首先要明确为什么要分析,以及要得到什么结果。从工程技术的角度看,可以把电子系统的分析目标分为确定行为特性、确定工作原理、确定技术指标和确定验证方法等四项基本内容。

1. 确定行为特性

电路元器件和系统的行为特性是应用的基础。在电子科学与技术的研究中,如何满足电子系统的行为特性设计要求,是研究的基本目标和核心之一。在应用电子技术中,电子系统的行为特性是选择元器件与电路结构的基本要求之一。同时,行为分析也是电路综合与设计的基础。因此,对于已经设计完成的电子系统必须首先确定其行为特性,以便确认电子系统所具有的功能和技术性能,由此才能确定分析对象在电路系统中所起到的作用。

2. 确定工作原理

通过原理分析,可以了解电子系统的本质。所以,确定电子系统的工作原理是电子系统分析的重要内容和目标。所谓确定工作原理,就是能够依据行为特性分析所建立的模型,提出电子系统的物理工作模式,从而得到电子系统所谓的基本工作原理,包括所使用的基本理论、结构、相互作用与影响、信号处理的过程与处理方法等。

实际上,由于行为特性代表了电子系统的基本特征,因此,根据电子系统行为特性模型分析和总结电子系统的工作原理,是一个研究与分析的过程,是对电子系统的更深刻的认识,更是新的发明创造的基础。

3. 确定技术指标

行为特性分析建立了电子系统的基本模型,工作原理提供了基本工作模式和物理特征,这两个分析结果提供了技术指标的具体要求。为了满足行为特性,电子系统的技术指标必须满足一定的要求,例如电源电压的范围、材料的电气特性、具体的频率范围等。因此,确定技术指标,就是要根据技术指标的分析与测试,来确定所分析的电子系统能否实现所确定的行为特性,能否满足工作原理的要求。对于已经设计好的电子系统来说,其行为特性和工作原理的保障就是各项技术指标。因此,电子系统分析的重要目标之一就是确定系统的技术指标。

4. 确定验证方法

验证的目的是检查电子系统是否与设计目标一致。无论是设计电子系统还是应用电子系统,都需要确定基本的验证方法。所谓验证方法,就是通过理论分析和实际测量,检验并证明电子系统的行为特性、工作原理和技术指标的观察和方法。在电子科学与技术的研究方法中,验证方法是一个十分重要的研究内容,特别是对于元器件结构、材料特性及复杂系统的研究,如何确定验证方法更是一个十分重要的内容。

4.2.2 电子系统分析的基本内容

从理论上看,电子系统分析技术的内容可以归结为建模与模型分析。达到分析目标的有效技术就是模型分析中的行为特性分析和参数分析。

需要指出的是,电子系统(特别是电子元器件)都具有非线性和时变性的技术特征,如果在分析中考虑非线性和时变性,会使电子系统的分析变得十分复杂,甚至无法得出结论。另一方面,电子元器件在一定的电压、电流和时间范围内,又可以被看成是线性的和非时变的,这时可以认为电子元器件具有 LTI 特性,所以分析时要考虑如下几个方面。

1. 元器件建模与分析

根据所提供的元器件的物理或电路结构,建立相应的物理模型和分析模型(行为特性和参数特性),是分析电子系统的主要内容。建模的目的是对电子系统进行有效而简单的描述,为进一步分析奠定基础。

2. 电路建模与分析

根据具体的电路结构,建立相应的电路模型和分析模型,这是建立在元器件模型之上的,也是电子系统的模型分析基础。电路分析的结果可以提供系统工作条件及系统的基本行为特性和工作原理。同时,电路分析也是验证方法的设计基础之一。电路建模的另一个重要作用就是提供电路工作原理和研究基础。

3. 系统建模与分析

系统分析是对电子系统的理论进行抽象分析,目的是对电子系统进行精确的理论描述,从而在元器件和电路分析所建立的模型基础上,确定电子系统的精确工作特性。系统建模的另一个作用是为分析电子系统的理论基础正确与否提供依据。在电子系统设计中,如果系统的理论基础发生错误,则系统就不能实现。因此,系统建模分析的意义就在于证明了系统可以实现并能正常工作。因此,系统建模与分析也是验证方法的基础之一。

4.2.3 电子系统分析的基本方法

电子系统分析的基本方法是分层分析,所采用的基本分析工具是CAD仿真分析工具。在对电子系统进行分析时,可把系统分为系统级、电路级、器件级。

1. 系统级分析方法

电子系统的系统级分析方法,属于行为建模方法。这种方法的特点是能够快速建立系统的行为特性,确定系统行为模型。行为建模不涉及电子系统实现的具体方法(例如物理实现、数学实现等),也不涉及所使用的具体电路和元器件。因此,行为建模方法属于理论分析建模方法,重点是电子系统行为特性的描述。

行为级模型往往是描述系统的动力学方程或方程组。行为级模型的建模和仿真分析一般采用通用的建模和仿真工具。目前电子系统中广泛采用的是 Matlab、Systemview、Math 等软件工具。

2. 电路级分析方法

电路级分析采用电路分析模型的方法,就是根据实际电路或设计要求建立电路模型,通过对电路模型的分析,得到电路的行为特性和有关指标的参数特性。

电路级分析的重点是建立电路模型,通过建立电路模型及对电路模型的分析,得到电路的基本工作原理和相关指标,并确定具体的测试验证方法。

电路级分析所涉及的基础理论包括物理电学、基本电磁理论、电路分析理论及信号与系统理论。

电路级建模和仿真分析一般采用专用的电子系统仿真分析工具,目前电子系统分析中广泛使用的电路级仿真分析工具包括 Mutisim、Orcad 以及 Spice/Pspice 等。

3. 器件级分析方法

器件级分析采用物理模型和电路模型分析方法。所谓物理模型就是根据器件的实际物理结构,构建电子元器件的基本电路模型,进而得到电子元器件的行为特性和相关的电路参数。

器件级分析所涉及的基础理论包括半导体物理学、物理电学、基本电磁理论、电路分析理论、信号与系统分析理论。

器件级建模与仿真分析一般采用专用的电子仿真分析工具,其中包括电路及仿真分析所使用的基本工具,同时,对于半导体器件,还使用有关集成电路设计和仿真工具,例如 Tanner Pro。

4.3 数字逻辑电路设计工具

4.3.1 数字逻辑电路的基本特征

数字电子电路中的后起之秀是数字逻辑电路。把它叫做数字电路是因为电路中传递的虽然也是脉冲,但这些脉冲是用来表示二进制数码的,例如用高电平表示"1",低电平表示"0"。声音图像文字等信息经过数字化处理后变成了一串串电脉冲,它们被称为数字信号。能处理数字信号的电路就称为数字电路。

这种电路同时又被叫做逻辑电路,那是因为电路中的"1"和"0"还具有逻辑意义,例如逻辑"1"和逻辑"0"可以分别表示电路的接通和断开、事件的是和否、逻辑推理的真和假等。电路的输出和输入之间是一种逻辑关系。这种电路除了能进行二进制算术运算外还能完成逻辑运算和具有逻辑推理的能力,所以才把它叫做逻辑电路。

由于数字逻辑电路有易于集成、传输质量高、有运算和逻辑推理能力等优点,因此被广泛用于计算机、自动控制、通信、测量等领域。一般家电产品中,如定时器、告警器、控制器、电子钟表、电子玩具等都要用数字逻辑电路。

数字逻辑电路的第一个特点是为了突出"逻辑"两个字,使用的是独特的图形符号。数字逻辑电路中有门电路和触发器两种基本单元电路,它们都是以晶体管和电阻等元件组成的。但在逻辑电路中我们只用几个简化了的图形符号去表示它们,而不画出它们的具体电路,也不管它们使用多高电压,是 TTL 电路还是 CMOS 电路等。按逻辑功能要求把这些图形符号组合起来画成的图就是逻辑电路图,它完全不同于一般的放大振荡或脉冲电路图。

数字电路中有关信息是包含 0 和 1 的数字组合内的,所以只要电路能明显地区分开 0 和 1,0 和 1 的组合关系没有破坏就行,脉冲波形的好坏我们是不大理会的。所以数字逻辑电路的第二个特点是我们主要关心它能完成什么样的逻辑功能,较少考虑它的电气参数性能等问题。也因为这个原因,数字逻辑电路中使用了一些特殊的表达方法如真值表、特征方程等,还使用一些特殊的分析工具如逻辑代数、卡诺图等,这些也都与放大振荡电路不同。

1. 门电路和触发器

1) 门电路

门电路可以看成是数字逻辑电路中最简单的元件。目前有大量集成化产品可供选用。

最基本的门电路有 3 种：非门、与门和或门。非门就是反相器，它把输入的 0 信号变成 1，1 变成 0。这种逻辑功能叫"非"，如果输入是 A，输出写成 $P=\overline{A}$。与门有两个以上输入，它的功能是当输入都是 1 时，输出才是 1。这种功能也叫逻辑乘，如果输入是 A、B，输出写成 $P=A \cdot B$。或门也有两个以上输入，它的功能是输入有一个 1 时，输出就是 1。这种功能也叫逻辑加，输出就写成 $P=A+B$。

把这三种基本门电路组合起来可以得到各种复合门电路，如与门加非门成与非门，或门加非门成或非门。图 4.2(a)和(b)分别是它们的图形符号和真值表。此外还有与或非门、异或门等。

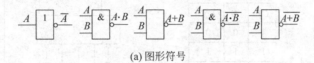

(a) 图形符号

入\出	非	与	或	与非	或非
$A \quad B$	$\overline{A}$	$A \cdot B$	$A+B$	$\overline{A \cdot B}$	$\overline{A+B}$
0 0	1	0	0	1	1
0 1	1	0	1	1	0
1 0	0	0	1	1	0
1 1	0	1	1	0	1

(b) 真值表

图 4.2 图形符号真值表

数字集成电路有 TTL、HTL、CMOS 等多种，所用的电源电压和极性也不同，但只要它们有相同的逻辑功能，就用相同的逻辑符号。而且一般都规定高电平为 1、低电平为 0。

2) 触发器

触发器实际上就是脉冲电路中的双稳电路，它的电路和功能都比门电路复杂，它也可看成是数字逻辑电路中的元件。目前也已有集成化产品可供选用。常用的触发器有 D 触发器和 J-K 触发器。

D 触发器有一个输入端 D 和一个时钟信号输入端 CP，为了区别在 CP 端加有箭头。它有两个输出端，一个是 Q，一个是 $\overline{Q}$，加有小圈的输出端是 $\overline{Q}$ 端。另外它还有两个预置端 R_D 和 S_D，平时正常工作时要 R_D 和 S_D 端都加高电平 1，如果使 $R_D=1$(S_D 仍为 1)，则触发器被置成 $Q=0$；如果使 $S_D=0$($R_D=1$)，则被置成 $Q=1$。因此 R_D 端称为置 0 端，S_D 端称为置 1 端。D 触发器的逻辑符号见图 4.3(a)，图中 Q、D、S_D 端画在同一侧；$\overline{Q}$、R_D 画在另一侧。R_D 和 S_D 都带小圆圈，表示要加上低电平才有效。

D 触发器是受 CP 和 D 端双重控制的，CP 加高电平 1 时，它的输出和 D 的状态相同。

如 $D=0$,CP 来到后,$Q=0$;如 $D=1$,CP 来到后,$Q=1$。CP 脉冲起控制开门作用,如果 $CP=0$,则不管 D 是什么状态,触发器都维持原来状态不变。这样的逻辑功能画成表格就称为功能表或特性表,见图 4.3(b)。表中 Q_{n+1} 表示加上触发信号后变成的状态,Q_n 是原来的状态。"X"表示是 0 或 1 的任意状态。

有的 D 触发器有几个 D 输入端:D_1、D_2、…它们之间是逻辑与的关系,也就是只有当 D_1、D_2、…都是 1 时,输出端 Q 才是 1。

另一种性能更完善的触发器叫 J-K 触发器。它有两个输入端:J 端和 K 端,一个 CP 端,两个预置端:R_D 端和 S_D 端,以及两个输出端:Q 和 $\overline{Q}$ 端。它的逻辑符号见图 4.4(a)。J-K 触发器是在 CP 脉冲的下降沿触发翻转的,所以在 CP 端画一个小圆圈以示区别。图中,J、S_D、Q 画在同一侧,K、R_D、$\overline{Q}$ 画在另一侧。

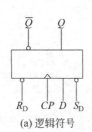

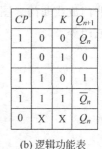

图 4.3 D 触发器的逻辑符号和逻辑功能表   图 4.4 J-K 触发器的逻辑符号和逻辑功能表

J-K 触发器的逻辑功能见图 4.4(b)。有 CP 脉冲时(即 $CP=1$):J、K 都为 0,触发器状态不变;$Q_{n+1}=Q_n$,$J=0$、$K=1$,触发器被置 0:$Q_{n+1}=0$;$J=1$、$K=0$,$Q_{n+1}=1$;$J=1$、$K=1$,触发器翻转一下:$Q_{n+1}=\overline{Q_n}$。如果不加时钟脉冲,即 $CP=0$ 时,不管 J、K 端是什么状态,触发器都维持原来状态不变:$Q_{n+1}=Q_n$。有的 J-K 触发器同时有好几个 J 端和 K 端,J_1、J_2、…和 K_1、K_2、…之间都是逻辑与的关系。有的 J-K 触发器是在 CP 的上升沿触发翻转的,这时它的逻辑符号图的 CP 端就不带小圆圈。也有的时候为了使图更简洁,常常把 R_D 和 S_D 端省略不画。

2. 编码器和译码器

能够把数字、字母变换成二进制数码的电路称为编码器。反过来能把二进制数码还原成数字、字母的电路就称为译码器。

1) 编码器

图 4.5(a)是一个能把十进制数变成二进制码的编码器。一个十进制数被表示成二进制码必须 4 位,常用的码是使从低到高的每一位二进制码相当于十进制数的 1、2、4、8,这种码称为 8-4-2-1 码或简称 BCD 码。所以这种编码器就称为"10 线-4 线编码器"或"DEC/BCD 编码器"。

从图 4.5(a)看到,它是由与非门组成的。有 10 个输入端,用按键控制,平时按键悬空相当于接高电平 1。它有 4 个输出端 ABCD,输出 8421 码。如果按下"1"键,与"1"键对应的线被接地,等于输入低电平 0,于是门 D 输出为 1,整个输出成 0001。

如按下"7"键,则 B 门、C 门、D 门输出为 1,整个输出成 0111。如果把这些电路都做在

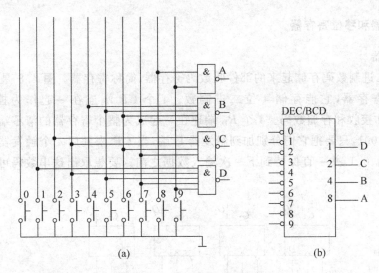

图 4.5 10 线-4 线编码器

一个集成片内,便得到集成化的 10 线-4 线编码器,它的逻辑符号见图 4.5(b)。左侧有 10 个输入端,带小圆圈表示要用低电平,右侧有 4 个输出端,从上到下按从低到高排列。使用时可以直接选用。

2) 译码器

要把二进制码还原成十进制数就要用译码器。它也是由门电路组成的,现在也有集成化产品供选用。图 4.6 是一个 4 线-10 线译码器。它的左侧为 4 个二进制码的输入端,右侧有 10 个输出端,从上到下按 0、1、…、9 排列表示 10 个十进制数。输出端带小圆圈表示低电平有效。平时 10 个输出端都是高电平 1,如输入为 1001 码,输出"9"端为低电平 0,其余 9 根线仍为高电平 1,这表示"9"线被译中。

如果要想把十进制数显示出来,就要使用数码管。现以共阳极发光二极管(LED)七段数码显示管为例,它有七段发光二极管,如每段都接低电平 0,七段都被点亮,显示出数字"8";如 b、c 段接低电平 0,其余都接 1,显示的是"1"。可见要把十进制数用七段显示管显示出来还要经过一次译码。如果使用"4 线-7 线译码器"和显示管配合使用,就很简单,输入二进制码可直接显示十进制数,见图 4.7。译码器左侧有 4 个二进制码的输入端,右侧有 7 个输出可直接和数码管相连。左上侧另有一个灭灯控制端 I_B,正常工作时应加高电平 1,如不需要这位数字显示就在 I_B 上加低电平 0,就可使这位数字熄灭。

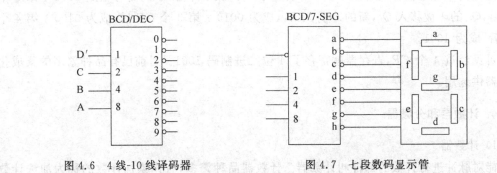

图 4.6 4 线-10 线译码器   图 4.7 七段数码显示管

3. 寄存器和移位寄存器

1) 寄存器

能够把二进制数码存储起来的部件叫数码寄存器,简称寄存器。图 4.8 是用 4 个 D 触发器组成的寄存器,它能存储 4 位二进制数。4 个 CP 端连在一起作为控制端,只有 $CP=1$ 时它才接收和存储数码。4 个 R_D 端连在一起成为整个寄存器的清零端。如果要存储二进制码 1001,只要把它们分别加到触发器 D 端,当 CP 来到后 4 个触发器从高到低分别被置成 1、0、0、1,并一直保持到下一次输入数据之前。要想取出这串数码可以从触发器的 Q 端取出。

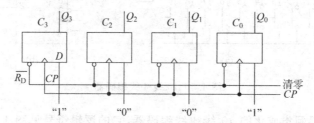

图 4.8 4 个 D 触发器组成的寄存器

2) 移位寄存器

有移位功能的寄存器叫移位寄存器,它可以是左移的、右移的,也可是双向移位的。

图 4.9 是一个能把数码逐位左移的寄存器。它和一般寄存器不同的是:数码是逐位串行输入并加在最低位的 D 端,然后把低位的 Q 端连到高一位的 D 端。这时 CP 称为移位脉冲。

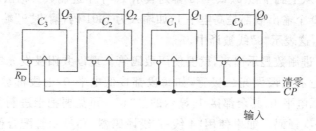

图 4.9 移位寄存器

先从 R_D 端送低电平清零,使寄存器成 0000 状态。假定要输入的数码是 1001,输入的次序是先高后低逐位输入。第 1 个 CP 后,1 被打入第 1 个触发器,寄存器成 0001;第 2 个 CP 后,Q_0 的 1 被移入 Q_1,新的 0 打入 D_1,成为 0010;第 3 个 CP 后,成为 0100;第 4 个 CP 后,成为 1001。

可见经过 4 个 CP,寄存器就寄存了 4 位二进制码 1001。目前已有品种繁多的集成化寄存器供选用。

4. 计数器和分频器

1) 计数器

能对脉冲进行计数的部件叫计数器。计数器品种繁多,有作累加计数的称为加法计数器,有作递减计数的称为减法计数器;按触发器翻转来分又有同步计数器和异步计数器;按数制来分又有二进制计数器、十进制计数器和其他进位制的计数器等。

现举一个最简单的加法计数器为例,如图 4.10 所示。它是一个十六进制计数器,最大计数值是 1111,相当于十进制数 15。需要计数的脉冲加到最低位触发器的 CP 端上,所有的 J、K 端都接高电平 1,各触发器 Q 端接到相邻高一位触发器的 CP 端上。J-K 触发器的特性表告诉我们:当 $J=1$、$K=1$ 时来一个 CP,触发器便翻转一次。在全部清零后,①第 1 个 CP 后沿,触发器 C_0 翻转成 $Q_0=1$,其余 3 个触发器仍保持 0 态,整个计数器的状态是 0001。②第 2 个 CP 后沿,触发器 C_0 又翻转成 $Q_0=0$,C_1 翻转成 $Q_1=1$,计数器成 0010。直到第 15 个 CP 后沿,计数器成 1111。可见这个计数器确实能对 CP 脉冲计数。

2) 分频器

计数器的第一个触发器是每隔两个 CP 送出一个进位脉冲,所以每个触发器就是一个 2 分频的分频器,十六进制计数器就是一个 16 分频的分频器。

为了提高电子钟表的精确度,普遍采用的方法是用晶体振荡器产生 32 768Hz 标准信号脉冲,经过 15 级 2 分频处理得到 1Hz 的秒信号。因为晶体振荡器的准确度和稳定度很高,所以得到的秒脉冲信号也是精确可靠的。把它们做到一个集成片上便是电子手表专用集成电路产品(如图 4.11 所示)。

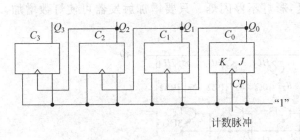

图 4.10 十六进制加法计数器

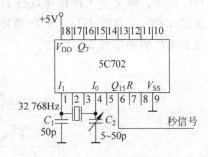

图 4.11 2 分频器

5. 数字逻辑电路读图要点和举例

数字逻辑电路的读图步骤和其他电路是相同的,只是在进行电路分析时处处要用逻辑分析的方法。读图时要:①先大致了解电路的用途和性能。②找出输入端、输出端和关键部件,区分开各种信号并弄清信号的流向。③逐级分析输出与输入的逻辑关系,了解各部分的逻辑功能。④最后统观全局得出分析结果。

例 4-1 三路抢答器。

图 4.12 是智力竞赛用的三路抢答器电路。裁判按下开关 S_{A4},触发器全部被置零,进入准备状态。这时 $\overline{Q}_1 \sim \overline{Q}_3$ 均为 1,抢答灯不亮;门 1 和门 2 输出为 0,门 3 和门 4 组成的音频振荡器不振荡,扬声器无声。

竞赛开始,假定 1 号台抢先按下 S_{A1},触发器 C_1 翻转成 $Q_1=1$、$\overline{Q}_1=0$。于是:①门 2 输出为 1,振荡器振荡,扬声器发声;②HL_1 灯点亮;③门 1 输出为 1,这时 2 号、3 号台再按开关也不起作用。裁判宣布竞赛结果后,再按一下 S_{A4},电路又进入准备状态。

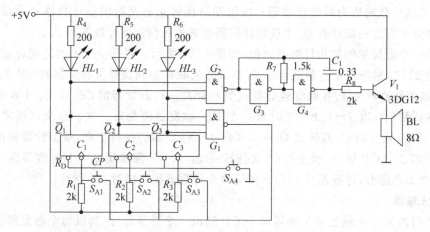

图 4.12　例 4-1 图

例 4-2　彩灯追逐电路。

图 4.13 是 4 位移位寄存器控制的彩灯电路。开始时按下 SA，触发器 $C_1 \sim C_4$ 被置成 1000，彩灯 HL_1 被点亮。CP 脉冲来到后，寄存器移 1 位，触发器 $C_1 \sim C_4$ 成 0100，彩灯 HL_2 点亮。第 2 个 CP 脉冲点亮 HL_3，第 3 个点亮 HL_4，第 4 个 CP 又把触发器 $C_1 \sim C_4$ 置成 1000，又点亮 HL_1。如此循环往复，彩灯不停闪烁。只要增加触发器可使灯数增加，改变 CP 的频率可变化速度。

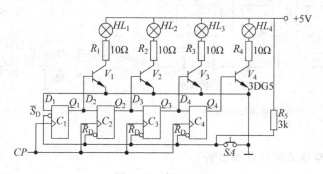

图 4.13　例 4-2 图

6. 555 集成时基电路的特点

555 集成电路开始出现时是作为定时器应用的，所以叫做 555 定时器或 555 时基电路。但是后来经过开发，它除了作定时延时控制外，还可以用于调光、调温、调压、调速等多种控制以及计量检测等作用；还可以组成脉冲振荡、单稳、双稳和脉冲调制电路，作为交流信号源以及完成电源变换、频率变换、脉冲调制等用途。由于它工作可靠、使用方便、价格低廉，因此目前被广泛用于各种小家电中。

555 集成电路内部有几十个元器件，有分压器、比较器、触发器、输出管和放电管等，电路比较复杂，是模拟电路和数字电路的混合体。它的性能和参数要在非线性模拟集成电路手册中才能查到。555 集成电路是 8 脚封装，图 4.14(a)是双列直插型封装，按输入输出的排列可画成图 4.14(b)。其中 6 脚称阈值端(TH)，是上比较器的输入。2 脚称触发端

($\overline{TR}$),是下比较器的输入。3 脚是输出端(V_o),它有 0 和 1 两种状态,它的状态是由输入端所加的电平决定的。7 脚的放电端(DIS),它是内部放电管的输出,它也有悬空和接地两种状态,也是由输入端的状态决定的。4 脚是复位端($\overline{MR}$),加上低电平($< 0.3V$)时可使输出成低电平。5 脚称控制电压端(V_C),可以用它改变上下触发电平值。8 脚是电源,1 脚为地端。

对于初学者来说,可以把 555 电路等效成一个带放电开关的 R-S 触发器,如图 4.15(a)。经过简化,555 电路可以等效成一个触发器,它的功能表如图 4.15(b)所示。这个特殊的触发器有两个输入端;阈值端(TH)可看成是置零端 R,要求高电平;触发端($\overline{TR}$)可看成是置位端 $\overline{S}$,低电平有效。它只有 1 个输出端 V_o,V_o 可等效成触发器的 Q 端。放电端(DIS)可看成由内部的放电开关控制的一个接点,放电开关由触发器的 Q 端控制:$\overline{Q}=1$ 时 DIS 端接地;$\overline{Q}=0$ 时 DIS 端悬空。此外这个触发器还有复位端 $\overline{MR}$,控制电压端 V_C,电源端 V_{DD} 和地端 GND。

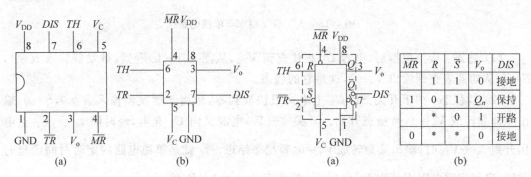

图 4.14 555 集成电路   图 4.15 特殊的 R-S 触发器

这个特殊的 R-S 触发器有两个特点:(1)两个输入端的触发电平要求一高一低,置零端 R 即阈值端 TH 要求高电平,而置低端 $\overline{S}$ 即触发端 $\overline{TR}$ 则要求低电平。(2)两个输入端的触发电平,也就是使它们翻转的阈值电压值也不同,当 V_C 端不接控制电压时,对 $TH(R)$ 端来讲,$> \frac{2}{3}V_{DD}$ 是高电平 1,$< \frac{2}{3}V_{DD}$ 是低电平 0;而对 $\overline{TR}(\overline{S})$ 端来讲,$> \frac{1}{3}V_{DD}$ 是高电平 1,$< \frac{1}{3}V_{DD}$ 是低电平 0。如果在控制端(V_C)加上控制电压 V_C,这时上触发电平就变成 V_C 值,而下触发电平则变成 $\frac{1}{2}V_C$。可见改变控制端的控制电压值可以改变上下触发电平值。

555 集成电路有双极型和 CMOS 型两种。CMOS 型的优点是功耗低、电源电压低、输入阻抗高,但输出功率较小,输出驱动电流只有几毫安。双极型的优点是输出功率大,驱动电流达 200mA,其他指标则不如 CMOS 型的。

此外还有一种 555 双时基电路,14 脚封装,内部包含有两个相同的时基电路单元。555 的应用电路很多,大体上可分为 555 单稳、555 双稳和 555 无稳三类。555 单稳电路有一个稳态和一个暂稳态。555 的单稳电路是利用电容的充放电形成暂稳态的,因此它的输入端都带有定时电阻和定时电容。常见的 555 单稳电路有两种。

1)人工启动型单稳

将 555 电路的 6 端、2 端并接起来接在 RC 定时电路上,在定时电容 C_T 两端接按钮开

关 SB，就成为人工启动型 555 单稳电路，如图 4.16(a)所示。用等效触发器替代 555，并略去与单稳工作无关的部分后画成等效图，如图 4.16(b)所示。下面分析它的工作。

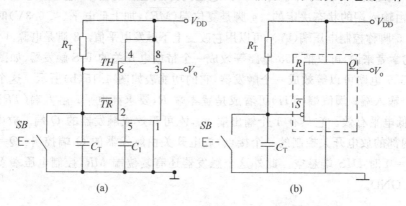

图 4.16 人工启动型 555 单稳电路

(1) 稳态：接上电源后，电容 C_T 很快充到 V_{DD}，从图 4.16(b)看到，触发器输入 $R=1$，$\overline{S}=1$，从功能表查到输出 $V_o=0$，这是它的稳态。

(2) 暂稳态：按下开关 SB，C_T 上电荷很快放到零，相当于触发器输入 $R=0$，$\overline{S}=0$，输出立即翻转成 $V_o=1$，暂稳态开始。开关放开后，电源又向 C_T 充电，经时间 t_d 后，C_T 上电压升到 $>\frac{2}{3}V_{DD}$ 时，输出又翻转成 $V_o=0$，暂稳态结束。t_d 就是单稳电路的定时时间或延时时间，它和定时电阻 R_T 和定时电容 C_T 的值有关，$t_d=1.1R_TC_T$。

2) 脉冲启动型单稳

把 555 电路的 6 端、7 端并接起来接到定时电容 C_T 上，用 2 端作输入就成为脉冲启动型单稳电路，如图 4.17(a)所示。电路的 2 端平时接高电平，当输入接低电平或输入负脉冲时才启动电路。用等效触发器替代 555 电路后可画成图 4.17(b)。这个电路利用放电端使定时电容能快速放电。下面分析它的工作状态。

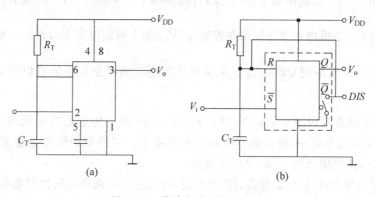

图 4.17 脉冲启动型单稳电路

(1) 稳态：通电后，$R=1$，$\overline{S}=1$，输出 $V_o=0$，DIS 端接地，C_T 上电压为 0，即 $R=0$，输出仍保持 $V_o=0$，这是它的稳态。

(2) 暂稳态：输入负脉冲后，输入 $\overline{S}=0$，输出翻转成 $V_o=1$，DIS 端开路，电源通过 R_T

向 C_T 充电,暂稳态开始。经过 t_d 后,C_T 上电压升到 $>\frac{2}{3}V_{DD}$,这时负脉冲已经消失,输入又成为 $R=1,\bar{S}=1$,输出又翻转成 $V_o=0$,暂稳态结束。这时内部放电开关接通,DIS 端接地,C_T 上电荷很快放到零,为下一次定时控制做准备。电路的定时时间 $t_d=1.1R_T C_T$。

这两种单稳电路常用作定时延时控制。

7. 555 双稳电路

常见的 555 双稳电路有两种。

1) R-S 触发器型双稳电路

把 555 电路的 6 端、2 端作为两个控制输入端,7 端不用,就成为一个 R-S 触发器。要注意的是两个输入端的电平要求和阈值电压都不同,如图 4.18(a)所示。有时可能只有一个控制端,这时另一个控制端要设法接死,根据电路要求可以把 R 端接到电源端,如图 4.18(b)所示,也可以把 S 端接地,用 R 端作输入。

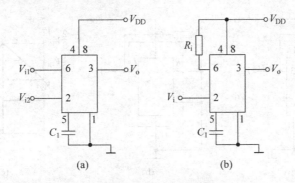

图 4.18 R-S 触发器型双稳电路

有两个输入端的双稳电路常用作电机调速、电源上下限告警等用途,有一个输入端的双稳电路常作为单端比较器用作各种检测电路。

2) 施密特触发器型双稳电路

把 555 电路的 6 端、2 端并接起来成为只有一个输入端的触发器,如图 4.19(a)所示。这个触发器因为输出电压和输入电压的关系是一个长方形的回线形,如图 4.19(b)所示,所以被称为施密特触发器。从曲线看到,当输入 $V_i=0$ 时输出 $V_o=1$。当输入电压从 0 上升

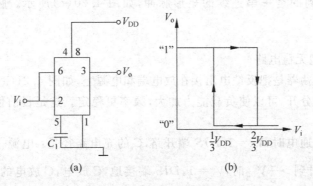

图 4.19 施密特触发器型双稳电路

时,要升到 $>\frac{2}{3}V_{DD}$ 以后,V_o 才翻转成 0。而当输入电压从最高值下降时,要降到 $>\frac{1}{3}V_{DD}$ 以后,V_o 才翻转成 1。所以输出电压和输入电压之间是一个回线形曲线。由于它的输入有两个不同的阈值电压,所以这种电路被用作电子开关、各种控制电路、波形变换和整形的用途。

8. 555 无稳电路

无稳电路有两个暂稳态,它不需要外触发就能自动从一种暂稳态翻转到另一种暂稳态,它的输出是一串矩形脉冲,所以它又称为自激多谐振荡器或脉冲振荡器。555 的无稳电路有多种,这里介绍常用的 3 种。

1) 直接反馈型 555 无稳电路

利用 555 施密特触发器的回滞特性,在它的输入端接电容 C,再在输出 V_o 与输入之间接一个反馈电阻 R_f,就能组成直接反馈型多谐振荡器,如图 4.20(a)所示。用等效触发器替代 555 电路后可画成图 4.20(b)。现在来看它的振荡工作原理。

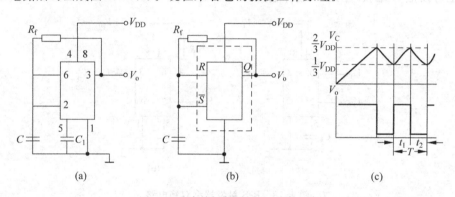

图 4.20 直接反馈型 555 无稳电路

刚接通电源时,C 上电压为零,输出 $V_o=1$。通电后电源经内部电阻、V_o 端、R_f 向 C 充电,当 C 上电压升到 $>\frac{2}{3}V_{DD}$ 时,触发器翻转 $V_o=0$,于是 C 上电荷通过 R_f 和 V_o 放电入地。当 C 上电压降到 $<\frac{1}{3}V_{DD}$ 时,触发器又翻转成 $V_o=1$。电源又向 C 充电,不断重复上述过程。由于施密特触发器有两个不同的阈值电压,因此 C 就在这两个阈值电压之间交替地充电和放电,输出得到的是一串连续的矩形脉冲,如图 4.20(c)所示。脉冲频率约为 $f=\frac{0.722}{R_f C}$。

2) 间接反馈型无稳电路

另一路多谐振荡器是把反馈电阻接在放电端和电源上,如图 4.21(a)所示,这样做使振荡电路和输出电路分开,可以使负载能力加大,频率更稳定。这是目前使用最多的 555 振荡电路。

这个电路在刚通电时,$V_o=1$,DIS 端开路,C 的充电路径是:电源→R_A→DIS→R_B→C,当 C 上电压上升到 $>\frac{2}{3}V_{DD}$ 时,$V_o=1$,DIS 端接地,C 放电,C 放电的路径是:C→R_B→DIS→地。可以看到充电和放电时间常数不等,输出不是方波。$t_1=0.693(R_A+R_B)C$,

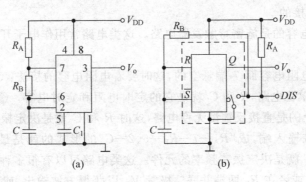

(a)　　　　　　　　　(b)

图 4.21　间接反馈型无稳电路

$t_2=0.693R_BC$，脉冲频率 $f=\dfrac{1.443}{(R_A+2R)C}$。

3) 555 方波振荡电路

要想得到方波输出,可以用图 4.22 的电路。它是在图 4.21 的电路基础上在 R_B 两端并联一个二极管 V_D 组成的。当 $R_A=R_B$ 时,C 的充放电时间常数相等,输出就得到方波。方波的频率为 $f=\dfrac{0.772}{R_AC}(R_A=R_B)$。

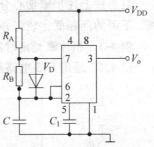

图 4.22　555 方波振荡电路

在这个电路的基础上,在 R_A 和 R_B 回路内增加电位器以及采用串联或并联二极管的方法可以得到占空比可调的脉冲振荡电路。

555 脉冲振荡电路常被用作交流信号源,它的振荡频率范围大致在零点几赫兹到几兆赫兹之间。因为电路简单可靠,所以使用极广。

9. 555 电路读图要点及举例

555 集成电路经多年的开发,实用电路多达几十种,几乎遍及各个技术领域。但对初学者来讲,常见的电路也不过是上述几种,因此在读图时,只要抓住关键,识别它们是不难的。

从电路结构上分析,三类 555 电路的区别或者说它们的结构特点主要在输入端。因此当读者拿到一张 555 电路图时,在大致了解电路的用途之后,先看一下电路是 CMOS 型还是双极型,再看复位端($\overline{MR}$)和控制电压端(V_C)的接法,如果复位端($\overline{MR}$)是接高电平、控制电压端(V_C)是接一个抗干扰电容的那就可以按以下的次序先从输入端开始进行分析。

1) 6 端、2 端是分开的

(1) 7 端悬空不用的一定是双稳电路。如有两个输入的则是双限比较器;如只有一个输入的则是单端比较器。这类电路一般都是作电子开关、控制和检测电路的用途。

(2) 7 端、6 端短接并接有电阻电容、取 2 端作输入的一定是单稳电路。它的输入可以用开关人工启动,也可以用输入脉冲启动,甚至为了取得较好的启动效果,在输入端带有 RC 微分电路。这类电路一般用作定时延时控制和检测的用途。

2) 6端、2端短接的

(1) 输入没有电容的是施密特触发器电路。这类电路常用作电子开关、告警、检测和整形的用途。

(2) 输入端有电阻电容而7端悬空的,这时要看电阻电容的接法:①R和C串联接在电源和地之间的是单稳电路,R和C就是它的定时电阻和定时电容。②R在上C在下,R的一端接在$V_\circ$端上的是直接反馈型无稳电路,这时R和C就是决定振荡频率的元件。

(3) 7端也接在输入端,成"R_A—7—R_B—6、2—C"的形式的就是最常用的无稳电路。这时R_A和R_B及C就是决定振荡频率的元件。这类电路可以有很多种变型:如省去R_A,把7端接在$V_\circ$上;或者在R_B两端并联二极管V_D以获得方波输出,或者用电阻和电位器组成R_A和R_B,而且在R_A和R_B两端并联有二极管以获得占空比可调的脉冲波等。这类电路是用途最广的,常用于脉冲振荡、音响告警、家电控制、电子玩具、医疗电器以及电源变换等用途。

如果控制电压(V_C)端接有直流电压,则只是改变了上下两个阈值电压的数值,其他分析方法仍和上面的相同。

只要按上述步骤细心分析核对,一定能很快地识别555电路的类别和了解它的工作原理。下面的问题就比较好办了,例如定时时间、振荡频率等都可以按给出的公式进行估算。

例4-3 相片曝光定时器。

图4.23是用555电路制成的相片曝光定时器。从图看到,输入端6、2并接在RC串联电路中,所以这是一个单稳电路,R_1和R_P是定时电阻,C_1是定时电容。

电路在通电后,C_1上电压被充到6V,输出$V_\circ=0$,继电器KA不吸动,常开接点是打开的,曝光灯HL不亮。这是它的稳态。

按下S_B后,C_1快速放电到零,输出$V_\circ=1$,继电器KA吸动,点亮曝光灯HL,暂稳态开始。S_B放开后电源向C_1充电,当C_1上电压升到4V时,暂稳态结束,定时时间到,电路恢复到稳态。输出翻转成$V_\circ=0$,继电器KA释放,曝光灯熄灭。电路定时时间是可调的,大约是1s~2min。

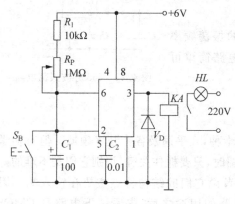

图4.23 相片曝光定时器

4.3.2 VHDL语言

VHDL的英文全名是 Very-High-Speed Integrated Circuit Hardware Description Language,诞生于1982年。1987年底,VHDL被IEEE和美国国防部确认为标准硬件描述语言。VHDL主要用于描述数字系统的结构、行为、功能和接口。除了含有许多具有硬件特征的语句外,VHDL的语言形式和描述风格与句法十分类似于一般的计算机高级语言。

VHDL的程序结构特点是将一项工程设计,或称设计实体(可以是一个元件,一个电路模块或一个系统)分成外部(或称可视部分及端口)和内部(或称不可视部分),即涉及实体的内部功能和算法完成部分。在对一个设计实体定义了外部界面后,一旦其内部开发完成后,其他的设计就可以直接调用这个实体。这种将设计实体分成内外部分的概念是 VHDL 系统设计的基本点。其特点是:VHDL 语言能够成为标准化的硬件描述语言并获得广泛应用,它自身必然具有很多其他硬件描述语言所不具备的优点。归纳起来,VHDL 语言主要具有以下优点。

(1) VHDL 语言功能强大,设计方式多样。VHDL 语言具有强大的语言结构,只需采用简单明确的 VHDL 语言程序就可以描述十分复杂的硬件电路。同时,它还具有多层次的电路设计描述功能。此外,VHDL 语言能够同时支持同步电路、异步电路和随机电路的设计实现,这是其他硬件描述语言所不能比拟的。VHDL 语言设计方法灵活多样,既支持自顶向下的设计方式,也支持自底向上的设计方法;既支持模块化设计方法,也支持层次化设计方法。

(2) VHDL 语言具有强大的硬件描述能力。VHDL 语言具有多层次的电路设计描述功能,既可描述系统级电路,也可以描述门级电路;描述方式既可以采用行为描述、寄存器传输描述或者结构描述,也可以采用三者的混合描述方式。同时,VHDL 语言也支持惯性延迟和传输延迟,这样可以准确地建立硬件电路的模型。VHDL 语言的强大描述能力还体现在它具有丰富的数据类型。VHDL 语言既支持标准定义的数据类型,也支持用户定义的数据类型,这样便会给硬件描述带来较大的自由度。

(3) VHDL 语言具有很强的移植能力。VHDL 语言很强的移植能力主要体现在:对于同一个硬件电路的 VHDL 语言描述,它可以从一个模拟器移植到另一个模拟器上,从一个综合器移植到另一个综合器上或者从一个工作平台移植到另一个工作平台上去执行。

(4) VHDL 语言的设计描述与器件无关。采用 VHDL 语言描述硬件电路时,设计人员并不需要首先考虑选择进行设计的器件。这样做的好处是可以使设计人员集中精力进行电路设计的优化,而不需要考虑其他的问题。当硬件电路的设计描述完成以后,VHDL 语言允许采用多种不同的器件结构来实现。

(5) VHDL 语言程序易于共享和复用。VHDL 语言采用基于库(Library)的设计方法。在设计过程中,设计人员可以建立各种可再次利用的模块,一个大规模的硬件电路的设计不可能从门级电路开始一步步地进行设计,而是一些模块的累加。这些模块可以预先设计或者使用以前设计中的存档模块,将这些模块存放在库中,就可以在以后的设计中进行复用。

由于 VHDL 语言是一种描述、模拟、综合、优化和布线的标准硬件描述语言,因此它可以使设计成果在设计人员之间方便地进行交流和共享,从而减小硬件电路设计的工作量,缩短开发周期。

4.3.3 Verilog HDL 语言电子系统仿真的基本原理

Verilog HDL 是目前应用最为广泛的硬件描述语言。Verilog HDL 可以用来进行各种层次的逻辑设计,也可以进行数字系统的逻辑综合、仿真验证和时序分析等。Verilog HDL 适合算法级、寄存器级、逻辑级、门级和版图级等各个层次的设计和描述。

Verilog HDL 进行设计最大的优点是其工艺无关性。这使得工程师在功能设计和逻辑验证阶段可以不必过多考虑门级及工艺实现的具体细节,只需根据系统设计的要求施加不同的约束条件，即可设计出实际电路。

Verilog HDL 是一种硬件描述语言（Hardware Description Language），为了制作数字电路而用来描述 ASICs 和 FPGA 的设计之用。Verilog 的设计者想要以 C 编程语言为基础设计一种语言，可以使工程师比较容易学习。下面列出的是 Verilog 硬件描述语言的主要能力：基本逻辑门，例如 and、or 和 nand 等都内置在语言中。用户定义原语（UDP）创建的灵活性。用户定义的原语既可以是组合逻辑原语，也可以是时序逻辑原语。开关级基本结构模型，例如 pmos 和 nmos 等也被内置在语言中。提供显式语言结构指定设计中的端口到端口的时延及路径时延和设计的时序检查。Verilog HDL 可采用三种不同方式或混合方式对设计建模。这些方式包括：行为描述方式——使用过程化结构建模；数据流方式——使用连续赋值语句方式建模；结构化方式——使用门和模块实例语句描述建模。

Verilog HDL 中有两类数据类型：线网数据类型和寄存器数据类型。线网类型表示构件间的物理连线，而寄存器类型表示抽象的数据存储元件。能够描述层次设计，可使用模块实例结构描述任何层次。设计的规模可以是任意的；语言不对设计的规模（大小）施加任何限制。Verilog HDL 不再是某些公司的专有语言而是 IEEE 标准。人和机器都可阅读 Verilog 语言，因此它可作为 EDA 的工具和设计者之间的交互语言。Verilog HDL 语言的描述能力能够通过使用编程语言接口（PLI）机制进一步扩展。PLI 是允许外部函数访问 Verilog 模块内信息、允许设计者与模拟器交互的例程集合。设计能够在多个层次上加以描述，从开关级、门级、寄存器传送级（RTL）到算法级，包括进程和队列级。能够使用内置开关级原语在开关级对设计完整建模。

同一语言可用于生成模拟激励和指定测试的验证约束条件，例如输入值的指定。Verilog HDL 能够监控模拟验证的执行，即模拟验证执行过程中设计的值能够被监控和显示。这些值也能够用于与期望值比较，在不匹配的情况下，打印报告消息。在行为级描述中，Verilog HDL 不仅能够在 RTL 级上进行设计描述，而且能够在体系结构级描述及其算法级行为上进行设计描述。Verilog HDL 能够使用门和模块实例化语句在结构级进行结构描述。在 Verilog HDL 的混合方式建模能力，即在一个设计中每个模块均可以在不同设计层次上建模。Verilog HDL 还具有内置逻辑函数，例如 &（按位与）和 |（按位或）。对于高级编程语言结构，例如条件语句、情况语句和循环语句，在语言中都可以使用。这些语言在特定情况下是非确定性的，即在不同的模拟器上模型可以产生不同的结果。例如，事件队列上的事件顺序在标准中没有定义。

本章小结

本章主要介绍电子系统工程的分析方法和 EDA 工具。EDA 技术以计算机为工具，设计者在 EDA 软件平台上，用硬件描述语言 VHDL 完成设计文件，然后由计算机自动地完成逻辑编译、化简、分割、综合、优化、布局、布线和仿真，直至对于特定目标芯片的适配编译、逻辑映射和编程下载等工作。

本章主要介绍两部分内容，其一是电子系统分析设计的目标与内容。要分析电子系统，首先要明确为什么要分析，以及要得到什么结果。从工程技术的角度看，可以把电子系统的分析目标分为确定行为特性、确定工作原理、确定技术指标和确定验证方法等四项基本内容。从理论上看,电子系统分析技术的内容可以归结为建模与模型分析,达到分析目标的有效技术就是模型分析中的行为特性分析和参数分析。电子系统分析的基本方法是分层分析,所采用的基本分析工具是 CAD 仿真分析工具。在对电子系统进行分析时,可把系统分为系统级、电路级、器件级。

其二是数字逻辑电路设计工具。能处理数字信号的电路就称为数字电路,这种电路同时又被叫做逻辑电路,这种电路除了能进行二进制算术运算外还能完成逻辑运算和具有逻辑推理能力。本章介绍了几种常见逻辑电路的基本特征及工作原理。数字逻辑电路设计语言主要有 VHDL 语言和 Verilog HDL 语言,VHDL 主要用于描述数字系统的结构、行为、功能和接口。Verilog HDL 可以用来进行各种层次的逻辑设计,也可以进行数字系统的逻辑综合、仿真验证和时序分析等。Verilog HDL 适合算法级、寄存器级、逻辑级、门级和版图级等各个层次的设计和描述。

第5章 单片机原理、接口技术及应用

5.1 单片机概述

5.1.1 单片机的定义与分类

单片机是一种采用超大规模集成电路技术把具有数据处理能力的中央处理器CPU、随机存储器RAM、只读存储器ROM、多种I/O口和中断系统、定时器/计时器等功能(可能还包括显示驱动电路、脉宽调制电路、模拟多路转换器、A/D转换器等电路)集成到一块硅片上构成的一个小而完善的计算机系统,在工业控制领域被广泛应用。从20世纪80年代,由当时的4位、8位单片机,发展到现在的32位的高速单片机。

常用单片机的分类如下。

(1) ATMEL 单片机(51单片机):ATMEL公司的8位单片机有AT89、AT90两个系列,AT89系列是8位Flash单片机,与8051系列单片机相兼容,静态时钟模式;AT90系列单片机是增强RISC结构、全静态工作方式、内载在线可编程Flash的单片机,也叫AVR单片机。

(2) STC 单片机:STC公司的单片机主要是基于8051内核,是新一代增强型单片机,指令代码完全兼容传统8051,速度快8～12倍,带ADC,4路PWM,双串口,有全球唯一ID号,加密性好,抗干扰强。

(3) PIC 单片机:是 MICROCHIP 公司的产品,其突出的特点是体积小,功耗低,精简指令集,抗干扰性好,可靠性高,有较强的模拟接口,代码保密性好,大部分芯片有其兼容的 Flash 程序存储器的芯片。

(4) EMC 单片机:是台湾义隆公司的产品,有很大一部分与PIC 8位单片机兼容,且相兼容产品的资源相对比PIC的多,价格便宜,有很多系列可选,但抗干扰较差。

(5) PHILIPS 51LPC 系列单片机(51单片机):PHILIPS公司的单片机是基于80C51内核的单片机,嵌入了掉电检测、模拟以及片内RC振荡器等功能,这使51LPC在高集成度、低成本、低功耗的应用设计中可以满足多方面的性能要求。

(6) HOLTEK 单片机:台湾盛扬半导体的单片机,价格便宜,种类较多,但抗干扰较差,适用于消费类产品。

(7) TI公司单片机(51单片机):德州仪器提供了TMS370和MSP430两大系列通用单片机。TMS370系列单片机是8位CMOS单片机,具有多种存储模式、多种外围接口模式,适用于复杂的实时控制场合;MSP430系列单片机是一种超低功耗、功能集成度较高的

16位低功耗单片机,特别适用于要求功耗低的场合。

(8) 松翰单片机(SONIX):是台湾松翰公司的单片机,大多为8位机,有一部分与PIC 8位单片机兼容,价格便宜,系统时钟分频可选项较多,有PMW ADC内振内部杂讯滤波。缺点RAM空间过小,但抗干扰较好。

5.1.2 单片机的历史及发展趋势

1971年Intel公司研制出世界上第一个4位的微处理器;Intel公司的霍夫研制成功世界上第一块4位微处理器芯片Intel 4004,标志着第一代微处理器问世,微处理器和微机时代从此开始。因发明微处理器,霍夫被英国《经济学家》杂志列为"二战以来最有影响力的7位科学家"之一。

1971年11月,Intel推出MCS-4微型计算机系统(包括4001 ROM芯片、4002 RAM芯片、4003移位寄存器芯片和4004微处理器)。其中4004包含2300个晶体管,尺寸规格为3mm×4mm,计算性能远远超过当年的ENIAC,最初售价为200美元。

1972年4月,霍夫等人开发出第一个8位微处理器Intel 8008。由于8008采用的是P沟道MOS微处理器,因此仍属第一代微处理器。

1973年Intel公司研制出8位的微处理器8080;1973年8月,霍夫等人研制出8位微处理器Intel 8080,以N沟道MOS电路取代了P沟道,第二代微处理器就此诞生。

频率为2MHz的8080芯片运算速度比8008快10倍,可存取64KB存储器,使用了基于6μm技术的6000个晶体管,处理速度为0.64MIPS(Million Instructions Per Second)。

1975年4月,MITS发布第一个通用型Altair 8800,售价375美元,带有1KB存储器。这是世界上第一台微型计算机。

1976年Intel公司研制出MCS-48系列8位的单片机,这也是单片机的问世。

Zilog公司于1976年开发的Z80微处理器,广泛用于微型计算机和工业自动控制设备。当时,Zilog、Motorola和Intel在微处理器领域三足鼎立。

20世纪80年代初,Intel公司在MCS-48系列单片机的基础上,推出了MCS-51系列8位高档单片机。MCS-51系列单片机无论是片内RAM容量、I/O口功能、系统扩展方面都有了很大的提高。

从单片机的发展历程看,未来单片机技术将向多功能、高性能、高速度、低电压、低功耗、外围电路内装化及片内储存器容量增加的方向发展。

5.1.3 MCS-51系列单片机

作为主流的单片机品种,MCS-51系列单片机市场份额占有量巨大,PHILIPS公司、ATMEL公司等纷纷开发了以8051为内核的单片机产品,这些产品都归属于MCS-51单片机系列。

MCS-51系列单片机的主要产品如图5.1所示。

其中,AT89S51单片机是一种新型的在线可编程的单片机,内部有:4KB Flash存储器,它使得单片机产品的软件可在线升级,也使得单片机的学习开发、程序的下载较过去方便许多。

型号	制造技术	片内程序存储器	片内数据存储器
8051AH	HMOS	ROM(4KB)	128 字节
8031AH	AHMOS	无	128 字节
8751AH	HMOS	EPROM(4KB)	128 字节
AT89C51/AT89S51	CHMOS	FlashROM(4KB)	128 字节
80C31	CHMOS	无	128 字节
8051	HMOS	ROM(8KB)	256 字节
8031	HMOS	无	256 字节

图 5.1 MCS-51 系列单片机的主要产品

5.1.4 单片机的应用

目前单片机渗透到我们生活的各个领域,几乎很难找到哪个领域没有单片机的踪迹。导弹的导航装置,飞机上各种仪表的控制,计算机的网络通信与数据传输,工业自动化过程的实时控制和数据处理,广泛使用的各种智能 IC 卡,民用豪华轿车的安全保障系统,录像机、摄像机、全自动洗衣机的控制,以及程控玩具、电子宠物等,这些都离不开单片机。更不用说自动控制领域的机器人、智能仪表、医疗器械以及各种智能机械了。因此,单片机的学习、开发与应用将造就一批计算机应用与智能化控制的科学家、工程师。

单片机广泛应用于仪器仪表、家用电器、医用设备、航空航天、专用设备的智能化管理及过程控制等领域,大致可分如下几个范畴。

1. 在智能仪器仪表上的应用

单片机具有体积小、功耗低、控制功能强、扩展灵活、微型化和使用方便等优点,广泛应用于仪器仪表中,结合不同类型的传感器,可实现诸如电压、功率、频率、湿度、温度、流量、速度、厚度、角度、长度、硬度、元素、压力等物理量的测量。采用单片机控制使得仪器仪表数字化、智能化、微型化,且功能比起采用电子或数字电路更加强大。例如精密的测量设备(功率计,示波器,各种分析仪)。

2. 在工业控制中的应用

单片机具有体积小、控制功能强、功耗低、环境适应能力强、扩展灵活和使用方便等优点,用单片机可以构成形式多样的控制系统、数据采集系统、通信系统、信号检测系统、无线感知系统、测控系统、机器人等应用控制系统。例如工厂流水线的智能化管理,电梯智能化控制、各种报警系统,与计算机联网构成二级控制系统等。

3. 在家用电器中的应用

可以这样说,现在的家用电器基本上都采用了单片机控制,从电饭煲、洗衣机、电冰箱、空调机、彩电、其他音响视频器材、再到电子称量设备,五花八门,无所不在。

4. 在计算机网络和通信领域中的应用

现代的单片机普遍具备通信接口,可以很方便地与计算机进行数据通信,为在计算机网络和通信设备间的应用提供了极好的物质条件,现在的通信设备基本上都实现了单片机智能控制,从手机、电话机、小型程控交换机、楼宇自动通信呼叫系统、列车无线通信,再到日常工作中随处可见的移动电话,集群移动通信,无线电对讲机等。

5. 单片机在医用设备领域中的应用

单片机在医用设备中的用途亦相当广泛,例如医用呼吸机、各种分析仪、监护仪、超声诊断设备及病床呼叫系统等。

6. 在各种大型电器中的模块化应用

某些专用单片机设计用于实现特定功能,从而在各种电路中进行模块化应用,而不要求使用人员了解其内部结构。如音乐集成单片机,看似简单的功能,微缩在纯电子芯片中(有别于磁带机的原理),就需要复杂的类似于计算机的原理。例如:音乐信号以数字的形式存在存储器中(类似于 ROM),由微控制器读出,转化为模拟音乐电信号(类似于声卡)。

在大型电路中,这种模块化应用极大地缩小了体积,简化了电路,降低了损坏、错误率,也便于更换。

7. 单片机在汽车设备领域中的应用

单片机在汽车电子中的应用非常广泛,例如汽车中的发动机控制器,基于 CAN 总线的汽车发动机智能电子控制器,GPS 导航系统,ABS 防抱死系统,制动系统等。

此外,单片机在工商、金融、科研、教育、国防、航空航天等领域都有着十分广泛的用途。

5.2 MCS-51 单片机

5.2.1 MCS-51 单片机结构

MCS-51 单片机的内部组成如图 5.2 所示。通常采用 DIP 或 PLLD 封装,其内核是 8051 CPU,CPU 的内部集成有运算器和控制器,运算器完成运算操作(包括数据运算、逻辑运算等),控制器完成取指令、对指令译码以及执行指令。

- 中央处理器;
- 数据存储器(RAM);
- 程序存储器(ROM);
- 定时/计数器(ROM);
- 并行输入输出(I/O)口;
- 全双工串行口;
- 中断系统;
- 时钟电路。

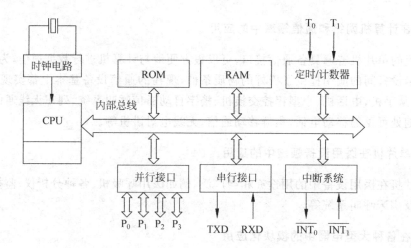

图 5.2 MCS-51 单片机的内部组成

8051 是 MCS-51 系列单片机的典型产品，本章以这一代表性的机型进行系统的讲解。8051 单片机包含中央处理器、程序存储器(ROM)、数据存储器(RAM)、定时/计数器、并行接口、串行接口和中断系统等几大单元及数据总线、地址总线和控制总线等三大总线，现在分别加以说明。

中央处理器：中央处理器(CPU)是整个单片机的核心部件，是 8 位数据宽度的处理器，能处理 8 位二进制数据或代码，CPU 负责控制、指挥和调度整个单元系统协调的工作，完成运算和控制输入输出功能等操作。

数据存储器：8051 内部有 128 个 8 位用户数据存储单元和 128 个专用寄存器单元，它们是统一编址的，专用寄存器只能用于存放控制指令数据，用户只能访问，而不能用于存放用户数据。所以，用户能使用的 RAM 只有 128 个，可存放读写的数据，运算的中间结果或用户定义的字型表。

程序存储器(ROM)：8051 共有 4096 个 8 位掩膜 ROM，用于存放用户程序、原始数据或表格。

定时/计数器(ROM)：8051 有两个 16 位的可编程定时/计数器，以实现定时或计数产生中断用于控制程序转向。

并行输入输出(I/O)口：8051 共有 4 组 32 位双向 I/O 口(P_0、P_1、P_2 或 P_3)，用于对外部数据的传输。

全双工串行口：8051 内置一个全双工串行通信口，用于与其他设备间的串行数据传送，该串行口既可以用作异步通信收发器，也可以当同步移位器使用。

中断系统：8051 具备较完善的中断功能，有两个外中断、两个定时/计数器中断和一个串行中断，可满足不同的控制要求，并具有两级的优先级别选择。

时钟电路：8051 内置最高频率达 12MHz 的时钟电路，用于产生整个单片机运行的脉冲时序，但 8051 单片机需外置振荡电容。

外部引脚可分为输入输出引脚、复位、电源、地、时钟源、外部程序访问和编程等几类，如图 5.3 所示。

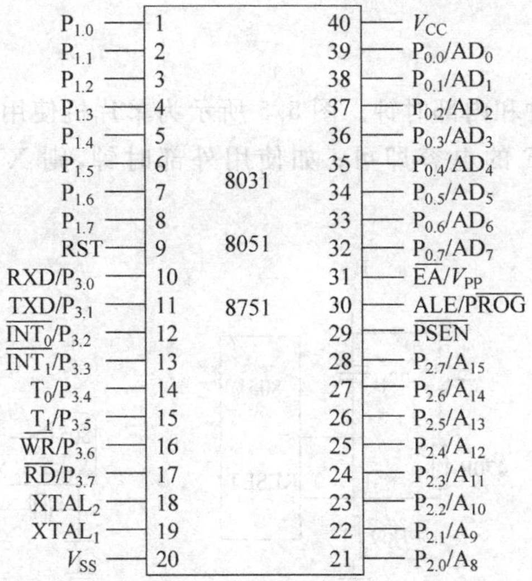

```
        P1.0  ─┤ 1        40 ├─ Vcc
        P1.1  ─┤ 2        39 ├─ P0.0/AD0
        P1.2  ─┤ 3        38 ├─ P0.1/AD1
        P1.3  ─┤ 4        37 ├─ P0.2/AD2
        P1.4  ─┤ 5        36 ├─ P0.3/AD3
        P1.5  ─┤ 6  8031  35 ├─ P0.4/AD4
        P1.6  ─┤ 7        34 ├─ P0.5/AD5
        P1.7  ─┤ 8        33 ├─ P0.6/AD6
        RST   ─┤ 9  8051  32 ├─ P0.7/AD7
     RXD/P3.0 ─┤ 10       31 ├─ EA/Vpp
     TXD/P3.1 ─┤ 11 8751  30 ├─ ALE/PROG
    INT0/P3.2 ─┤ 12       29 ├─ PSEN
    INT1/P3.3 ─┤ 13       28 ├─ P2.7/A15
      T0/P3.4 ─┤ 14       27 ├─ P2.6/A14
      T1/P3.5 ─┤ 15       26 ├─ P2.5/A13
      WR/P3.6 ─┤ 16       25 ├─ P2.4/A12
      RD/P3.7 ─┤ 17       24 ├─ P2.3/A11
        XTAL2 ─┤ 18       23 ├─ P2.2/A10
        XTAL1 ─┤ 19       22 ├─ P2.1/A9
         Vss  ─┤ 20       21 ├─ P2.0/A8
```

图 5.3　MCS-51 系列单片机引脚

1. 输入输出引脚

- P_0：$P_{0.1} \sim P_{0.7}$，漏极开路双向 I/O，一般为数据总线口。
- P_1：$P_{1.0} \sim P_{1.7}$，准双向 I/O 通道。
- P_2：$P_{2.0} \sim P_{2.7}$，准双向 I/O 通道，一般为地址总线口。
- P_3：$P_{3.0} \sim P_{3.7}$，一般作 I/O 口，具有第二功能，P_3 口的第二功能如表 5.1 所示。

表 5.1　P_3 口的第二功能

I/O 口	第二功能	注　释
$P_{3.0}$	RXD	串行口数据接收端
$P_{3.1}$	TXD	串行口数据发送端
$P_{3.2}$	$\overline{INT_0}$	外部中断请求 0
$P_{3.3}$	$\overline{INT_1}$	外部中断请求 1
$P_{3.4}$	T_0	定时/计数器 0
$P_{3.5}$	T_1	定时/计数器 1
$P_{3.6}$	$\overline{WR}$	外部 RAM 写信号
$P_{3.7}$	$\overline{RD}$	外部 RAM 读信号

2. 复位、电源、地

复位：意即从头开始，当 8051 通电，时钟电路开始工作，在 RESET 引脚上出现 24 个时钟周期以上的高电平，系统即初始复位。RESET 由高电平下降为低电平后，系统即从 0000H 地址开始执行程序。8051 的复位方式可以是上电复位，也可以是手动复位。RESET/Vpd 还是一个复用脚，V_{CC} 掉电期间，此脚可接上备用电源，以保证单片机内部 RAM 的数据不丢失。

电源：+5V；地：接地脚，如图 5.4 所示。

3. 时钟源

时钟源分为外部时钟和内部时钟。图 5.5 所示为单片机使用内部时钟时，只需外接一个晶体和两个 15～30pF 的电容即可；如使用外部时钟，则 $XTAL_1$ 接地，外部时钟由 $XTAL_2$ 输入。

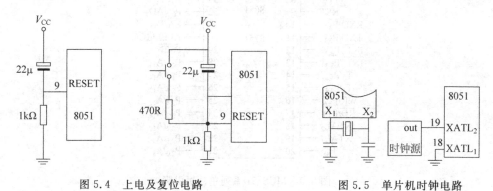

图 5.4　上电及复位电路　　　　　图 5.5　单片机时钟电路

5.2.2　MCS-51 单片机的典型应用

1. A/D 转换器技术

A/D 转换器是一种能把输入模拟电压或电流变成与成正比的数字量，即能把被控对象的各种模拟信息变成计算机可以识别的数字信息。A/D 转换器种类很多，但从原理上通常可以分为以下 4 种：计数器式 A/D 转换器、双积分式 A/D 转换器、逐次逼近式 A/D 转换器和并行 A/D 转换器。

计数器式 A/D 转换器结构很简单，但转换速度也很慢，所以很少采用。双积分式 A/D 转换器抗干扰能力强，转换精度也很高，但速度不够理想，常用于数字式测量仪表中。计算机中广泛采用逐次逼近式 A/D 转换器作为接口电路，它的结构不太复杂，转换速度也高。并行 A/D 转换器的转换速度最快，但因结构复杂而造价较高，故只用于那些转换速度极高的场合。

A/D 的主要参数如下。

1) 转换精度

转换精度通常用分辨率和量化误差来描述。

分辨率：分辨率 $UREF/2^N$，它表示输出数字量变化一个相邻数码所需输入模拟电压的变化量，其中 N 为 A/D 转换的位数，N 越大，分辨率越高，习惯上分辨率常以 A/D 转换位数表示。

量化误差：量化误差是指零点和满度校准后，在整个转换范围内的最大误差。通常以相对误差形式出现，并以 LSB(Least Significant Bit，数字量最小有效位所表示的模拟量)为单位。

2) 转换时间

指 A/D 转换器完成一次 A/D 转换所需时间。转换时间越短，适应输入信号快速变化能力越强。当 A/D 转换的模拟量变化较快时就需选择转换时间短的 A/D 转换器，否则会引起较大误差。

2．D/A 转换器技术

D/A 转换器的主要技术指标包括：转换精度、转换速度和温度系数等。

1) 转换精度

D/A 转换器的转换精度通常用分辨率和转换误差来描述。

分辨率用于表征 D/A 转换器对输入微小量变化的敏感程度。其定义为 D/A 转换器模拟量输出电压可能被分离的等级数。输入数字量位数愈多，输出电压可分离的等级愈多，即分辨率愈高。所以在实际应用中，往往用输入数字量的位数表示 D/A 转换器的分辨率。此外，D/A 转换器也可以用能分辨最小输出电压与最大输出电压之比给出。N 位 D/A 转换器的分辨率可表示为 $1/(2^N-1)$。它表示 D/A 转换器在理论上可以达到的精度。D/A 转换器的转换精度通常用分辨率和转换误差来描述。

由于 D/A 转换器中各元件参数存在误差，基准电压不够稳定和运算放大器的零漂等各种因素的影响，使得 D/A 转换器实际精度还与一些转换误差有关，如比例系数误差、失调误差和非线性误差等。

比例系数误差是指实际转换特性曲线的斜率与理想特性曲线斜率的偏差。

失调误差由运算放大器的零点漂移引起，其大小与输入数字量无关，该误差使输出电压的偏移特性曲线发生平移。

非线性误差是一种没有一定变化规律的误差，一般用在满刻度范围内，偏离理想的转移特性的最大值来表示。引起非线性误差的原因较多，如电路中的各模拟开关不仅存在不同的导通电压和导通电阻，而且每个开关处于不同位置（接地或接 V_{REF}）时，其开关压降和电阻也不一定相等。又如，在电阻网络中，每个支路上电阻误差不相同，不同位置上的电阻的误差对输出电压的影响也不相同等，这些都会导致非线性误差。

综上所述，为获得高精度的 D/A 转换精度，不仅应选择位数较多的高分辨率的 D/A 转换器，而且还需要选用高稳定的 V_{REF} 和低零漂的运算放大器才能达到要求。

2) 转换速度

当 D/A 转换器输入的数字量发生变化时，输出的模拟量并不能立即达到所对应的量值，它需要一段时间。通常用建立时间和转换速率两个参数来描述 D/A 转换器的转换速度。

建立时间（t_{set}）指输入数字量变化时，输出电压变化到相应稳定电压值所需要时间。一般用 D/A 转换器输入的数字量 N_B 从全 0 变为全 1 时，输出电压达到规定的误差范围（LSB/2）时所需时间表示。D/A 转换器的建立时间较快，单片集成 D/A 转换器建立时间最短可达 $0.1\mu s$ 以内。

转换速率（SR）用大信号工作状态下（输入信号由全 1 到全 0 或由全 0 到全 1），模拟电压的变化率表示。一般集成 D/A 转换器在不包含外接参考电压源和运算放大器时，转换速率比较高。实际应用中，要实现快速 D/A 转换不仅要求 D/A 转换器有较高的转换速率，而且还应选用转换速率较高的集成运算放大器。

3) 温度系数

温度系数是指在输入不变的情况下，输出模拟电压随温度变化产生的变化量。一般用满刻度输出条件下温度每升高 1℃，输出电压变化的百分数作为温度系数。

3．A/D 转换技术的典型应用

基于 8051 单片机的模拟信号采集系统设计，单片机采用中断方式，A/D 转换器采用

ADC0809。对 ADC0809 的简单介绍如下。

ADC0809 采用逐次逼近工作原理,如图 5.6 所示。逐次逼近式 A/D 转换器与计数式 A/D 转换类似,只是数字量由"逐次逼近寄存器 SAR"产生。SAR 使用"对分搜索法"产生数字量,以 8 位数字量为例,SAR 首先产生 8 位数字量的一半,即 10000000B,试探模拟量 V_i 的大小,若 $V_o>V_i$,清除最高位,若 $V_o<V_i$,保留最高位。在最高位确定后,SAR 又以"对分搜索法"确定次高位,即以低 7 位的一半 y1000000B(y 为已确定位)试探模拟量 V_i 的大小。在 bit6 确定后,SAR 以对分搜索法确定 bit5 位,即以低 6 位的一半 yy100000B(y 为已确定位)试探模拟量的大小。重复这一过程,直到最低位 bit0 被确定,转换结束。

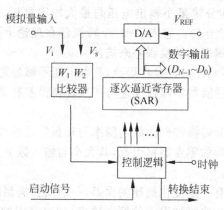

图 5.6 逐次逼近型 A/D 转换原理

转换过程如下。

(1) 首先发出"启动信号"信号 S。当 S 由高变低时,"逐次逼近寄存器 SAR"清零,DAC 输出 $V_o=0$,"比较器"输出 1。当 S 变为高电平时,"控制电路"使 SAR 开始工作。

(2) SAR 首先产生 8 位数字量的一半,即 10000000B,试探模拟量的 V_i 大小,若 $V_o>V_i$,"控制电路"清除最高位,若 $V_o<V_i$,保留最高位。

(3) 在最高位确定后,SAR 又以对分搜索法确定次高位,即以低 7 位的一半 y1000000B(y 为已确定位)试探模拟量 V_i 的大小。在 bit6 确定后,SAR 以对分搜索法确定 bit5 位,即以低 6 位的一半 yy100000B(y 为已确定位)试探模拟量 V_i 的大小。重复这一过程,直到最低位 bit0 被确定。

(4) 在最低位 bit0 确定后,转换结束,"控制电路"发出"转换结束"信号 EOC。该信号的下降沿把 SAR 的输出锁存在"缓冲寄存器"里,从而得到数字量输出。从转换过程可以看出:启动信号为负脉冲有效。转换结束信号为低电平。

ADC0809 芯片简介如下。

(1) 逐次逼近型 8 位 A/D 转换器;

(2) 片内有 8 路模拟开关,可对 8 路模拟电压量实现分时转换;

(3) 典型工作频率 500~640kHz,转换速度 100~128μs;

(4) 片内带有三态输出缓冲器,可直接与单片机的数据总线相连接。

引脚功能简介如下。

(1) CLK:时钟信号。

典型值为 500~640kHz。

(2) V_{REF+}、V_{REF-}：基准电压输入。

通常 V_{REF+} 接 +5V、V_{REF-} 接地。

(3) ALE：地址锁存允许，其上升沿锁存 ADDC～ADDA 的地址信号。

(4) START：A/D 转换启动信号，上升沿启动 A/D 转换。

(5) EOC：转换完成信号，转换完成后输出高电平。该信号可用作向单片机提出中断申请或者作为查询信号。

(6) OE：数字量输出允许信号，高电平为输出允许，转换后的数字量从 D_0～D_7 脚输出。

(7) IN_0～IN_7：模拟电压输入，8 个引脚可分别接 8 路模拟信号。

(8) D_0～D_7：数字量输出端。

(9) ADDA、ADDB、ADDC：通道选择信号。

ADDC	ADDB	ADDA	模拟通道
0	0	0	IN_0
0	0	1	IN_1
…	…		
1	1	1	IN_7

转换结束信号 EOC 根据不同的方式和单片机的连接形式不同。

(1) 若采用延时方式：EOC 悬空，在启动转换后延时 $100\mu s$，再读转换结果。

(2) 若采用查询方式时，可将 EOC 接并行口（P_1 或 P_3）的某线，检测 EOC 变高后，再读入转换结果。

(3) 若采用中断方式可将 EOC 经非门反相接到单片机的中断请求端，一旦转换完成，EOC 变为高电平，向 8XX51 提出中断请求，进入中断服务后读入转换结果。

A/D 转换器的应用实例如图 5.7 所示。

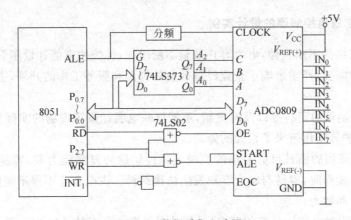

图 5.7　数据采集电路图

电路工作原理说明如下。

(1) 模拟信号输入 IN_0～IN_7，对应的通道地址：7FF8H～7FFFH；

(2) 锁存通道地址和启动转换的指令：

MOV　DPTR,#7FF8H

```
            MOVX    @DPTR,A
```

(3) 读取转换结果的指令：

```
MOV    DPTR,#7FF8H
MOVX   A,@DPTR
```

(4) 主程序：

```
        ORG     0000H
            LJMP    MAIN
            ORG     0013H           ; INT₁ 中断入口地址
            LJMP    INT1
            ORG     0030H
        MAIM:  MOV    R0,#60H       ; 置数据存储区首址
            MOV     R2,#08H          ; 置8路数据采集初值
            SETB    IT1              ; 设置边延触发中断
            SETB    EA
            SETB    EX1              ; 开放外部中断1
            MOV     DPTR,#7FF8H      ; 指向0809通道0
    RD: MOVX   @DPTR,A               ; 启动A/D转换
    HE: MOV    A,R2                  ; 8路巡回检测数送A
            JNZ     HE               ; 等待中断,8路未完继续
              ⋮
    ⋯⋯⋯⋯⋯⋯⋯⋯⋯⋯⋯⋯⋯⋯⋯⋯⋯⋯⋯⋯⋯⋯⋯⋯⋯⋯⋯⋯
    INT1: MOVX  A,@DPTR              ; 读取A/D转换结果
            MOV     @R0,A            ; 向指定单元存数
            INC     DPTR             ; 输入通道数加1
            INC     R0               ; 存储单元地址加1
            MOVX    @DPTR,A          ; 启动新通道A/D转换
            DEC     R2               ; 待检通道数减1
            RETI                     ; 中断返回
```

4. 电表箱防窃电控制器的设计实例

随着供电网络的不断延伸，电力客户数量不断增加，传统的电能计量箱管理方式已不能适应企业发展的需要，严重影响了企业经济效益的提高和服务工作的开展，主要表现在以下几个方面。

(1) 电能计量箱的资料难以及时更新，不能反映电能计量箱现场的实际情况，给电力客户服务、日常维护等工作带来了很大的障碍。

(2) 电能计量箱的锁具目前采用的机械或磁性钥匙防复制能力差，容易破解。当电能计量装置被非法操作时，容易与电力客户发生法律纠纷。供电企业不得不频繁更换锁具，浪费了大量的人力和物力。

(3) 供电企业对电能计量箱的开启、关闭情况没有一种有效的监控手段，无法掌握和控制电能计量箱开、关的人员、时间、次数等信息。

(4) 由于电能计量箱数量极大，导致钥匙数量、规格相应较多，发放钥匙的过程占用了较多的时间，在钥匙管理上经常发生差错。

(5) 现有计量箱的挂锁实行分台区分锁号使用，须向厂家定制，成本较高。同时如果钥匙有丢失等情况时，相同编号的几十套锁具需要全部更换。

（6）传统计量箱的挂锁由于无防雨装置，数月后很快锈蚀，致使供电企业维护人员不得不采取主动破坏行为。

按照国家电网公司智能电网建设"十二五"规划，电能计量在装备现代化上将不断上升，自动化水平将越来越高，自动采集范围将从电能采集扩大到防盗，防窃电，用电监测，节能调控。

目前国内对电表箱防窃电控制器的研究多集中在对箱门的开合检测，用 TTU 或负控装置将检测结果通过 GPRS 或载波方式传递到主站。这种方式解决了箱门开闭的检测，但无法了解是何人对箱门进行开闭，同时在停电状态下，也无法检测到箱门开闭状态。新型防窃电控制器可提供智能化检测和控制、非法开箱智能报警、485 抄表、电能管理、Internet 远程控制等多种功能。新型防窃电控制器是充满智慧的控制系统，可提供实时的监测数据，提高用电的安全性，节约各种能源费用。

方案总体设计框图如图 5.8 所示，系统中主要包括控制器、GPRS 网络及主站管理系统。

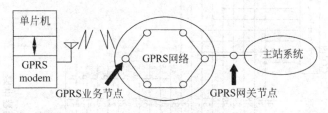

图 5.8　总体设计图

电表箱防窃电控制器具备以下功能。

（1）具有自动检测和控制功能。

（2）计量箱被非法打开后，智能控制装置会在 60 秒内通过控制开关自动切断电源，同时发出蜂鸣声警报。

（3）计量箱断电后，用户不能自行恢复用电，必须由管理人员持有电子密钥才可以恢复用电。

（4）智能控制装置应在进线电源断电时仍能发挥作用，对于断电后非法打开表箱具有记忆功能，并在进线电源来电时，智能装置同样具有切断主电源的功能。

（5）在控制计量箱箱门没有按要求完全关闭时，应在一分钟内采取断电提醒，送电后待表箱门完全关闭方能正常运行。

（6）智能控制装置需自动记录最近 40 次表箱开启时间记录及 40 次电密钥操作记录，包括钥匙编号及操作时间等信息，可通过读数钥匙将信息采集至系统管理中心进行读取查询。

控制器电路图如图 5.9 所示，电路中主要有控制器 AT89C51、上拉电阻排、复位、时钟及报警电路。

防窃电开关量检测电路如图 5.10 所示，设计了两路开关量输入，如果发生窃电行为，系统就会检测到非法开箱信息，立即做出报警、断电及通知主管部门，让管理人员及时得到窃电行为的信息，及时采取必要的措施。

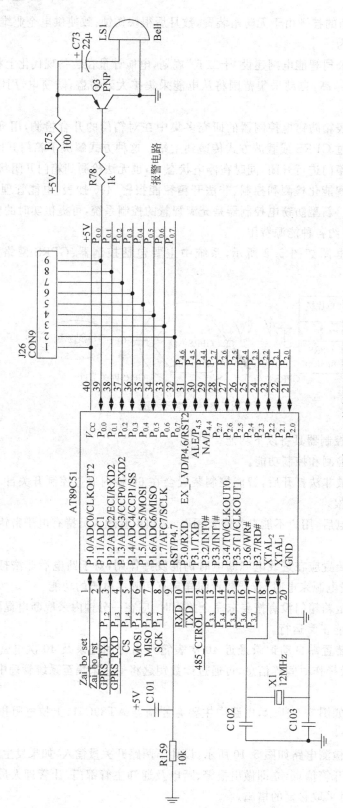

图 5.9 控制器电路

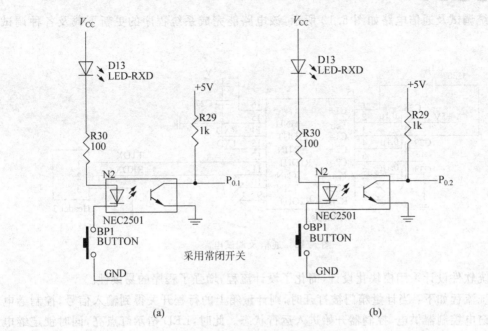

图 5.10 防窃电开关量检测电路

GPRS 电路及存储电路如图 5.11 所示，该电路可以通过移动或联通网络及时上传各种信息；存储电路可以存储 40 组记录数据，以供查询。

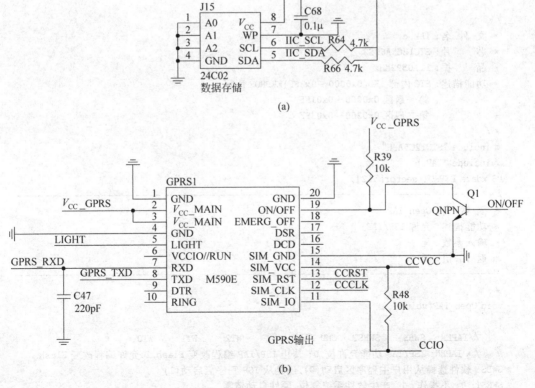

图 5.11 GPRS 及存储电路

系统调试及通信电路如图 5.12 所示,该电路能完成系统程序的更新下载及各种调试功能。

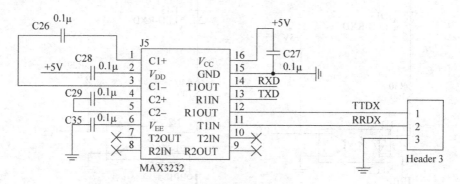

图 5.12　通信及调试电路

系统软件设计采用模块化设计,简化了设计流程,增强了程序的易读性。

系统流程如下:当计量箱门被打开时,则计量箱上的行程开关得到输入信号,控制继电器给防窃电控制器供电,控制器开始进入运行状态。此时,LED 指示灯点亮,同时锁定继电器,等待电子钥匙。若有电子钥匙插入则判断密码,若密码正确,则控制器无动作,LED 指示灯保持慢速闪烁。若密码不正确,LED 指示灯快速闪烁,蜂鸣器鸣叫警告,延时一定时间后控制器控制断路器动作断电。当关闭计量箱门时,判断控制器是否处于合法开门状态,若是,则控制继电器断电,关闭控制器,流程结束。程序流程如图 5.13 所示。

下面给出部分密钥的源程序,对 EEPROM 的读写程序:

```
/*
 * 文 件 名:IAP.c
 * 芯    片:STC12C5A60S2
 * 晶    振:11.0592MHz
 * 功能描述:STC 内部 1KB(0x0000~0x3FF)EEPROM 读写
 *         第一扇区 0x0000~0x01FF
 *         第二扇区 0x0200~0x03FF
 */
#include "STC12C5A.H"
#include "IAP.h"
U8 xdata EEPROM_sector[512];
/* ------------------------------------------------------------
 * 函 数 名:Open_IAP
 * 功能描述:允许 ISP/IAP
 * 输入参数:无
 * 返 回 值:无
   ------------------------------------------------------------
 */
void Open_IAP(void)
{
    //IAPEN   SWBS    SWRST   CMD_FAIL  -    WT2   WT1   WT0
    /* IAPEN:ISP/IAP 功能允许位.0:禁止 ISP/IAP 编程改变 Flash,1:允许编程改变 Flash
SWBS:软件选择从用户主程序区启动(0),还是从 ISP 程序区启动(1)
SWRST: 0: 不操作; 1: 产生软件系统复位,硬件自动清零
```

CMD_FAIL:如果送了 ISP/IAP 命令,并对 ISP_TRIG 送 5Ah/A5h 触发失败,则为 1,需由软件清零 */
    //IAP_CONTR = 0X80;   //允许 ISP/IAP,系统时钟<30MHz 时
    //IAP_CONTR = 0X81;   //允许 ISP/IAP,系统时钟<24MHz 时
    //IAP_CONTR = 0x82;   //允许 ISP/IAP,系统时钟<20MHz 时,设置等待时间 WT2,WT1,WT0(010)
    //IAP_CONTR = 0X83;   //允许 ISP/IAP,系统时钟<12MHz 时
    //IAP_CONTR = 0X84;   //允许 ISP/IAP,系统时钟<6MHz 时
    //IAP_CONTR = 0X85;   //允许 ISP/IAP,系统时钟<3MHz 时
    //IAP_CONTR = 0X86;   //允许 ISP/IAP,系统时钟<2MHz 时
    //IAP_CONTR = 0X87;   //允许 ISP/IAP,系统时钟<1MHz 时
}
/* --
* 函 数 名:Close_IAP
* 功能描述:禁止 ISP/IAP
* 输入参数:无
* 返 回 值:无
----
*/
void Close_IAP(void)
{
    IAP_CONTR = 0x00;   //禁止 ISP/IAP
    IAP_CONTR = 0;   //关闭 IAP 功能
    IAP_CMD   = 0;   //清命令寄存器,使命令寄存器无命令,此句可不用
    IAP_TRIG = 0;   //清命令触发寄存器,使命令触发寄存器无触发,此句可不用
    IAP_ADDRH = 0x80;
    IAP_ADDRL = 0;
    /* IAP_ADDRH:ISP/IAP 操作时的地址寄存器高 8 位
    IAP_ADDRL:ISP/IAP 操作时的地址寄存器低 8 位 */
}
/* --
* 函 数 名:Read_IAP_Byte
* 功能描述:从 EEPROM 指定的单元读取一个字节数据
* 输入参数:addr:16b 地址
* 返 回 值:IAP_DATA:从指定的地址读取到的数据
----
*/
void REEPROMU8(U8 * pRData,U16 nAddr)
{   IAP_ADDRH = (nAddr & 0xFF00)>> 8;
    IAP_ADDRL = nAddr & 0x00FF;
    IAP_CMD = 0x01;
    IAP_TRIG = 0x5A;
    IAP_TRIG = 0xA5;   //对 IAP_TRIG 先写 0x5A 再写 0xA5,ISP/IAP 命令才会生效
    * pRData = IAP_DATA;
}
/* --
* 函 数 名:Write_IAP_Byte
* 功能描述:把一个字节数据写入 EEPROM 指定的单元,写入数据前应先擦除扇区
* 输入参数:addr:16b 地址; writeVal:要写入的数据
* 返 回 值:无
----
*/
void WEEPROMU8(U8 nWData,U16 nAddr)

```c
{
    IAP_CMD = 0x02;
    IAP_ADDRH = (nAddr & 0xFF00)>> 8;
    IAP_ADDRL = nAddr & 0x00FF;
    IAP_DATA = nWData;
    IAP_TRIG = 0x5A;
    IAP_TRIG = 0xA5;         //对 IAP_TRIG 先写 0x5A 再写 0xA5,ISP/IAP 命令才会生效
}
/* --------------------------------------------------------------------
* 函 数 名: Erase_IAP_Sector
* 功能描述: 擦除扇区,没有字节擦除
* 输入参数: addr: 扇区地址,扇区中任意一个字节地址都是该扇区地址
* 返 回 值: 无
 --------------------------------------------------------------------
*/
void Erase_IAP_Sector(U16 addr)
{
    IAP_CMD = 0x03;
    IAP_ADDRH = (addr & 0xFF00)>> 8;
    IAP_ADDRL = addr & 0x00FF;
    IAP_TRIG = 0x5A;
    IAP_TRIG = 0xA5;         //对 IAP_TRIG 先写 0x5A 再写 0xA5,ISP/IAP 命令才会生效
}
/* --------------------------------------------------------------------
* 函 数 名: Erase_IAP_Byte
* 功能描述: 擦除指定单元内容
* 输入参数: addr: 单元地址
* 返 回 值: 无
* --------------------------------------------------------------------
*/
void Erase_IAP_Byte(U16 addr)
{
    //STC 内部扩展 1KB(0x0000~0x03FF)ROM
    //临时存放 EEPROM 一个扇区 512B 数据
    U16 sectorAddr;          //扇区首地址
    U16 unit;                //某个扇区的某个单元 0~511
    U16 i;
    sectorAddr = ((int)(addr / 512)) * 512;
    unit = addr % 512;
    for (i = 0; i < 512; i++)
    {
        REPROMU8(&EEPROM_sector[i],(sectorAddr + i));           //读取扇区
    }
    Erase_IAP_Sector(sectorAddr);                               //擦除扇区
    EEPROM_sector[unit] = 0xFF;                                 //要擦除的单元置为 0xFF
    for (i = 0; i < 512; i++)
    {
        WEEPROMU8(EEPROM_sector[i],sectorAddr + i );            //重新写入扇区
    }
}
/* --------------------------------------------------------------------
```

```c
 *  函 数 名: Erase_IAP_nByte
 *  功能描述: 擦除多个指定单元内容
 *  输入参数: addr: 单元地址
 *  返 回 值: 无
 *  -------------------------------------------------------------------
 */
void Erase_IAP_nByte(U16 n,U16 addr)
{
    //STC 内部扩展 1KB(0x0000~0x03FF)ROM
    //临时存放 EEPROM 一个扇区 512B 数据
    U16 sectorAddr;                                       //扇区首地址
    U16 unit;                                             //某个扇区的某个单元 0~511
    U16 i;
    sectorAddr = ((int)(addr / 512)) * 512;
    unit = addr % 512;
    for (i = 0; i < 512; i++)
    {
    REEPROMU8(&EEPROM_sector[i],(sectorAddr + i));        //读取扇区
    }
    Erase_IAP_Sector(sectorAddr);                         //擦除扇区
    for(i = unit; i < n + unit; i++)
    {
    EEPROM_sector[i] = 0xFF;                              //要擦除的单元置为 0xFF
    }
    for (i = 0; i < 512; i++)
    {
    WEEPROMU8(EEPROM_sector[i],sectorAddr + i );          //重新写入扇区
    }
}
void EEPROMToMem(char * pData,U16 nRLen,U16 nStartAddr)   //从 EEPROM 读数据到内存
{  // pData: 数组指针; nRLen: 数据长度; nStartAddr: 开始地址
    U16 i;
    for(i = 0; i < nRLen; i++)
        {
            REEPROMU8((U8 *)pData,nStartAddr);
            pData++; nStartAddr++;
        }
}
void MemToEEPROM(const char * pData,U16 nRLen,  U16  nStartAddr)    //从内存到 EEPROM
    { // pData: 数组指针; nRLen: 数据长度; nStartAddr: 开始地址
    U16 i;
    Erase_IAP_nByte(nRLen,nStartAddr);
    for(i = 0; i < nRLen; i++)
        {
            WEEPROMU8( * pData,nStartAddr);
            pData++; nStartAddr++;
        }
    }
```

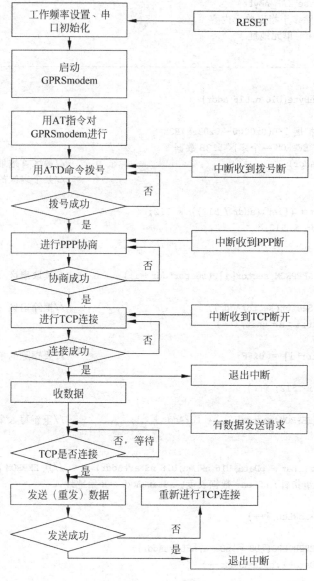

图 5.13 程序流程图

下面是串行通信的子程序,完成数据通信功能。

```
/*
* 模 块 名：UART.c
* 芯    片：STC12C5A60S2
* 晶    振：11.0592MHz
* 功能描述：串口驱动
*/
//--------------- Include files -------------------------//
#include"stc12c5a.h"
#include"uart.h"
#include "config.h"
```

```c
//#include "DELAY.H"
/*
 * ---- FUNCTION -----------------------------------------------------------
 * Name        : Uart1_Init
 * Description : 串口1初始化程序
-------------------------------------------------------------------------
*/
#define MYARRAYSIZE(_Array) (sizeof(_Array)/sizeof((_Array)[0]))
#define FOSC 11059200
#define BAUD 9600
#define _DEBUG_PROTEUS
void Uart1_Init(void)                   //9600bps@11.0592MHz
{
#ifdef _DEBUG_PROTEUS
    TMOD = 0x20;                        //设定定时器1为8位自动重装方式
    TH1 = TL1 = -(FOSC/12/32/BAUD);     //设定定时初值
    SCON = 0x50;                        //8位数据,可变波特率
#endif
    EA = 1;
    TR1 = 1;                            //启动定时器1
    ES = 1;                             //允许串口1中断
}
void timer0_Init()
{
    TMOD |= 0x01;                       //设定定时器0为16位定时方式
    TL0 = T0_10MS;
    TH0 = T0_10MS/256;                  //设定定时初值
    //T0x12 = 0;                        //设定定时器0为T12分频定时方式
    ET0 = 1;                            //定时器0中断
    TR0 = 0;                            //关闭定时器0
    timer0_restart_10ms();
}
void timer0_restart_10ms(){TL0 = T0_10MS; TH0 = T0_10MS/256;TR0 = 1;}
static U8 xdata m_nU485RxBuff[32];
static U8 * m_pU485RxBuff = m_nU485RxBuff;
/* --------------------------------
UART interrupt service routine
---------------------------------- */
//判断串口接收区没有溢出
#define IsU485RxFinish() (m_pU485RxBuff == &m_nU485RxBuff[sizeof(m_nU485RxBuff)])
void Uart1_Isr() interrupt 4 using 1
{
    U8 rxtmp;
    RI = 0;
    if(IsU485RxFinish())
    {
        rxtmp = SBUF;
    }
    else
    {
        *m_pU485RxBuff = SBUF;
```

```c
            timer0_restart_10ms();
            m_pU485RxBuff++;
        }
    P2 |= 0x40;;Is_Power_Down = 1;PCON = 0X02;};
        //timer0_restart_10ms();
}
void timer0_interrupt(void) interrupt 1        //超时
{
    TF0 = 0;
    TR0 = 0;                                    //停止工作
    LED1 = !LED1;
}
//输入数组长度必须为 32 字节
U8 U485RxFrame(char * pOutBuff)
{
    char i, * pRxBuff;
    //如果定时器 0 在工作说明串口正在接收数据
    if(TR0) return 0;
    //如果接收缓冲区空
    if(m_pU485RxBuff == m_nU485RxBuff) return 0;
    //判断是否接收完成
    if(IsU485RxFinish())
    {
        ES = 0;
        pRxBuff = m_nU485RxBuff;
        for(i = sizeof(m_nU485RxBuff);i;i--)
        {
            * pOutBuff ++ = * pRxBuff ++;
        }
        m_pU485RxBuff = m_nU485RxBuff;
        ES = 1;
        return sizeof(m_nU485RxBuff);
    }
    m_pU485RxBuff = m_nU485RxBuff;
    return 0;
}
//输入数组长度必须为 32 字节
void U485TxFrame(const U8 * pFrame)
{
    signed char i;
    ES = 0;
    for(i = 32;i;i--)
    {
        SBUF = * pFrame ++;
        while(!TI);                             // 等待数据传送
        TI = 0;
    }
    ES = 1;
}
void Uart1TxFrame(U8 * pTxBuff,I8 nBuffX)
{
```

```
    signed char i;
    ES = 0;
    for(i = 0;i < nBuffX;i++)
    {
        SBUF = * pTxBuff ++;
        while(!TI);                           // 等待数据传送
        TI = 0;
    }
    ES = 1;
}
/*
* FUNCTION
-----------------------------------------------------------------------
* Name         : UART1_Send_Byte
* Description  : 串口 1 发送单个字节数据
-----------------------------------------------------------------------
*/
void UART1_Send_Byte(uchar ddata)
{
    ES = 0;
    SBUF = ddata;
    while(!TI);                               // 等待数据传送
    TI = 0;                                   // 清除数据传送标志
    ES = 1;
}
/*
* FUNCTION
-----------------------------------------------------------------------
* Name         : UART1_Send_String
* Description  : 串口 1 发送以 '\\0' 结尾的字符串
-----------------------------------------------------------------------
*/
void UART1_Send_String(char * pInstr)
{
    while( * pInstr)
    {
        SBUF = * pInstr ++;
        while(!TI);                           // 等待数据传送
        TI = 0;
    }
}
```

5.3 嵌入式系统简介

嵌入式系统本身是一个外延极广的名词,凡是与产品结合在一起的具有嵌入式特点的控制系统都可以叫嵌入式系统,而且有时很难给它下一个准确的定义。现在人们讲嵌入式系统时,某种程度上指近些年比较热的具有操作系统的嵌入式系统,本文在进行分析和展望时,也沿用这一观点。

一般而言,嵌入式系统的构架可以分成 4 个部分:处理器、存储器、输入输出(I/O)和软件(由于多数嵌入式设备的应用软件和操作系统都是紧密结合的,在这里我们对其不加区分,这也是嵌入式系统和 Windows 系统的最大区别)。

嵌入式系统一般由以下几部分组成:(1)嵌入式微处理器;(2)外围硬件设备;(3)嵌入式操作系统;(4)特定的应用程序。

可从几方面来理解嵌入式系统的含义:

(1)嵌入式系统是面向用户、面向产品、面向应用的,它必须与具体应用相结合才会具有生命力,才更具有优势。因此可以这样理解上述三个面向的含义,即嵌入式系统是与应用紧密结合的,它具有很强的专用性,必须结合实际系统需求进行合理的裁剪应用。

(2)嵌入式系统是将先进的计算机技术、半导体技术、电子技术和各个行业的具体应用相结合后的产物,这一点就决定了它必然是一个技术密集、资金密集、高度分散、不断创新的知识集成系统。所以,介入嵌入式系统行业,必须有一个正确的定位。例如 Palm 之所以在 PDA 领域占有 70% 以上的市场,就是因为其立足于个人电子消费品,着重发展图形界面和多任务管理;而风河的 Vxworks 之所以在火星车上得以应用,则是因为其高实时性和高可靠性。

(3)嵌入式系统必须根据应用需求对软硬件进行裁剪,满足应用系统的功能、可靠性、成本、体积等要求。所以,如果能建立相对通用的软硬件基础,然后在其上开发出适应各种需要的系统,是一个比较好的发展模式。目前的嵌入式系统的核心往往是一个只有几 KB 到几十 KB 微内核,需要根据实际的使用进行功能扩展或者裁剪,但是由于微内核的存在,使得这种扩展能够非常顺利地进行。

5.3.1 嵌入式系统的发展

随着信息化、智能化、网络化的发展,嵌入式系统技术也将获得广阔的发展空间。美国著名未来学家尼葛洛庞帝 1999 年 1 月访华时预言,4~5 年后嵌入式智能(计算机)工具将是 PC 和因特网之后最伟大的发明。

进入 20 世纪 90 年代,嵌入式技术全面展开,目前已成为通信和消费类产品的共同发展方向。在通信领域,数字技术正在全面取代模拟技术。在广播电视领域,数字音频广播(DAB)也已进入商品化试播阶段。而软件、集成电路和新型元器件在产业发展中的作用日益重要。所有上述产品中,都离不开嵌入式系统技术。前途不可估量的维纳斯计划生产机顶盒,核心技术就是采用 32 位以上芯片级的嵌入式技术。在个人领域中,嵌入式产品将主要是个人商用,作为个人移动的数据处理和通信软件。由于嵌入式设备具有自然的人机交互界面,GUI 屏幕为中心的多媒体界面给人很大的亲和力。手写文字输入、语音拨号上网、收发电子邮件以及彩色图形、图像已取得初步成效。

目前一些先进的 PDA 在显示屏幕上已实现汉字写入、短消息语音发布,应用范围也将日益广阔。对于企业专用解决方案,如物流管理、条码扫描、移动信息采集等,这种小型手持嵌入式系统将发挥巨大的作用。在自动控制领域,不仅可以用于 ATM 机,自动售货机,工业控制等专用设备,和移动通信设备结合、GPS、娱乐相结合,嵌入式系统同样可以发挥巨大的作用。近期长虹推出的 ADSL 产品,结合网络、控制、信息,这种智能化、网络化将是家电发展的新趋势。

在硬件方面,不仅有各大公司的微处理器芯片,还有用于学习和研发的各种配套开发包。目前低层系统和硬件平台经过若干年的研究,已经相对比较成熟,实现各种功能的芯片应有尽有。而且巨大的市场需求给我们提供了学习研发的资金和技术力量。

从软件方面讲,也有相当部分的成熟软件系统。国外商品化的嵌入式实时操作系统,已进入我国市场的有 WindRiver、Microsoft、QNX 和 Nuclear 等产品。我国自主开发的嵌入式系统软件产品如科银(CoreTek)公司的嵌入式软件开发平台 DeltaSystem,中科院推出的 Hopen 嵌入式操作系统。同时由于是研究热点,所以我们可以在网上找到各种各样的免费资源,从各大厂商的开发文档,到各种驱动,程序源代码,甚至很多厂商还提供微处理器的样片。这对于我们从事这方面的研发,无疑是个资源宝库。对于软件设计来说,不管是刚入门还是进一步开发,都相对来说比较容易。这就使得很多新手能够比较快的进入研发状态,利于发挥大家的积极性和创造性。

5.3.2 嵌入式系统的分类与应用

根据其现状,嵌入式处理器可以分成下面几类。

1) 嵌入式微处理器(Micro Processor Unit,MPU)

嵌入式微处理器是由通用计算机中的 CPU 演变而来的。它的特征是具有 32 位以上的处理器,具有较高的性能,当然其价格也相应较高。但与计算机处理器不同的是,在实际嵌入式应用中,只保留和嵌入式应用紧密相关的功能硬件,去除其他的冗余功能部分,这样就以最低的功耗和资源实现嵌入式应用的特殊要求。和工业控制计算机相比,嵌入式微处理器具有体积小、重量轻、成本低、可靠性高的优点。目前主要的嵌入式处理器类型有 Am186/88、386EX、SC-400、Power PC、68000、MIPS、ARM/StrongARM 系列等。

其中,ARM/StrongARM 是专为手持设备开发的嵌入式微处理器,属于中档的价位。

2) 嵌入式微控制器(Microcontroller Unit,MCU)

嵌入式微控制器的典型代表是单片机,从 20 世纪 70 年代末单片机出现到今天,虽然已经经过了 30 多年的历史,但这种 8 位的电子器件目前在嵌入式设备中仍然有着极其广泛的应用。单片机芯片内部集成 ROM/EPROM、RAM、总线、总线逻辑、定时/计数器、看门狗、I/O、串行口、脉宽调制输出、A/D、D/A、Flash RAM、EEPROM 等各种必要功能和外设。和嵌入式微处理器相比,微控制器的最大特点是单片化,体积大大减小,从而使功耗和成本下降、可靠性提高。微控制器是目前嵌入式系统工业的主流。微控制器的片上外设资源一般比较丰富,适合于控制,因此称微控制器。

由于 MCU 低廉的价格,优良的功能,所以拥有的品种和数量最多,比较有代表性的包括 8051、MCS-251、MCS-96/196/296、P51XA、C166/167、68K 系列以及 MCU 8XC930/931、C540、C541,并且有支持 I2C、CAN-Bus、LCD 及众多专用 MCU 和兼容系列。目前 MCU 占嵌入式系统约 70% 的市场份额。近来 Atmel 出产的 AVR 单片机由于其集成了 FPGA 等器件,所以具有很高的性价比,势必将推动单片机获得更高的发展。

3) 嵌入式 DSP 处理器(Embedded Digital Signal Processor,EDSP)

DSP 处理器是专门用于信号处理方面的处理器,其在系统结构和指令算法方面进行了特殊设计,具有很高的编译效率和指令的执行速度。在数字滤波、FFT、谱分析等各种仪器上 DSP 获得了大规模的应用。

DSP 的理论算法在 20 世纪 70 年代就已经出现,但是由于专门的 DSP 处理器还未出现,所以这种理论算法只能通过 MPU 等由分立元件实现。MPU 较低的处理速度无法满足

DSP 的算法要求,其应用领域仅仅局限于一些尖端的高科技领域。随着大规模集成电路技术发展,1982 年世界上诞生了首枚 DSP 芯片。其运算速度比 MPU 快了几十倍,在语音合成和编码解码器中得到了广泛应用。至 20 世纪 80 年代中期,随着 CMOS 技术的进步与发展,第二代基于 CMOS 工艺的 DSP 芯片应运而生,其存储容量和运算速度都得到成倍提高,成为语音处理、图像硬件处理技术的基础。到 20 世纪 80 年代后期,DSP 的运算速度进一步提高,应用领域也从上述范围扩大到了通信和计算机方面。20 世纪 90 年代后,DSP 发展到了第五代产品,集成度更高,使用范围也更加广阔。

目前最为广泛应用的是 TI 的 TMS320C2000/C5000 系列,另外如 Intel 的 MCS-296 和 Siemens 的 TriCore 也有各自的应用范围。

4) 嵌入式片上系统(System on Chip)

SoC 追求产品系统最大包容的集成器件,是目前嵌入式应用领域的热门话题之一。SoC 最大的特点是成功实现了软硬件无缝结合,直接在处理器片内嵌入操作系统的代码模块。而且 SoC 具有极高的综合性,在一个硅片内部运用 VHDL 等硬件描述语言,实现一个复杂的系统。用户不需要再像传统的系统设计一样,绘制庞大复杂的电路板,一点点的连接焊制,只需要使用精确的语言,综合时序设计直接在器件库中调用各种通用处理器的标准,然后通过仿真之后就可以直接交付芯片厂商进行生产。由于绝大部分系统构件都是在系统内部,整个系统特别简洁,不仅减小了系统的体积和功耗,而且提高了系统的可靠性和设计生产效率。

由于 SoC 往往是专用的,所以大部分都不为用户所知,比较典型的 SoC 产品是 Philips 的 Smart XA。少数通用系列如 Siemens 的 TriCore,Motorola 的 M-Core,某些 ARM 系列器件,Echelon 和 Motorola 联合研制的 Neuron 芯片等。

预计不久的将来,一些大的芯片公司将通过推出成熟的、能占领多数市场的 SoC 芯片,一举击退竞争者。SoC 芯片也将在声音、图像、影视、网络及系统逻辑等应用领域中发挥重要作用。

从软件方面划分,主要可以依据操作系统的类型。目前嵌入式系统的软件主要有两大类:实时系统和分时系统。其中实时系统又分为两类:硬实时系统和软实时系统。

实时嵌入系统是为执行特定功能而设计的,可以严格地按时序执行功能。其最大的特征就是程序的执行具有确定性。在实时系统中,如果系统在指定的时间内未能实现某个确定的任务,会导致系统的全面失败,则系统被称为硬实时系统。而在软实时系统中,虽然响应时间同样重要,但是超时却不会导致致命错误。一个硬实时系统往往在硬件上需要添加专门用于时间和优先级管理的控制芯片,而软实时系统则主要在软件方面通过编程实现时限的管理。比如 Windows CE 就是一个多任务分时系统,而 μcos-II 则是典型的实时操作系统。

嵌入式系统具有非常广阔的应用前景,其应用领域可以包括如下。

1) 工业控制

基于嵌入式芯片的工业自动化设备将获得长足的发展,目前已经有大量的 8、16、32 位嵌入式微控制器在应用中。网络化是提高生产效率和产品质量、减少人力资源主要途径,如工业过程控制、数字机床、电力系统、电网安全、电网设备监测、石油化工系统。就传统的工业控制产品而言,低端产品采用的往往是 8 位单片机。但是随着技术的发展,32 位、64 位的处理器逐渐成为工业控制设备的核心，在未来几年内必将获得长足的发展。

2）交通管理

在车辆导航、流量控制、信息监测与汽车服务方面，嵌入式系统已经获得了广泛的应用，内嵌 GPS 模块、GSM 模块的移动定位终端已经在各种运输行业获得了成功的使用。目前 GPS 设备已经从尖端产品进入了普通百姓的家庭，只需要几千元，就可以随时随地找到你的位置。

3）信息家电

信息家电将称为嵌入式系统最大的应用领域，冰箱、空调等的网络化、智能化将引领人们的生活步入一个崭新的空间。即使你不在家里，也可以通过电话线、网络进行远程控制。在这些设备中，嵌入式系统将大有用武之地。

4）家庭智能管理系统

水、电、煤气表的远程自动抄表，安全防火、防盗系统，其中嵌有的专用控制芯片将代替传统的人工检查，并实现更高、更准确和更安全的性能。目前在服务领域，如远程点菜器等已经体现了嵌入式系统的优势。

5）POS 网络及电子商务

公共交通非接触智能卡（Contactless Smartcard, CSC）发行系统，公共电话卡发行系统，自动售货机，各种智能 ATM 终端将全面走入人们的生活，到时手持一卡就可以行遍天下。

6）环境工程与自然

水文资料实时监测，防洪体系及水土质量监测、堤坝安全，地震监测网，实时气象信息网，水源和空气污染监测。在很多环境恶劣，地况复杂的地区，嵌入式系统将实现无人监测。

7）机器人

嵌入式芯片的发展将使机器人在微型化、高智能方面优势更加明显，同时会大幅度降低机器人的价格，使其在工业领域和服务领域获得更广泛的应用。

这些应用中，可以着重于在控制方面的应用。就远程家电控制而言，除了开发出支持 TCP/IP 的嵌入式系统之外，家电产品控制协议也需要制订和统一，这需要家电生产厂家来做。同样的道理，所有基于网络的远程控制器件都需要与嵌入式系统之间实现接口，然后再由嵌入式系统来控制并通过网络实现控制。所以，开发和探讨嵌入式系统有着十分重要的意义。

5.3.3 嵌入式处理器

目前世界上具有嵌入式功能特点的处理器已经超过 1000 种，流行体系结构包括 MCU、MPU 等 30 多个系列。鉴于嵌入式系统广阔的发展前景，很多半导体制造商都大规模生产嵌入式处理器，并且公司自主设计处理器也已经成为了未来嵌入式领域的一大趋势，其中从单片机、DSP 到 FPGA 有着各式各样的品种，速度越来越快，性能越来越强，价格也越来越低。目前嵌入式处理器的寻址空间可以从 64KB 到 16MB，处理速度最快可以达到 2000MIPS，封装从 8 个引脚到三百多个引脚不等。

嵌入式微处理器与普通台式计算机的微处理器设计在基本原理上是相似的，但是工作稳定性更高，功耗较小，对环境（如温度、湿度、电磁场、振动等）的适应能力强，体积更小，且集成的功能较多。在桌面计算机领域，对处理器进行比较时的主要指标就是计算速度，从

33MHz 主频的 386 计算机到现在 3GHz 主频的 Pentium 4 处理器,速度的提升是用户最主要关心的变化,但在嵌入式领域,情况则完全不同。嵌入式处理器的选择必须根据设计的需求,在性能、功耗、功能、尺寸和封装形式、SoC 程度、成本、商业考虑等诸多因素之中进行折中,择优选择。

5.3.4 嵌入式系统的组成

一个嵌入式系统装置一般都由嵌入式计算机系统和执行装置组成,嵌入式计算机系统是整个嵌入式系统的核心,由硬件层、中间层、系统软件层和应用软件层组成。执行装置也称为被控对象,它可以接收嵌入式计算机系统发出的控制命令,执行所规定的操作或任务。执行装置可以很简单,如手机上的一个微小型的电机,当手机处于震动接收状态时打开;也可以很复杂,如 SONY 智能机器狗,上面集成了多个微小型控制电机和多种传感器,从而可以执行各种复杂的动作和感受各种状态信息。

下面对嵌入式计算机系统的组成进行介绍。

硬件层:硬件层中包含嵌入式微处理器、存储器(SDRAM、ROM、Flash 等)、通用设备接口和 I/O 接口(A/D、D/A、I/O 等)。在一片嵌入式处理器基础上添加电源电路、时钟电路和存储器电路,就构成了一个嵌入式核心控制模块。其中操作系统和应用程序都可以固化在 ROM 中。

1. 嵌入式微处理器

嵌入式系统硬件层的核心是嵌入式微处理器,嵌入式微处理器与通用 CPU 最大的不同在于嵌入式微处理器大多工作在为特定用户群所专用设计的系统中,它将通用 CPU 许多由板卡完成的任务集成在芯片内部,从而有利于嵌入式系统在设计时趋于小型化,同时还具有很高的效率和可靠性。

嵌入式微处理器的体系结构可以采用冯·诺依曼体系或哈佛体系结构;指令系统可以选用精简指令系统(Reduced Instruction Set Computer,RISC)和复杂指令系统(Complex Instruction Set Computer,CISC)。RISC 计算机在通道中只包含最有用的指令,确保数据通道快速执行每一条指令,从而提高了执行效率并使 CPU 硬件结构设计变得更为简单。

嵌入式微处理器有各种不同的体系,即使在同一体系中也可能具有不同的时钟频率和数据总线宽度,或集成了不同的外设和接口。据不完全统计,目前全世界嵌入式微处理器已经超过 1000 多种,体系结构有 30 多个系列,其中主流的体系有 ARM、MIPS、PowerPC、X86 和 SH 等。但与全球 PC 市场不同的是,没有一种嵌入式微处理器可以主导市场,仅以 32 位的产品而言,就有 100 种以上的嵌入式微处理器。嵌入式微处理器的选择是根据具体的应用而决定的。

2. 存储器

嵌入式系统需要存储器来存放和执行代码。嵌入式系统的存储器包含 Cache、主存和辅助存储器。

1) Cache

Cache 是一种容量小、速度快的存储器阵列,它位于主存和嵌入式微处理器内核之间,存放的是最近一段时间微处理器使用最多的程序代码和数据。在需要进行数据读取操作时,微处理器尽可能地从 Cache 中读取数据,而不是从主存中读取,这样就大大改善了系统的性能,提高了微处理器和主存之间的数据传输速率。Cache 的主要目标就是：减小存储器(如主存和辅助存储器)给微处理器内核造成的存储器访问瓶颈,使处理速度更快,实时性更强。

在嵌入式系统中 Cache 全部集成在嵌入式微处理器内,可分为数据 Cache、指令 Cache 或混合 Cache,Cache 的大小依不同处理器而定。一般中高档的嵌入式微处理器才会把 Cache 集成进去。

2) 主存

主存是嵌入式微处理器能直接访问的寄存器,用来存放系统和用户的程序及数据。它可以位于微处理器的内部或外部,其容量为 256KB~1GB,根据具体的应用而定,一般片内存储器容量小,速度快,片外存储器容量大。

常用作主存的存储器有：

ROM 类 NOR Flash、EPROM 和 PROM 等。

RAM 类 SRAM、DRAM 和 SDRAM 等。

其中 NOR Flash 凭借其可擦写次数多、存储速度快、存储容量大、价格便宜等优点,在嵌入式领域内得到了广泛应用。

3) 辅助存储器

辅助存储器用来存放大数据量的程序代码或信息,它的容量大、但读取速度与主存相比就慢很多,用来长期保存用户的信息。

嵌入式系统中常用的外存有：硬盘、NAND Flash、CF 卡、MMC 和 SD 卡等。

3. 通用设备接口和 I/O 接口

嵌入式系统和外界交互需要一定形式的通用设备接口,如 A/D、D/A、I/O 等,外设通过和片外其他设备的或传感器的连接来实现微处理器的输入输出功能。每个外设通常都只有单一的功能,它可以在芯片外也可以内置芯片中。外设的种类很多,可从一个简单的串行通信设备到非常复杂的 802.11 无线设备。

目前嵌入式系统中常用的通用设备接口有 A/D(模/数转换接口)、D/A(数/模转换接口)、I/O 接口有 RS-232 接口(串行通信接口)、Ethernet(以太网接口)、USB(通用串行总线接口)、音频接口、VGA 视频输出接口、I2C(现场总线)、SPI(串行外围设备接口)和 IrDA(红外线接口)等。

中间层：硬件层与软件层之间为中间层,也称为硬件抽象层(Hardware Abstract Layer,HAL)或板级支持包(Board Support Package,BSP),它将系统上层软件与底层硬件分离开来,使系统的底层驱动程序与硬件无关,上层软件开发人员无需关心底层硬件的具体情况,根据 BSP 层提供的接口即可进行开发。该层一般包含相关底层硬件的初始化、数据的输入输出操作和硬件设备的配置功能。BSP 具有以下两个特点。

硬件相关性：因为嵌入式实时系统的硬件环境具有应用相关性,而作为上层软件与硬件平台之间的接口,BSP 需要为操作系统提供操作和控制具体硬件的方法。

操作系统相关性：不同的操作系统具有各自的软件层次结构,因此,不同的操作系统具有特定的硬件接口形式。

实际上，BSP是一个介于操作系统和底层硬件之间的软件层次，包括了系统中大部分与硬件联系紧密的软件模块。设计一个完整的BSP需要完成两部分工作：嵌入式系统的硬件初始化以及BSP功能，设计硬件相关的设备驱动。

1) 嵌入式系统硬件初始化

系统初始化过程可以分为3个主要环节，按照自底向上、从硬件到软件的次序依次为片级初始化、板级初始化和系统级初始化。

片级初始化：完成嵌入式微处理器的初始化，包括设置嵌入式微处理器的核心寄存器和控制寄存器、嵌入式微处理器核心工作模式和嵌入式微处理器的局部总线模式等。片级初始化把嵌入式微处理器从上电时的默认状态逐步设置成系统所要求的工作状态。这是一个纯硬件的初始化过程。

板级初始化：完成嵌入式微处理器以外的其他硬件设备的初始化。另外，还需设置某些软件的数据结构和参数，为随后的系统级初始化和应用程序的运行建立硬件和软件环境。这是一个同时包含软硬件两部分在内的初始化过程。

系统级初始化：该初始化过程以软件初始化为主，主要进行操作系统的初始化。BSP将对嵌入式微处理器的控制权转交给嵌入式操作系统，由操作系统完成余下的初始化操作，包含加载和初始化与硬件无关的设备驱动程序，建立系统内存区，加载并初始化其他系统软件模块，如网络系统、文件系统等。最后，操作系统创建应用程序环境，并将控制权交给应用程序的入口。

2) 硬件相关的设备驱动程序

BSP的另一个主要功能是硬件相关的设备驱动。硬件相关的设备驱动程序的初始化通常是一个从高到低的过程。尽管BSP中包含硬件相关的设备驱动程序，但是这些设备驱动程序通常不直接由BSP使用，而是在系统初始化过程中由BSP将它们与操作系统中通用的设备驱动程序关联起来，并在随后的应用中由通用的设备驱动程序调用，实现对硬件设备的操作。与硬件相关的驱动程序是BSP设计与开发中另一个非常关键的环节。

系统软件层：系统软件层由实时多任务操作系统(Real-Time Operation System，RTOS)、文件系统、图形用户接口(Graphic User Interface，GUI)、网络系统及通用组件模块组成。RTOS是嵌入式应用软件的基础和开发平台。

5.4 嵌入式系统开发技术

5.4.1 嵌入式系统的结构设计

1. 嵌入式系统的硬件架构

嵌入式系统硬件结构主要由微处理器MPU、外围电路，以及外设组成，微处理器为ARM嵌入式处理芯片，如ARM7TMDI系列及ARM9系列微处理器，MPU为整个嵌入式系统硬件的核心，决定了整个系统功能和应用领域。外围电路根据微处理器不同而略有不同，主要由电源管理模型、时钟模块、闪存Flash、随机存储器RAM，以及只读存储器ROM

组成。这些设备是一个微处理器正常工作所必需的设备。外部设备将根据需要而各不相同,如通用通信接口 USB、RS-232、RJ-45 等,输入输出设备,如键盘、LCD 等。外部设备将根据需要定制。嵌入式处理系统主要包括嵌入式微处理器、存储设备、模拟电路及电源电路、通信接口以及外设电路。

2. 嵌入式系统的软件结构

嵌入式系统与传统的单片机在软件方面最大的不同点就是可以移植操作系统,从而使软件设计层次化,传统的单片机在软件设计时将应用程序与系统、驱动等全部混在一起编译,系统的可扩展性,可维护性不高,上升到操作系统后,这一切变得简单可行。

嵌入式操作系统在软件上呈现明显的层次化,从与硬件相关的 BSP 到实时操作系统内核 RTOS,到上层文件系统、GUI 界面,以及用户层的应用软件。各部分可以清晰地划分开来。当然,在某些时候划分也不完全符合应用要求,需要程序设计人员根据特定的需要来设计自己的软件。

5.4.2 嵌入式系统的设计方法

1. 嵌入式系统的设计流程

如图 5.14 所示,嵌入式系统设计一般由 5 个阶段构成:系统需求分析,体系结构设计,硬件、软件设计,系统集成和系统测试。各个阶段之间往往要求不断的反复和修改,直至完成最终设计目标。

1) 系统需求分析

确定设计任务和设计目标,并提炼出设计规格说明书,作为正式设计指导和验收的标准。系统的需求一般分功能性需求和非功能性需求两方面。功能性需求是系统的基本功能,如输入输出信号、操作方式等;非功能需求包括系统性能、成本、功耗、体积、重量等因素。

2) 体系结构设计

描述系统如何实现所述的功能和非功能需求,包括对硬件、软件和执行装置的功能划分以及系统的软件、硬件选型等。一个好的体系结构是设计成功与否的关键。

3) 硬件、软件设计

基于体系结构,对系统的软件、硬件进行详细设计。为了缩短产品开发周期,设计往往是并行的。应该说,嵌入式系统设计的工作大部分都集中在软件设计上,采用面向对象技术、软件组件技术、模块化设计是现代软件工程经常采用的方法。

4) 系统集成

把系统的软件、硬件和执行装置集成在一起,进行调试,发现并改进单元设计过程中的错误。

5) 系统测试

对设计好的系统进行测试,看其是否满足规格说明书中给定的功能要求。针对系统的不同的复杂程度,目前有一些常用的系统设计方法,如瀑布设计方法、自顶向下的设计方法、自下向上的设计方法、螺旋设计方法、逐步细化设计方法和并行设计方法等。根据设计对象复杂程度的不同,可以灵活地选择不同的系统设计方法。

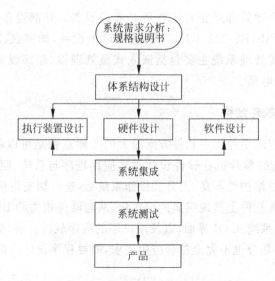

图 5.14　嵌入式系统的设计阶段

2. 嵌入式系统的一般设计方法

通常在嵌入式系统的开发和应用中,是按照如图 5.15 所示的流程进行的。整个系统的开发过程将改变为如图 5.16 所示的过程。

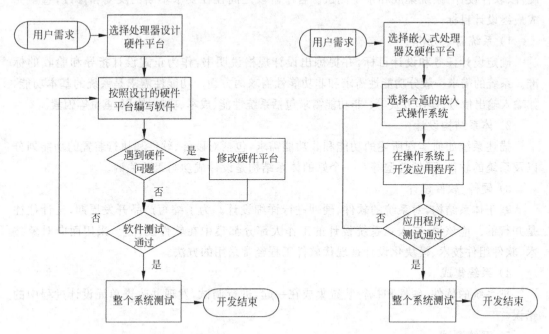

图 5.15　嵌入式系统的开发流程　　　　图 5.16　嵌入式系统的开发过程

可见,在应用嵌入式系统开发的过程中,因为对应于每一个处理器的硬件平台都是通用的、固定的、成熟的,所以在开发过程中减少了硬件系统错误的引入机会;同时,因为嵌入式操作系统屏蔽了底层硬件的很多复杂信息,使得开发者通过操作系统提供的 API 函数可以完成大部分工作,大大地简化了开发过程,提高了系统的稳定性。

综上所述,嵌入式系统的开发可以说是把开发者从反复进行硬件平台的设计过程中解放出来,从而可以把主要的精力放在编写特定的应用程序上。这个过程更类似于在系统机(如 PC)上的某个操作系统下开发应用程序。

3. 嵌入式系统的硬件/软件协同设计技术

传统的嵌入式系统设计方法如图 5.17 所示,硬件和软件分为两个独立的部分,由硬件工程师和软件工程师按照拟定的设计流程分别完成。这种设计方法只能改善硬件/软件各自的性能,而有限的设计空间不可能对系统做出较好的性能综合优化。20 世纪 90 年代初,国外有些学者提出"这种传统的设计方法,只是早期计算机技术落后的产物,它不能求出适合于某个专用系统的最佳计算机应用系统的解"。因为,从理论上来说,每一个应用系统,都存在一个适合于该系统的硬件、软件功能的最佳组合,如何从应用系统需求出发,依据一定的指导原则和分配算法对硬件/软件功能进行分析及合理的划分,从而使系统的整体性能、运行时间、能量耗损、存储能量达到最佳状态,已成为硬件/软件协同设计的重要研究内容之一。

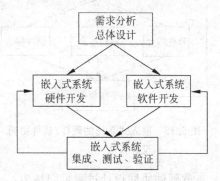

图 5.17 传统的嵌入式系统的设计方法

应用系统的多样性和复杂性,使硬件/软件的功能划分、资源调度与分配、系统优化、系统综合、模拟仿真存在许多需要研究解决的问题,因而使国际上这个领域的研究日益活跃。系统协同设计与传统设计相比有两个显著的特点:

(1) 描述硬件和软件使用统一的表示形式;

(2) 硬件、软件划分可以选择多种方案,直到满足要求。

显然,这种设计方法对于具体的应用系统而言,容易获得满足综合性能指标的最佳解决方案。传统方法虽然也可改进硬件、软件性能,但由于这种改进是各自独立进行的,不一定能使系统综合性能达到最佳。传统的嵌入式系统开发采用的是软件开发与硬件开发分离的方式,其过程可描述如下。

(1) 需求分析;

(2) 软硬件分别设计、开发、调试、测试;

(3) 系统集成:软硬件集成;

(4) 集成测试;

(5) 若系统正确,则结束,否则继续进行;

(6) 若出现错误,需要对软、硬件分别验证和修改;

(7) 返回(3),继续进行集成测试。

虽然在系统设计的初始阶段考虑了软硬件的接口问题,但由于软硬件分别开发,各自部分的修改和缺陷很容易导致系统集成出现错误。由于设计方法的限制,这些错误不但难以定位,而且更重要的是,对它们的修改往往会涉及整个软件结构或硬件配置的改动。显然,这是灾难性的。

为避免上述问题,一种新的开发方法应运而生——软硬件协同设计方法。一个典型的硬件/软件协同设计过程如图 5.18 所示。首先,应用独立于任何硬件和软件的功能性规格方法对系统进行描述,采用的方法包括有限态自动机(FSM)、统一化的规格语言(CSP、VHDL)或其他基于图形的表示工具,其作用是对硬件/软件统一表示,便于功能的划分和综合;然后,在此基础上对硬件/软件进行划分,即对硬件、软件的功能模块进行分配。但是,这种功能分配不是随意的,而是从系统功能要求和限制条件出发,依据算法进行的。完成硬件/软件功能划分之后,需要对划分结果做出评估。方法之一是性能评估,另一种方法是对硬件、软件综合之后的系统依据指令级评价参数做出评估。如果评估结果不满足要求,说明划分方案选择不合理,需要重新划分硬件/软件模块,以上过程重复直到系统获得一个满意的硬件/软件实现为止。

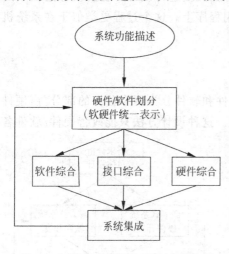

图 5.18 嵌入式系统的硬件/软件协同设计方法

软硬件协同设计过程可归纳为:
(1) 需求分析;
(2) 软硬件协同设计;
(3) 软硬件实现;
(4) 软硬件协同测试和验证。

这种方法的特点是在协同设计(Co-design)、协同测试(Co-test)和协同验证(Co-verification)上,充分考虑了软硬件的关系,并在设计的每个层次上给以测试验证,使得尽早发现和解决问题,避免灾难性错误的出现。

5.4.3 嵌入式系统的开发技术

当进行嵌入式系统开发时,选择合适的开发工具可以加快开发进度、节省开发成本。因此一套含有编辑软件、编译软件、汇编软件、连接软件、调试软件、工程管理及函数库的集成开发环境(IDE)是必不可少的。

ARM SDT 是 ARM Software Development Toolkit 的简写,是 ARM 公司为方便用户在 ARM 芯片上进行应用软件开发而推出的一整套集成开发工具。ARM SDT 由一套完备的应用程序构成,并附带支持文档和例子,可以用来编写和调试 ARM 系列的 RISC 处理器的应用程序,可以开发 C++ 或 ARM Assembly 程序。它的 Windows 开发工具有两个:APM 和 ADW。

下面以北京博创兴业科技有限公司的 UP-NetARM300 嵌入式开发板为例,介绍 ARM SDT 2.5 仿真开发环境。ARM SDT 2.5 仿真开发环境的配置方法如下:

(1) 运行 ARM SDT 2.5 集成开发环境(ARM Project Manager)。选择 File|New 菜单,新建一个工程文件(workl.apj)。

(2) 在新建的工程中,使用菜单对整个工程的汇编进行设置。

(3) 选中工程树的"根部",通过菜单对整个工程的连接方式进行设置。

(4) 在弹出的对话框中,选中 Entry and Base 标签,设置连接的 Read-Only(只读)和 Read-Write(读写)地址。地址 0x0c080000 是开发板上 SDRAM 的真实地址,是由系统的硬件决定的;0x0c200000 指的是系统可读写的内存的地址。也就是说,在 0x0e080000~0xc1ffffff 之间是只读区域,存放程序的代码段,从 0x0c200000 开始是程序的数据段。

(5) 选择 Lillker Configuration 的 ImageLayout 标签,设置程序的入口模块。指定在生成的代码中,程序是从 44binit.s 开始运行的。

(6) 选择 Project | Edit Project Templete 菜单,使用 New 按钮,为编译器新建一个 RomImage 文件。

(7) 设置 RomImage 的内容。使编译器编译的时候可以生成 system.bin 文件,这就是系统的启动文件。

(8) 将 build_target 变量设为 system.bin。使编译器编译的时候可以生成 system.bin 文件,这就是系统的启动文件。

(9) 在 Project Template Editor 对话框中,单击 Edit Detail 按钮,在弹出的对话框中可以重新命名模板。

至此,工程文件设置完毕。因为设置过程比较繁琐,可以保存此工程,下次新建项目的时候复制即可。然后,在新建的工程中加入相应 *.c 文件及 *.h 文件即可进行编辑、编译、修改和调试。

5.4.4 嵌入式系统开发技术的发展趋势及其挑战

1. 嵌入式系统设计的新发展

随着微电子技术的飞速发展,微处理器已经变成低成本器件。在可能的情况下,各种机电设备已经或者正在嵌入 CPU 构成的嵌入式系统。现在系统研究的重点已从通用系统转向专用系统,以及从一般性能转向可靠性、可用性、安全性、自主性、可扩展性、功能性、灵活性、成本、体积、功耗及可管理性上。嵌入式应用从以前的简单控制发展到今天,已经有很多非常复杂,非常高端的应用。例如苹果公司最近推出的 iPhone 手机,里面有 ARM11,有 ARM9,也有 ARM7 MCU。

(1) 32 位嵌入式处理器比例快速升高,InStat/MDR 曾预测在 2001—2006 年期间,32 位向控制器(MCU)的复合年增长率可达 22.6%。而全球 32 位 MCU 市场在 2003 年的增长幅度实际已走过 30%,在 2004 年达到 38%。

(2) 可供选择的可编程计算部件方案增多。

① 除过去常用的通用处理器 GPP(Gereral Purpose Processor)、嵌入式处理器 EP(Embedded Processor)、微控制器 MCU(Micro-Control Unit)、数字信号处理器 DSP(Digital Signal Processor)外,目前发展很快,可以给我们提供新的选择的还有各种专用处理器 ASP(Application Specific Processor)或专用标准产品 ASSP(Application Specific Standard Product)。它们都是针对一些特定应用而设计的,如用于 HDTV、ADSL、Cable Modem 等的专用处理器。与 MCU 相比,ASP/ASSP 集成的资源可能比一般 MCU 更多、更专业化,所以 ASP 的价格要高于 MCU。

② 目前的一个发展趋势是以 FPGA 为代表的现场可编程技术在迅速崛起。这是由于市场对通用可配置处理器的呼声越来越高,传统的 MCU 在市场需求中显得越来越力不从心。可配置、可扩展处理器逐渐浮出水面。利用半定制器件可以构成基本 FPGA 的硬核处理器或基于 FPGA 的软核处理器,并由此可编程片上系统应运而生。这是一种面向消费电子、工业、办公自动化、电信和汽车应用中的嵌入式控制功能而开发的高性能、现场可编程、混合信号阵列。它集 MCU 和 FPGA/CPLD 的优点于一身,实现可配置 SoC,既适应了设计人员对系统部件集成的需要,又能实现可配置需求的灵活性,从而为许多现实应用提供一种平衡解决方案。

(3) 微控制器的发展特点。

尽管由于市场对多功能产品需求的增加和 IT 技术的推动,使 32 位 MCU 产品日益成为市场的热点;但目前 8 位 MCU 仍然是技术市场的主流,并且还有相当广阔的应用空间和旺盛的生命力,16 位 MCU 也占有一定的市场份额。各种 MCU 根据自己在市场上的定位,也都有了很大发展,MCU 总的发展具有以下一些特点:

① 微控制器 SoC 化;
② 多核结构处理器;
③ 更低功耗;
④ 更宽工作电压范围;
⑤ 更先进的工艺和更小的封装;
⑥ 低噪声布线技术。

2. 嵌入式系统设计的新挑战

要求更高的应用需求推动嵌入式设计正在由 8/16 位转向功能更强大的 32 位 MCU。这种升级给工程师带来性能空间和处理速度提升的同时也带来了严峻的挑战,提出了一系列前所未有的全新问题。首先,要对开发工具和软件进行新的投资,并对设计流程进行重新定义;另外,要对原软件能多大程度地用于新架构、要把已有软件移植到 32 位的新架构上还必须做多少工作,以及器件和开发工具的成本、存储器的种类、规模、性能和容量、可选器件的种类等进行评估。是否向 32 位升级主要取决于经过综合考虑后的总的系统成本等。

1) 发生了哪些变化

国内原来熟悉 8 位 MCU 开发的工程师大部分出身于电子工程和其他机电专业,而非计算机专业。随着嵌入式系统设计技术的发展,已经在很多方面发生了很大的变化。这与传统的 8 位 MCU 的开发有着许多明显的不同:首先是复杂度大为提高,其次开发形式、手段和工具也有了很大不同;另外系统越来越多地是建立在 RTOS 平台上,使用的开发程序设计语言不再是开始效率很低的汇编语言,而越来越多地使用开发效率很高的高级语言。C 语言已成为主流通用开发语言。

(1) 开发的复杂度越来越大;
(2) 开发形式、手段和工具越来越多;
(3) 开发平台使用 RTOS:RTOS 的引入解决了嵌入式软件开发标准化的难题,促进嵌入式开发软件的模块化和可移植化,为软件工程化打下基础。随着嵌入式系统中软件比重不断上升、应用程序越来越大,这对开发人员的知识结构、应用程序接口和程序档案的组织管理等都提出了新的要求。引入 RTOS 相当于引入了一种新的管理模式,对于开发单片机和开发人员都是一个飞跃。

2) 设计者面对的新挑战

(1) 转变观念,需要熟悉新的开发模式。

嵌入式系统应用不再是过去单一的单片机应用模式,而是越来越多样化,这可为用户提供更多的不同层次的选择方案。嵌入式系统实现的最高形式是片上系统 SoC,而 SoC 的核心技术是重用和组合 IP 核构件。从单片机应用设计到片上系统设计及其中间的一系列的变化,从底层大包大揽的设计到利用 FPGA 和 IP 模块进行功能组合 PSoC/SoPC 设计,这是一个观念的转变。学习和熟悉新的开发模式将会事半功倍地构建功能强大和性能卓越的嵌入式系统,但同时也给系统的设计验证工作提出了许多新的挑战。

(2) 进入的技术门槛提高,需要学习全新的 RTOS 技术。

现代高端嵌入式系统都是建立在 RTOS 基础上的。这对于未受过计算机专业训练的各专业领域的工程技术人员来说,需要学习全新的 RTOS 技术,深入了解 RTOS 的工作机制和系统的资源配置,掌握底层软件、系统软件和应用软件的设计和调试方式。进入的技术门槛要比所熟悉的开发方法高得多。这对于开发者来说,也是一个新的挑战。

(3) 选择适合的开发工具,熟悉新的开发环境。

目前从 8 位升级到 32 位的一个最大障碍就是开发工具的投入。32 位开发工具要比 8 位开发工具复杂得多,使用的技术门槛要高得多,同时其投资也要高得多。进入 32 位系统开发的工程师不得不面对与 8 位系统很不相同的开发环境。如何正确选择处理器架构、评估嵌入式操作系统,以及使用陌生的开发工具,都是一个新的挑战。

(4) 熟悉硬件/软件协同设计和验证技术、设计管理技术。

软/硬件并行设计是嵌入式系统设计的一项关键任务。在设计过程中的主要问题,是软硬件设计的同步与集成。这要求控制一致性与正确性,但随着技术细节不断增加,需要消耗大量时间。目前,业界已经开发 Polis、Cosyma 及 Chinook 等多种方法和工具来支持集成式软硬件协同设计。目标是提供一种统一的软硬件开发方法,它支持设计空间探索,并使系统功能可以跨越硬件和软件平台复用。

团队开发的最大问题就是设计管理问题。现在有越来越多的公司开始重视技术管理,利用各种技术管理软件(例如软件版本管理软件)对全过程进行监督管理。这对每一个参与开发的人来说,似乎增加了不少麻烦,但是对整个公司的产品上市、升级、维护以及战略利益都具有长远的效益。

(5) SoC 设计所面临的巨大的挑战。

SoC 已经开始成为新一代应用电子技术的核心,这已成为电子技术的革命标志。过去应用工程师面对的是各种 ASIC 电路,而现在越来越多所面对的是巨大的 IP 模块库,所有设计工作都是以 IP 模块为基础。SoC 设计技术使嵌入式系统设计工程师变成了一个面向应用的电子器件设计工程师。随着 SoC 应用的日益普及,在测试程序生成、工程开发、硅片查错、量产等领域对 SoC 测试技术提出了越来越高的要求。掌握新的测试理念及新的测试流程、方法和技术,是对单片机应用工程师提出的新挑战。

5.5 Keil 与 Proteus 用法简介

1. Keil 软件使用方法简介

Keil C51 软件是众多单片机应用开发的优秀软件之一，它集编辑、编译、仿真于一体，支持汇编、汇编语言和 C 语言的程序设计，界面友好，易学易用。

下面介绍 Keil C51 软件的使用方法。

学习程序设计语言、某种程序软件，最好的方法是直接操作实践。下面通过简单的编程、调试，引导大家学习 Keil C51 软件的基本使用方法和基本的调试技巧。

1) 新建工程

单击 Project 菜单，在弹出的下拉菜单中选中 New Project 选项。

然后选择要保存的路径，输入工程文件的名字，比如保存到 D 盘的 CMJ51 文件夹里，工程文件的名字为 CMJ51；这时会弹出一个对话框，要求选择单片机的型号，读者可以根据使用的单片机来选择，Keil C51 几乎支持所有的 51 核的单片机，这里还是以大家用得比较多的 Atmel 的 89C51 来说明，选择 89C51 之后，然后单击"确定"按钮。

2) 新建文件

单击 File 菜单，再在下拉菜单中单击 New 选项。

单击 File 菜单下的 save，出现一个对话框，输入文件名，后缀名为 *.asm，进行保存到 D 盘 CMJ51 文件夹下。

3) 添加文件

回到编辑界面后，单击 Target 1 前面的＋号，然后在 Source Group 1 上单击右键，然后单击 Add File to Group "Source Group 1"。选中 cmj1.asm，然后单击 Add。

4) 汇编连接

单击图标(rebuilt all target files)对文件 cmj1.asm 进行编译。

5) 运行看结果

单击图标(start/stop debug session)，进入运行状态。单击一次图标(step into)，程序就能运行一条，一直到程序的结束(ret)。

特殊功能寄存器中的内容可以在界面中直接看到，存储单元的内容在 memory ♯1 中输入如某一单元的地址，即可看到该单元的内容。

2. Proteus 软件使用方法简介

Proteus 软件是 Labcenter Electronics 公司的一款电路设计与仿真软件，它包括 ISIS、ARES 等软件模块，ARES 模块主要用来完成 PCB 的设计，而 ISIS 模块用来完成电路原理图的布图与仿真。Proteus 的软件仿真基于 VSM 技术，它与其他软件最大的不同也是最大的优势就在于它能仿真大量的单片机芯片，比如 MCS-51 系列、PIC 系列等，以及单片机外围电路，比如键盘、LED、LCD 等。通过 Proteus 软件的使用读者能够轻易地获得一个功能齐全、实用方便的单片机模拟实验室。

本文中由于主要使用 Proteus 软件在单片机方面的仿真功能，所以本章重点研究 ISIS

模块的用法。在下面的内容中,如不特别说明,本章所说的 Proteus 软件特指其 ISIS 模块。

下面来熟悉一下 Proteus 的界面。Proteus 是一个标准的 Windows 窗口程序,和大多数程序一样,没有太大区别,其启动界面如图 5.19 所示。

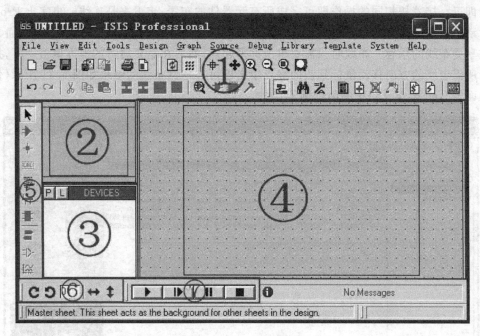

图 5.19　Proteus 标准窗口

如图 5.19 中所示,区域①为菜单及工具栏,区域②为预览区,区域③为元器件浏览区,区域④为编辑窗口,区域⑤为对象拾取区,区域⑥为元器件调整工具栏,区域⑦为运行工具条。

下面就以建立一个和前文在 Keil 简介中所讲的工程项目相配套的 Proteus 工程为例来详细讲述 Proteus 的操作方法以及注意事项。

首先单击启动界面区域③中的 P 按钮(Pick Devices,拾取元器件)来打开 Pick Devices (拾取元器件)对话框从元件库中拾取所需的元器件。对话框如图 5.20 所示。

在对话框中的 Keywords 里面输入要检索的元器件的关键词,比如要选择项目中使用的 AT89C51,就可以直接输入。输入以后能够在中间的 Results 结果栏里面看到搜索的元器件的结果。在对话框的右侧,还能够看到选择的元器件的仿真模型、引脚以及 PCB 参数。

这里有一点需要注意,可能有时候选择的元器件并没有仿真模型,对话框将在仿真模型和引脚一栏中显示 No Simulator Model(无仿真模型)。那么我们就不能够用该元器件进行仿真了,或者我们只能做它的 PCB 板,或者我们选择其他的与其功能类似而且具有仿真模型的元器件。

搜索到所需的元器件以后,可以双击元器件名来将相应的元器件加入到文档中,那么接着还可以用相同的方法来搜索并加入其他的元器件。当我们已经将所需的元器件全部加入到文档中时,我们可以单击 OK 按钮来完成元器件的添加。

添加好元器件以后,下面我们所需要做的就是将元器件按照我们的需要连接成电路。

首先在元器件浏览区中单击我们需要添加到文档中的元器件,这时我们就可以在浏览区看到所选择的元器件的形状与方向。如果其方向不符合读者的要求,读者可以通过单击元器件调整工具栏中的工具来任意进行调整,调整完成之后在文档中单击并选定好需要放置的位置即可。接着按相同的操作即可完成所有元器件的布置,接下来是连线。事实上 Proteus 的自动布线功能是如此的完美以至于在做布线时从来都不会觉得这是一项任务,而通常像是在享受布线的乐趣。布线时只需要单击选择起点,然后在需要转弯的地方单击一下,按照读者所需走线的方向移动鼠标到线的终点单击即可。本例布线的结果如图 5.21 所示(仿真在上面的 Keil 操作介绍中的简单例子)。

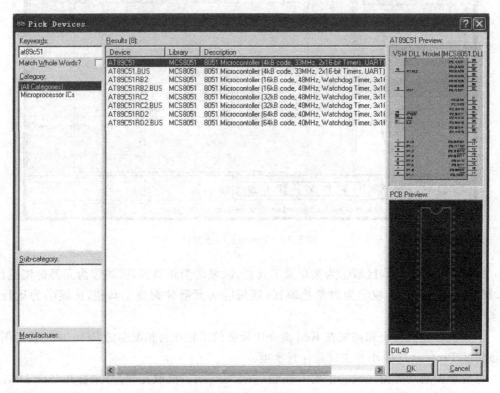

图 5.20 Proteus 放置元器件

因为该工程十分简单,没有必要加上复位电路,所以这点在图中予以忽略,请读者注意。除此以外,读者可能还发现,单片机系统没有晶振,这一点需注意。事实上在 Proteus 中单片机的晶振可以省略,系统默认为 12MHz,而且很多时候,当然也为了方便,只需要取默认值就可以了。

下面来添加电源。先说明一点,Proteus 中单片机芯片默认已经添加电源与地,所以可以省略。然后在元器件浏览区中单击 POWER(电源)来选中电源,通过区域⑥中的元器件调整工具进行适当的调整,然后就可以在文档区中单击放置电源了。放置并连接好线路的电路图一部分如图 5.22 所示。

连接好电路图以后还需要做一些修改。由图 5.22 可以看出,图中的 R_1 电阻值为 $10k\Omega$,这个电阻作为限流电阻显然太大,将使发光二极管 D_1 亮度很低或者根本就不亮,影响仿真结果,所以要进行修改。修改方法如下:首先双击电阻图标,这时软件将弹出 Edit

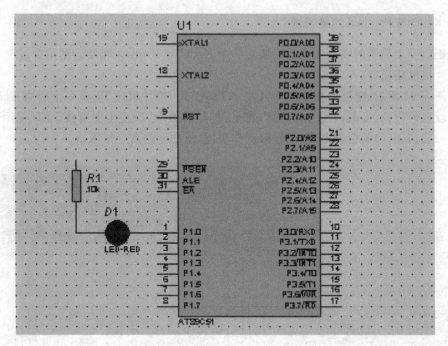

图 5.21 仿真电路图

Component 对话框,对话框中的 Component Referer 是组件标签之意,可以随便填写,也可以取默认,但要注意在同一文档中不能有两个组件标签相同;Resistance 就是电阻值了,可以在其后的框中根据需要填入相应的电阻值。填写时需注意其格式,如果直接填写数字,则单位默认为 Ω;如果在数字后面加上 K 或者 k,则表示 kΩ 之意。这里填入 270,表示 270Ω。

修改好各组件属性以后就要将程序(HEX 文件)载入单片机了。首先双击单片机图标,系统同样会弹出 Edit Component 对话框,在这个

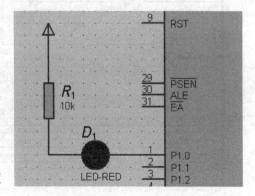

图 5.22 发光二极管电路图

对话框中单击 Program files 框右侧的 ▭ ,来打开选择程序代码窗口,选中相应的 HEX 文件后返回,这时,按钮左侧的框中就填入了相应的 HEX 文件,单击对话框的 OK 按钮,回到文档,程序文件就添加完毕了。

装载好程序,就可以进行仿真了。首先来熟悉一下上面第一个图中区域⑦的运行工具条。因为比较简单,只作以下介绍:

工具条从左到右依次是 Play、Step、Pause、Stop 按钮,即运行、步进、暂停、停止。下面单击 Play 按钮来仿真运行,可以看到系统按照程序在运行着,而且还能看到其高低电平的实时变化。如果已经观察到了结果就可以单击 Stop 来停止运行。

3. KeilC 与 Proteus 连接调试

下面以一个简单的实例来完整的展示一个 KeilC 与 Proteus 相结合的仿真过程。

单片机电路设计：

如图 5.23 所示，电路的核心是单片机 AT89C51。单片机的 P_1 口 8 个引脚接 LED 显示器的段选码(a、b、c、d、e、f、g、dp)的引脚上，单片机的 P_2 口 6 个引脚接 LED 显示器的位选码(1、2、3、4、5、6)的引脚上，电阻起限流作用，总线使电路图变得简洁。

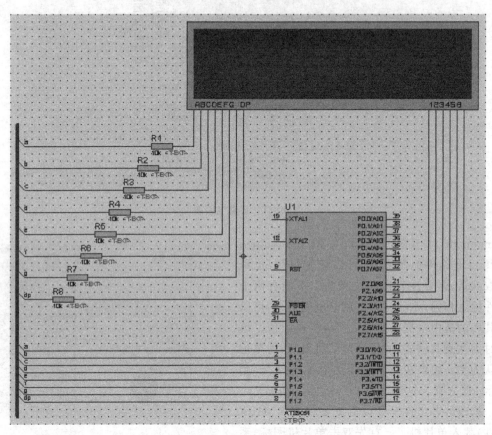

图 5.23　单片机电路图

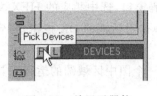

图 5.24　放置元器件

程序设计：

实现 LED 显示器的选通并显示字符。

电路图的绘制：

(1) 将所需元器件加入到对象选择器窗口。Picking Components into the Schematic 单击对象选择器按钮 P，如图 5.24 所示。

弹出 Pick Devices 页面，在 Keywords 输入 AT89C51，系统在对象库中进行搜索查找，并将搜索结果显示在 Results 中，如图 5.25 所示。

在 Results 栏中的列表项中，双击 AT89C51，则可将 AT89C51 添加至对象选择器窗口。

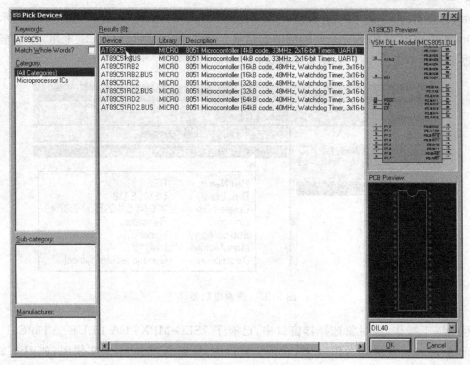

图 5.25 搜索元器件

接着在 Keywords 栏中重新输入 7SEG,如图 5.26 所示。双击 7SEG-MPX6-CA-BLUE,则可将 7SEG-MPX6-CA-BLUE(6 位共阳 7 段 LED 显示器)添加至对象选择器窗口。

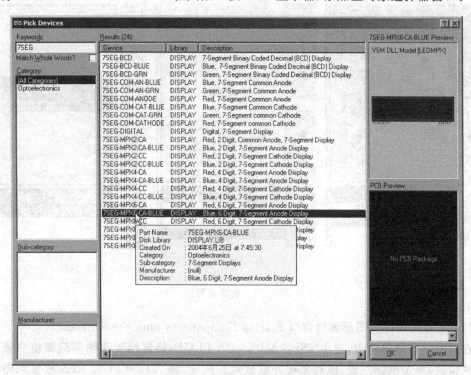

图 5.26 查找 7 段数码管器件

最后，在 Keywords 栏中重新输入 RES，选中 Match Whole Words，如图 5.27 所示。在 Results 栏中获得与 RES 完全匹配的搜索结果。双击 RES，则可将 RES（电阻）添加至对象选择器窗口。单击 OK 按钮，结束对象选择。

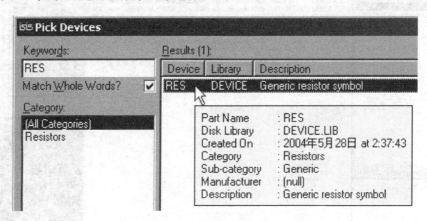

图 5.27　搜索电阻器件

经过以上操作，在对象选择器窗口中，已有了 7SEG-MPX6-CA-BLUE、AT89C51、RES 三个元器件对象，若单击 AT89C51，在预览窗口中，见到 AT89C51 的实物图，如图 5.28(a) 所示。若单击 RES 或 7SEG-MPX6-CA-BLUE，在预览窗口中，见到 RES 和 7SEG-MPX6-CA-BLUE 的实物图，如图 5.28(b)、(c)所示。此时，我们已注意到在绘图工具栏中的元器件按钮 处于选中状态。

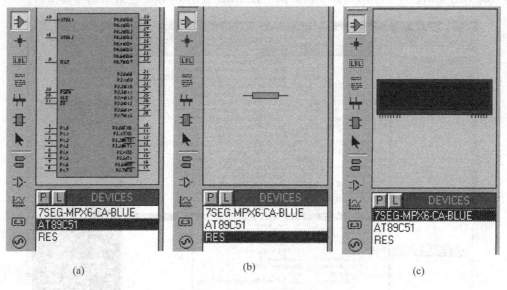

图 5.28　放置元器件

(2) 放置元器件至图形编辑窗口 Placing Components onto the Schematic。

在对象选择器窗口中，选中 7SEG-MPX6-CA-BLUE，将鼠标置于图形编辑窗口该对象的欲放位置，单击鼠标左键，该对象被完成放置。同理，将 AT89C51 和 RES 放置到图形编辑窗口中,如图 5.29 所示。

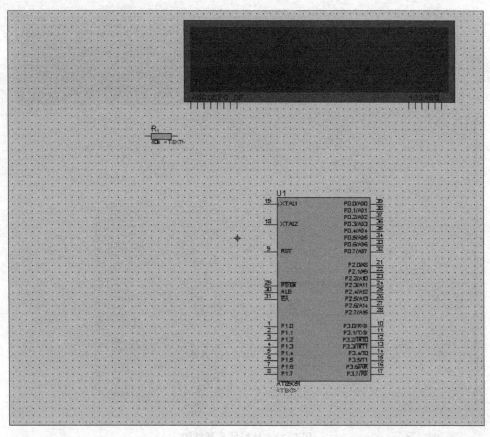

图 5.29 放好的元器件

若对象位置需要移动,将鼠标移到该对象上,单击鼠标右键。此时已经注意到,该对象的颜色已变至红色,表明该对象已被选中。按下鼠标左键,拖动鼠标,将对象移至新位置后,松开鼠标,完成移动操作。

由于电阻 $R_1 \sim R_8$ 的型号和电阻值均相同,因此可利用复制功能作图。将鼠标移到 R_1,单击鼠标右键,选中 R_1,在标准工具栏中,单击复制按钮 ,拖动鼠标,按下鼠标左键,将对象复制到新位置,如此反复,直到按下鼠标右键,结束复制。此时已经注意到,电阻名的标识,系统自动加以区分,如图 5.30 所示。

(3) 放置总线至图形编辑窗口。

单击绘图工具栏中的总线按钮 ,使之处于选中状态。将鼠标置于图形编辑窗口,单击鼠标左键,确定总线的起始位置;移动鼠标,屏幕出现粉红色细直线,找到总线的终了位置,单击鼠标左键,再单击鼠标右键,以表示确认并结束画总线操作。此后,粉红色细直线被蓝色的

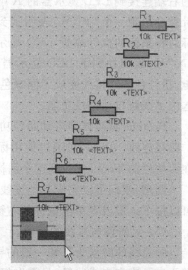

图 5.30 复制电阻元器件

粗直线所替代,如图 5.31 放好的元器件所示。

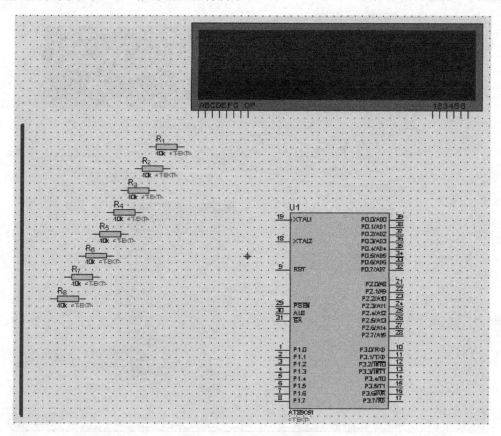

图 5.31　放好的元器件图

(4) 元器件之间的连线 Wiring Up Components on the Schematic。

Proteus 的智能化可以在想要画线的时候进行自动检测。下面,我们来操作将电阻 R_1 的右端连接到 LED 显示器的 A 端。当鼠标的指针靠近 R_1 右端的连接点时,跟着鼠标的指针就会出现一个"×"号,表明找到了 R_1 的连接点,单击鼠标左键,移动鼠标(不用拖动鼠标),将鼠标的指针靠近 LED 显示器的 A 端的连接点时,跟着鼠标的指针就会出现一个"×"号,表明找到了 LED 显示器的连接点,同时屏幕上出现了粉红色的连接,单击鼠标左键,粉红色的连接线变成了深绿色,同时,线形由直线自动变成了 90°的折线,这是因为我们选中了线路自动路径功能。

Proteus 具有线路自动路径功能(WAR),当选中两个连接点后,WAR 将选择一个合适的路径连线。WAR 可通过使用标准工具栏里的 WAR 命令按钮 来关闭或打开,也可以在菜单栏的 Tools 下找到这个图标。

同理,我们可以完成其他连线,画好的电路图如图 5.32 所示。在此过程的任何时刻,都可以按 Esc 键或者单击鼠标的右键来放弃画线。

(5) 元器件与总线的连线。

画总线的时候为了和一般的导线区分,我们一般喜欢画斜线来表示分支线。此时我们需要自己决定走线路径,只需在想要拐点处单击鼠标左键即可,如图 5.33 所示。

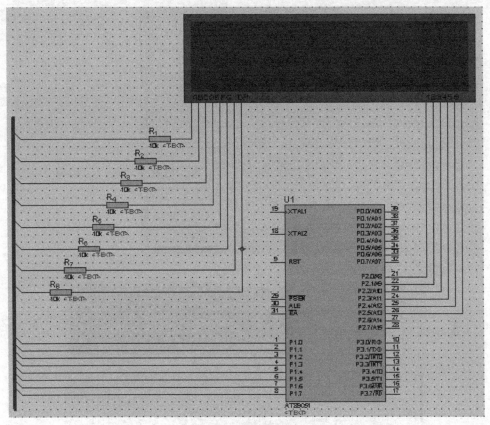

图 5.32 画好的电路图

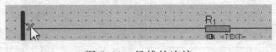

图 5.33 导线的连接

(6) 给与总线连接的导线贴标签 PART LABELS。

单击绘图工具栏中的导线标签按钮，使之处于选中状态。将鼠标置于图形编辑窗口的欲标标签的导线上，跟着鼠标的指针就会出现一个"×"号，表明找到了可以标注的导线，单击鼠标左键，弹出编辑导线标签窗口，如图 5.34 所示。

在 String 栏中，输入标签名称（如 a），单击 OK 按钮，结束对该导线的标签标定。同理，可以标注其他导线的标签。注意，在标定导线标签的过程中，相互接通的导线必须标注相同的标签名。

至此，我们便完成了整个电路图的绘制。

KeilC 与 Proteus 连接调试如下。

(1) 假若 KeilC 与 Proteus 均已正确安装在 C:\Program Files 的目录里，把 C:\Program Files\Labcenter Electronics\Proteus 6 Professional\MODELS\VDM51.dll 复制到 C:\Program Files\keilC\C51\BIN 目录中。

(2) 用记事本打开 C:\Program Files\keilC\C51\TOOLS.INI 文件，在[C51]栏目下加入：

TDRV5 = BIN\\VDM51.DLL ("Proteus VSM Monitor-51 Driver")

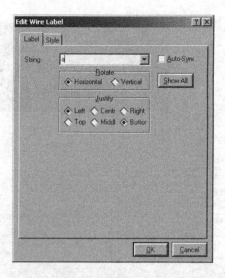

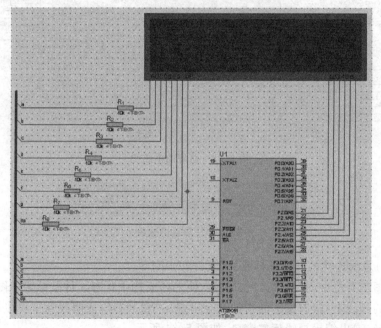

图 5.34 放置导线标签及电路图

其中"TDRV5"中的"5"要根据实际情况写,不要和原来的重复(步骤(1)和(2)只需在初次使用设置)。

(3) 进入 KeilC μVision2 开发集成环境,创建一个新项目(Project),并为该项目选定合适的单片机 CPU 器件(如:Atmel 公司的 AT89C51)。并为该项目加入 KeilC 源程序。

源程序如下:

```
#define LEDS 6
#include "reg51.h"
//led 灯选通信号
unsigned char code Select[ ] = {0x01,0x02,0x04,0x08,0x10,0x20};
unsigned char code LED_CODES[ ] =
```

```
    { 0xc0,0xF9,0xA4,0xB0,0x99,         //0~4
      0x92,0x82,0xF8,0x80,0x90,         //5~9
      0x88,0x83,0xC6,0xA1,0x86,         //A,b,C,d,E
      0x8E,0xFF,0x0C,0x89,0x7F,0xBF     //F,空格,P,H,.,-   };
void main()
{
char i = 0;
long int j;
while(1)
{
P2 = 0;
P1 = LED_CODES[i];
P2 = Select[i];
for(j = 3000;j>0;j--);              //该 LED 模型靠脉冲点亮,第 i 位靠脉冲点亮后,会自动熄灭
           //修改循环次数,改变点亮下一位之前的延时,可得到不同的显示效果
  i++;
  if(i > 5) i = 0;
 }
}
```

（4）单击 Project|Options for Target 选项或者单击工具栏的 option for target 按钮 ,弹出窗口,单击 Debug 按钮,出现如图 5.35 所示页面。

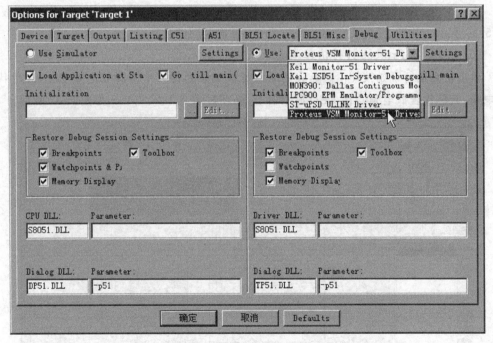

图 5.35　选择仿真连接软件

在出现的对话框里在右栏上部的下拉菜单里选中 Proteus VSM Monitor-51 Driver。并且还要单击一下 Use 前面表明选中的小圆点。

再单击 Setting 按钮,设置通信接口,在 Host 后面添上"127.0.0.1",如果使用的不是同一台计算机,则需要在这里添上另一台计算机的 IP 地址(另一台计算机也应安装 Proteus)。在 Port 后面添加"8000"。设置好的情形如图 5.36 所示,单击 OK 按钮即可。最

后将工程编译,进入调试状态,并运行。

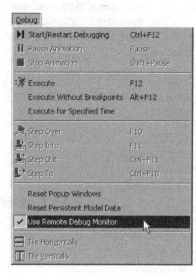

图 5.36 仿真连接设置图

(5) Proteus 的设置。

进入 Proteus 的 ISIS,鼠标左键单击菜单 Debug,选中 Use Remote Debug Monitor,如图 5.36 所示。此后,便可实现 KeilC 与 Proteus 连接调试。

(6) KeilC 与 Proteus 连接仿真调试。

单击仿真运行开始按钮 ▶ ,我们能清楚地观察到每一个引脚的电频变化,红色代表高电频,蓝色代表低电频。在 LED 显示器上,循环显示 0、1、2、3、4、5,如图 5.37 所示。

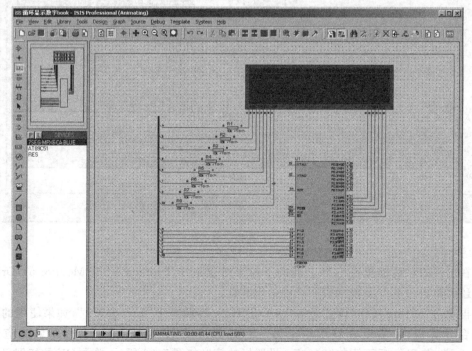

图 5.37 仿真电路图运行效果

本章小结

本章主要讨论了单片机的含义、分类、发展及其典型应用，并以 MCS-51 单片机为实例，详细说明了单片机系统的设计过程和开发关键；同时重点对嵌入式系统的概念、分类、组成、开发设计等部分做了详细的讨论。然后，又详细地介绍了当前常用的开发工具，对 Keil 与 Proteus 的用法和项目设计流程做了详细的说明，使读者能清晰地了解单片机及嵌入式系统的基本概念、基本架构、相互关系及应用开发，使读者对嵌入式系统的设计流程有一个清晰的认识，为进一步学习嵌入式系统打下坚实的基础。

第6章

传感器的概念与发展

6.1 传感器基本概念

信息处理技术取得的进展以及微处理器和计算机技术的高速发展,都需要在传感器的开发方面有相应的进展。微处理器现在已经在测量和控制系统中得到了广泛的应用。随着这些系统能力的增强,作为信息采集系统的前端单元,传感器的作用越来越重要。传感器已成为自动化系统和机器人技术中的关键部件,作为系统中的一个结构组成,其重要性变得越来越明显。

最广义地来说,传感器是一种能把物理量或化学量转变成便于利用的电信号的器件。国际电工委员会 IEC 的定义为:"传感器是测量系统中的一种前置部件,它将输入变量转换成可供测量的信号。"Gopel 的说法是:"传感器是包括承载体和电路连接的敏感元件,"而"传感器系统则是组合有某种信息处理(模拟或数字)能力的传感器"。传感器是传感器系统的一个组成部分,它是被测量信号输入的第一道关口。

进入传感器的信号幅度是很小的,而且混杂有干扰信号和噪声。为了方便随后的处理过程,首先要将信号整形成具有最佳特性的波形,有时还需要将信号线性化,该工作是由放大器、滤波器以及其他一些模拟电路完成的。在某些情况下,这些电路的一部分是和传感器部件直接相邻的。成形后的信号随后转换成数字信号,并输入到微处理器。

德国和俄罗斯学者认为传感器应是由两部分组成的,即直接感知被测量信号的敏感元件部分和初始处理信号的电路部分。按这种理解,传感器还包含了信号成形器的电路部分。

传感器系统的性能主要取决于传感器。传感器把某种形式的能量转换成另一种形式的能量。有两类传感器:有源传感器和无源传感器。有源传感器能将一种能量形式直接转变成另一种,不需要外接能源或激励源。无源传感器不能直接转换能量形式,但它能控制从另一输入端输入的能量或激励,能使传感器承担将某个对象或过程的特定特性转换成数量的工作。其"对象"可以是固体、液体或气体,而它们的状态可以是静态的,也可以是动态(即过程)的。对象特性被转换量化后可以通过多种方式检测。对象的特性可以是物理性质的,也可以是化学性质的。按照其工作原理,传感器将对象特性或状态参数转换成可测定的电学量,然后将此电信号分离出来,送入传感器系统加以评测或标示。

各种物理效应和工作机理被用于制作不同功能的传感器。传感器可以直接接触被测量对象,也可以不接触。用于传感器的工作机制和效应类型不断增加,其包含的处理过程日益完善。

常将传感器的功能与人类5大感觉器官相比拟：

光敏传感器——视觉

声敏传感器——听觉

气敏传感器——嗅觉

化学传感器——味觉

压敏、温敏、流体传感器——触觉

与当代的传感器相比，人类的感觉能力好得多，但也有一些传感器比人的感觉功能优越，例如人类没有能力感知紫外线或红外线辐射，感觉不到电磁场、无色无味的气体等。

对传感器设定了许多技术要求，有一些是对所有类型传感器都适用的，也有只对特定类型传感器适用的特殊要求。针对传感器的工作原理和结构，在不同场合均需要的基本要求是：高灵敏度，抗干扰的稳定性（对噪声不敏感），容易调节（校准简易），高精度，高可靠性，无迟滞性，工作寿命长（耐用性），可重复性，抗老化，高响应速率，抗环境影响（热、振动、酸、碱、空气、水、尘埃）的能力，安全性（传感器应是无污染的），互换性，低成本，宽测量范围，小尺寸、重量轻和高强度等。

6.1.1 传感器的构成与分类

传感器一般是由敏感元件、转换元件和其他辅助元件组成。有时也将信号调节与转换电路及辅助电源作为传感器的组成部分。

敏感元件：直接感受被测量（一般为非电量），并输出与被测量成确定关系的其他量（一般为电量）的元件。如应变式压力传感器的弹性膜片就是敏感元件，它的作用是将压力转换成膜片的变形。

转换元件：又称变换器，一般情况下它不直接感受被测量，而是将敏感元件输出的量转换为电量输出的元件。如应变式压力传感器的应变片，它的作用是将弹性膜片的变形转换为电压值的变化。

这种划分并无严格的界限，如热电偶是直接感知温度变化的敏感元件，但它又直接将温度转换为电量，因而它同时又兼为转换元件了。压阻式传感器就是将敏感元件热敏电阻与转换元件合为一体的传感器。许多光电转换器都是这种敏感、传感合为一体的传感器。

信号调节与转换电路：一般是指能把传感元件输出的电信号转换为便于显示、记录、处理和控制的有用电信号的电路。信号调节与转换电路的选择要视传感元件的类型而定，常用电路如弱信号放大器、电桥、振荡器、阻抗变换器等。

对传感器的分类方法有很多，可以从不同的特点来分，有的传感器可以同时测量多种参数，而对同一物理量又可用多种不同类型的传感器来进行测量。因此同一传感器可分为不同类，有不同的名称。

(1) 按将外界输入信号变换为电信号时采用的效应分类，有物理传感器、化学传感器、生物传感器。

(2) 按输入量分类（厂家和用户常用的方法），即按被测量分类，有位移、速度、加速度、角位移、角速度、力、力矩、压力、真空度、温度、电流、射线、气体成分、浓度等传感器。

(3) 按传感器工作原理分类，有应变式、电容式、电阻式、电感式、压电式、热电式、马赫干涉仪式、光敏、热释电式、光电式等传感器。

(4) 按输出信号分类,有模拟式传感器(输出为模拟量),数字式传感器(输出为数字量)。

传感器的命名可按分类方式进行,一般称××式××传感器。前面的××表示变换元件(将非电量直接转换为电量的元件)的名称。如电阻式、压电式,也同时指出了变换原理的种类。后边的××表示传感器的用途,即指出传感器所接收的被测量的种类,如压力、温度等。如电阻式液位传感器,压电式加速度传感器。经典传感器的称呼比较规范,现代许多新型传感器的称呼就不很规范。人们从不同角度来称呼它,如多普勒测速仪,是速度传感器,按使用波段常称超声多普勒测速仪,激光多普勒测速仪以及微波多普勒测速仪。

现代传感器的概念和内容与经典传感器相比,尽管有了较大的发展,但是,将被测量按一定规律转换为可用信号(一般是电信号)这一基本功能并未改变。过去的传感器往往是简单的敏感元件或变换元件,如一个热敏电阻,一只光电管,它们就能直接将被测量转换为电信号。随着现代科学技术的迅速发展,对客观世界认识的深入,为了进行某些深层次的待测量,如微形变、超细微粒、微量的气体成分探测、运动目标的三维坐标、动态温度等,若用单一的传感器不能将直接的被测量转换成可用的或可定量测量的量,而必须对信号经过一系列变换,微弱信号放大,消除各种噪声干扰才能得到有一定信噪比的可用信号。因此我们完成从获取被测信号到输出可用信号这一整个系统称做为传感器(系统)。一台专用的精密测试仪器,就是一个传感器系统,尽管系统的结构复杂多样,但在功能上都是一种可被转换成可用(电)信号的装置,如一台雷达,一台激光多普勒测速仪,一台微位移电子散斑仪,都是专用的传感器。用于自主式车辆作视觉导引的视觉三维传感器就是一台结构复杂,光机电算多种高技术合一的三维激光成像雷达系统。图 6.1 所示为相机中的位移传感器。

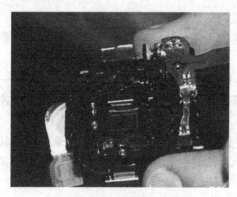

图 6.1 相机中的位移传感器

6.1.2 传感器技术的发展趋势

1. 近代传感器技术的发展趋势

传感器在科学技术领域、工农业生产以及日常生活中发挥着越来越重要的作用。人类社会对传感器提出越来越高的要求是传感器技术发展的强大动力。而现代科学技术突飞猛进则为其迅速发展提供了坚强的后盾。

纵观几十年来的传感技术领域的发展,不外乎分为两个方面:一是提高与改善传感器的技术性能,二是寻找新原理、新材料、新工艺及新功能等。为提高传感器的性能,可采用下列技术途径。

1) 差动技术

差动技术是传感器中普遍采用的技术。它的应用可显著地减小温度变化、电源波动、外界干扰等对传感器精度的影响,抵消了共模误差,减小非线性误差等。不少传感器由于采用了差动技术,使得灵敏度增大。

2) 平均技术

在传感器中普遍采用平均技术可产生平均效应,其原理是利用若干个传感单元同时感受被测量,其输出则是这些单元输出的平均值,若将每个单元可能带来的误差均可看作随机误差且服从正态分布,根据误差理论,总的误差将减小为式中——传感单元数。

可见,在传感器中利用平均技术不仅可使传感器误差减小,且可增大信号量,即增大传感器灵敏度。

光栅、磁栅、容栅、感应同步器等传感器,由于其本身的工作原理决定由多个传感单元参与工作,可取得明显的误差平均效应的效果,这也是这一类传感器固有的优点。另外,误差平均效应对某些工艺性缺陷造成的误差同样能够起到弥补作用。在懂得这种道理之后,设计时在结构允许情况下,适当增多传感单元数,可收到很好的效果。例如圆光栅传感器,若让全部栅线都同时参与工作,设计成"全接收"形式,误差平均效应就可以充分地发挥出来。

3) 补偿与修正技术

补偿与修正技术在传感器中得到了广泛的应用。这种技术的运用是针对下列两种情况。一是针对传感器本身特性的,二是针对传感器的工作条件或外界环境的。

对于传感器特性,可以找出误差的变化规律,或者测出其大小和方向,采用适当的方法加以补偿或修正。针对传感器工作条件或外界环境进行误差补偿,也是提高传感器精度的有力技术措施。很多传感器对温度敏感,由于温度变化引起的误差十分明显。为了解决这个问题,可以通过控制温度、搞恒温装置实现,但往往费用太高,或使用现场不允许。而在传感器内引入温度误差补偿又常常是可行的。这时应找出温度对测量值影响的规律,然后引入温度补偿措施。

在激光式传感器中,常常把激光波长作为标准尺度,而波长受温度、气压、湿度的影响,在精度要求较高的情况下,就需要根据这些外界环境情况进行误差修正才能满足要求。补偿与修正,可以利用电子线路(硬件)来解决,也可以采用微型计算机通过软件来实现。

4) 屏蔽、隔离与干扰抑制

传感器大都要在现场工作,而现场的条件往往是难以充分预料的,有时是极其恶劣的,且各种外界因素影响传感器的精度与性能。为了减小测量误差,保证其原有性能,就应设法削弱或消除外界因素对传感器的影响。其方法归纳起来有二:一是减小传感器对影响因素的灵敏度;二是降低外界因素对传感器实际作用的烈度。

对于电磁干扰,可以采用屏蔽、隔离措施,也可用滤波等方法抑制。对于如温度、湿度、机械振动、气压、声压、辐射、甚至气流等,可采用相应的隔离措施,如隔热、密封、隔振等,或者在变换成为电量后对干扰信号进行分离或抑制,减小其影响。

5) 稳定性处理

传感器作为长期测量或反复使用的器件,其稳定性显得特别重要,其重要性甚至胜过精度指标,尤其是对那些很难或无法定期鉴定的场合。

造成传感器性能不稳定的原因是:随着时间的推移和环境条件的变化,构成传感器的各种材料与元器件性能将发生变化。

为了提高传感器性能的稳定性,应该对材料、元器件或传感器整体进行必要的稳定性处理。如结构材料的时效处理、冰冷处理,永磁材料的时间老化、温度老化、机械老化及交流稳磁处理,电气元件的老化筛选等。

在使用传感器时,若测量要求较高,必要时也应对附加的调整元件,后续电路的关键元器件进行老化处理。

2. 现代传感器技术的发展趋势

传感技术涉及传感器机理研究与分析、设计与研制、性能评估与应用等,是一门多学科交叉的现代科学技术。大规模集成电路、微纳加工、网络等技术的发展,为传感技术的发展奠定了基础。微电子、光电子、生物化学、信息处理等各学科、各种新技术的互相渗透和综合利用,为研制一批新颖、先进的传感器提供了技术支撑。传感器领域的主要技术将在现有基础上予以延伸和提高,并加速新一代传感器的开发和产业化。随着生产自动化程度的不断提高,人们生活水平的不断改善,对传感器的需求也不断增加。技术推动和需求牵引共同决定了现代传感技术的发展趋势。

(1) 开发新型传感器的工作机理。基于各种物理(化学或生物)效应和定律,启发人们进一步探索具有新效应的敏感功能材料,并以此研制出具有新原理的新型传感器。这是发展高性能、多功能、低成本和小型化传感器的重要途径。

生物传感器是新型传感器中的一类,该类传感器在食品工业、环境监测、发酵工业、医学等方面得到高度重视和广泛应用。生物传感器可以检测食品成分、食品添加剂、有害毒物及食品鲜度等。在环境污染物的连续、快速、在线监测方面,需要测量形成酸雨酸雾的二氧化硫,利用传统检测方法过程比较复杂,而由亚细胞类脂类固定在醋酸纤维膜上,和氧电极一起制成安培型生物传感器,可以实现对酸雨酸雾样品溶液进行检测。在各种生物传感器中,微生物传感器具有成本低、制作设备简单、不受发酵液混浊程度的限制、能消除发酵过程中干扰物质的干扰等优点。

因此,在发酵工业中广泛采用微生物传感器作为一种有效的检测工具。例如,利用电化学微生物的细胞数传感器可以实现菌体浓度连续、在线测定。生物传感器技术也为基础医学研究及临床诊断提供了一种快速简便的新型方法,利用具有不同生物特性的微生物代替酶,可制成微生物传感器,用于临床医学。酶电极是最早研制并且应用最多的一种传感器,因为其具有选择性好、灵敏度高、响应快等特点,也用于军事医学方面。通过及时快速检测细菌、病毒及其毒素等,实现生物武器的有效防御。目前,生物传感器价格较高,性能也比较低。但随着技术的发展,低成本、高灵敏度、高稳定性和高寿命的生物传感器技术将会加速生物传感器市场化、商品化的进程。

利用量子力学中的有关效应,为设计、研制先进的新型传感器提供了理论基础。利用量子效应研制具有敏感某种被测量的量子敏感器件,像共振隧道二极管、量子阱激光器和量子干涉部件等,具有高速(比电子敏感器件速度提高1000倍)、低耗(比电子敏感器件能耗降低1000倍)、高效、高集成度、经济可靠等优点。我们相信,纳米电子学的发展,将会在传感技术领域中引起一次新的技术革命,从而把传感技术推向更高的发展阶段。

(2) 向高精度发展。随着自动化生产程度的不断提高,对传感器的要求也在不断提高,必须研制出具有精确度高、灵敏度高、响应速度快、互换性好的传感器以确保自动化系统的可靠性。目前能生产精度优于万分之一的传感器厂家为数不多,其产量也远远不能满足需求。

例如，一种高性能小型石英绝对压力传感器，具有±10Pa高精度与0.1Pa高分辨力，其体积为12.5ml、质量为15g。该压力传感器的敏感单元为音叉型晶体单元，可以得到稳定度很高的细致频率，从而实现具有高精度及高分辨力的石英晶体压力传感器。

一种精度达百万分之一级的非接触式SAW扭矩传感器，尺寸为4mm×2mm×0.5mm。该传感器不仅十分精确，而且转轴与外壳间无直接接触。为测量转轴的扭矩，两个SAW传感器与轴呈45°角固定，连接成"半桥"结构；当轴受到扭矩时，一个受压一个受拉，综合两个传感器的频率可产生"差分"和"叠加"信号以得出扭矩和温度信号。

利用全功能性的碳纳米管装置，成功建造一个可以给金原子称重的纳机电系统。使用此装置测得的金原子质量为$3.25×10^{-25}$kg。这种新式纳机电系统质量传感器由单个碳纳米管组成，其一端可自由活动，另一端则连接在一个电极上，与距离相对的电极相当近。来自电池或太阳能电池上的直流电源与这对电极相连，导致它以某种谐振频率振动。当一个原子或分子被存放在此碳纳米管上时，碳纳米管的谐振频率就会因原子或分子的质量而改变，从而测得原子或分子的质量。

(3) 向微型化发展。自动化设备的功能越来越强大，要求传感器本身的体积也是越小越好，这就要求发展新的材料及加工技术。目前，利用硅材料、石英晶体材料和陶瓷材料，使用光刻、腐蚀、淀积、键合和封装等工艺以及各种微细加工技术制成的微结构传感器，其体积非常小，动态特性好，互换性与可靠性都较好。

微结构传感器的敏感元件尺寸一般为μm级，可以是可活动的膜片、悬臂梁、桥以及凹槽、孔隙、锥体等。这些微结构与特殊用途的薄膜和高性能的集成电路相结合，已成功地用于制造各种微传感器以及多功能的敏感元阵列(如光电探测器等)，实现了诸如压力、力、加速度、角速率、应力、应变、温度、流量、成像、磁场、湿度、pH值、气体成分、离子和分子浓度以及生物传感器等。

例如，一种可安装在蜻蜓等昆虫的翅膀上分析翅膀动作的微型风速传感器，在3mm×3mm的芯片上设置了两个传感器，每个传感器的尺寸约为1.5mm×3mm，厚度约为1mm。

因发现巨磁电阻GMR效应获得2007年诺贝尔物理学奖的法国科学家阿尔贝·费尔和德国科学家彼得·格林贝格尔，不仅对"数据"存储具有重要意义，使得"数据硬盘体积不断变小，容量不断变大"成为现实；借助巨磁电阻效应，更为微小型传感器的研制提供了一种重要的技术支持。所谓巨磁电阻效应是一种磁致电阻效应，主要是指在纳米尺度的磁性多层薄膜材料中，当磁场作用于磁性多层薄膜中自旋导电电子时，导致薄膜电阻发生很大的变化，这种变化可以通过测量电阻或以电压方式反映出来。其测量原理与磁阻传感器一样，都是组成惠斯通电桥结构。利用巨磁电阻效应的传感器具有许多优点，如灵敏度高、响应快、无磁滞、热稳定性好等，最重要的是由于GMR磁电阻变化率高(相对于磁电阻效应大一个数量级以上)，使它更适合检测微弱磁场以及改变微弱磁场的被测量。

(4) 向微功耗及无源化发展。传感器多为非电量向电量的转化，转化时离不开电源，在野外现场或远离电网的地方，往往需要电池供电或使用太阳能等供电。研制微功耗的传感器及无源传感器是必然的发展方向，这样既可以节省能源又可以提高系统寿命。

例如，一种新型流量传感器，能把所通过的流体(液体或气体)的能量自行转换成电力，实现自行"发电"，这大大方便了系统的设计和维护，解决了以往传感器费用高和维护保养难的问题。

一种无需电池即可驱动的无线传感器终端,配有可将振动转换为能量的微型发电机和电双层电容器;可将安装地点的振动作为能量使用,发电剩余的电力可存储在电双层电容器中。该终端具有广阔的应用前景。

(5) 向多传感器融合与智能化发展。随着现代化的发展,传感器的功能形成突破。由于单传感器不可避免地存在不确定或偶然不确定性,缺乏全面性、鲁棒性,所以偶然的故障就会导致系统失效。多传感器集成与融合技术正是解决这些问题的好办法。多个传感器不仅可以描述同一环境特征的多个冗余信息,而且可以描述不同的环境特征。它的特点是冗余性、互补性、及时性和低成本性。

多传感器的集成与融合技术已经成为智能机器与系统领域的一个重要研究方向,它涉及信息科学的多个领域,是新一代智能信息技术的核心基础之一。从20世纪80年代初以军事领域的研究为开端,多传感器的集成与融合技术迅速扩展到军事和非军事的各个应用领域,如自动目标识别、自主车辆导航、遥感、生产过程监控、机器人、医疗应用等。

所谓智能化传感器就是将传感器获取信息的基本功能与专用的微处理器的信息分析、处理功能紧密结合在一起,并且具有诊断、数字双向通信等新功能的传感器。由于微处理器具有强大的计算和逻辑判断功能,故可方便地对数据进行滤波、变换、校正补偿、存储记忆、输出标准化等;同时实现必要的自诊断、自检测、自校验以及通信与控制等功能。技术发展表明,数字信号处理器DSP将推动众多新型下一代产品的发展,其中包括带有模拟(人工智能)能力的智能传感器。

智能化传感器由多个模块组成,包括微传感器、微处理器、微执行器和接口电路,它们构成一个闭环微系统,由数字接口与更高一级的计算机控制相连,通过利用专家系统中得到的算法对微传感器提供更好的校正与补偿。这样智能化传感器功能会更多,精度和可靠性会更高,优点会更突出,应用会更广泛。

例如,一种具有自动监视并对树叶状物体燃烧发出警告的微小电子传感器网络,被称为"智能尘埃"的试验性机器,这种设备不仅微小,而且能够测量温度、湿度、光等信息。该智能设备来自于嵌入式微处理器、软件代码和无线通信系统设备。智能尘埃传感器将通过飞机或以其他的喷洒方法越过整个森林进行喷洒。一旦喷洒到树上,尘埃的每个小点将会对附近尘埃进行定位并建立无线连接。当尘埃传感器检测到可能的异常时,它将碰触附近尘埃大小一样的装置来决定其获取的信息,并且能从多重来源获取多重信息,然后传感器就能确定在被洒树上是否有危险。一旦被确定有危险,触发的传感器组将通过其无线连接发送消息给林地工人,对传感器的网络进行监视。

(6) 向高可靠性方向发展。传感器的可靠性直接影响到自动化系统的工作性能,研制高可靠性、宽温度范围的传感器是永恒的主题。提高温度使用范围历来是传感器的工作重点。大部分传感器其工作温度都在-20~70℃之间,军用系统中要求基本工作温度在-40~85℃之间。一些特殊场合要求传感器的温度更高,因此,发展新兴材料(如陶瓷)的传感器尤为重要。

HONEYWELL公司推出的LG1237是一种智能型绝对压力传感器,该产品可在压力范围0.5~1000Pa内进行精确、稳定的测量,其使用寿命为25年或100 000小时。该产品在-55~125t之间使用时准确率优于±0.03%FS,同时具有承受高量级加速度、振动的特点,适用于喷气飞机引擎、飞行测试、气象中的压力校准。

(7) 向传感器网络技术发展。无线传感器网络是由大量无处不在的、有无线通信与计算能力的微小传感器节点构成的自组织分布式网络系统,能根据环境自主完成指定任务的"智能"系统。它是涉及微传感器与微机械、通信、自动控制、人工智能等多学科的综合技术,大量传感器通过网络构成分布式、智能化信息处理系统,以协同的方式工作,能够从多种视角以多种感知模式对事件、现象和环境进行观察和分析,获得丰富的、高分辨率的信息,极大地增强了传感器的探测能力,是近几年来新的发展方向。其应用已由军事领域扩展到反恐、防爆、环境监测、医疗保健、家居、商业、工业等众多领域,有着广泛的应用前景。

随着通信技术、嵌入式计算技术和传感技术的飞速发展和日益成熟,无线传感器网络更是得到快速发展,引起人们的极大关注。例如,传感器网络可以向正在准备进行登陆作战的部队指挥官报告敌方岸滩的翔实特征信息,如丛林地带的地面坚硬度、干湿度等,为制定作战方案提供可靠的信息。传感器网络可以使人们在任何时间、地点和任何环境条件下获取大量翔实而可靠的信息。因此,这种网络系统可以被广泛地应用于国防军事、国家安全、环境监测、交通管理、医疗卫生、制造业、反恐抗灾等领域。

3. 传感器的发展动向

1) 开发新型传感器

新型传感器,大致应包括:①采用新原理;②填补传感器空白;③仿生传感器等方面。它们之间是互相联系的。传感器的工作机理是基于各种效应和定律,由此启发人们进一步探索具有新效应的敏感功能材料,并以此研制出具有新原理的新型物性型传感器件,这是发展高性能、多功能、低成本和小型化传感器的重要途径。结构型传感器发展得较早,目前日趋成熟。结构型传感器,一般说它的结构复杂,体积偏大,价格偏高。物性型传感器大致与之相反,具有不少诱人的优点,加之过去发展也不够。世界各国都在物性型传感器方面投入大量人力、物力加强研究,从而使它成为一个值得注意的发展动向。其中利用量子力学诸效应研制的低灵敏阈传感器,用来检测微弱的信号,是发展新动向之一。例如,利用核磁共振吸收效应的磁敏传感器,可将灵敏阈提高到地磁强度;利用约瑟夫逊效应的热噪声温度传感器,可测得超低温;利用光子滞后效应,做出了响应速度极快的红外传感器等。此外,利用化学效应和生物效应开发的、可供实用化学传感器和生物传感器,更是有待开拓的新领域。

大自然是生物传感器的优秀设计师和工艺师。它通过漫长的岁月,不仅造就了集多种感官于一身的人类,而且还构造了许多功能奇特、性能高超的生物感官。例如狗的嗅觉,鸟的视觉,蝙蝠、飞蛾、海豚的听觉(主动型生物雷达——超声波传感器)等。这些动物的感官功能,超过了当今传感器技术所能实现的范围。研究它们的机理,开发仿生传感器,也是引人注目的方向。

2) 开发新材料

近年来对传感器材料的开发研究有较大进展,其主要发展趋势有以下几个方面:①从单晶体到多晶体、非晶体;②从单一型材料到复合材料;③原子(分子)型材料的人工合成。由复杂材料来制造性能更加良好的传感器是今后的发展方向之一。

(1) 半导体敏感材料

半导体敏感材料在传感器技术中具有较大的技术优势,在今后相当长时间内仍占主导地位。半导体硅在力敏、热敏、光敏、磁敏、气敏、离子敏及其他敏感元件中,具有广泛用途。

硅材料可分为单晶硅、多晶硅和非晶硅。单晶硅最简单,非晶硅最复杂。单晶硅内的原子处处规则排列,整个晶体内有 1 个固定晶向;多晶硅是由许多单晶颗粒构成,每一单晶颗粒内的原子处处规则排列,单晶颗粒之间以界面相分离,且各单晶颗粒晶向不同,故整个多晶硅并无固定的晶向。非晶硅又叫无序型硅或无定型硅。从宏观看,原子排列是无序的,即远程无序。但从微观看,原子排列也绝非完全无序,即近程有序,特别是能够用来制造传感器的非晶硅中都含有微晶,这种非晶硅又叫微晶硅。非晶硅中微晶粒子的大小及其分布对其性能有重要影响。用这 3 种材料都可制成压力传感器,这些压力传感器大致可分为 4 种形式,即压阻式、电容式、电感式和薄膜式。目前压力传感器仍以单晶硅为主,但有向多晶和非晶硅的薄膜方向发展的趋势。

蓝宝石上外延生长单晶硅膜是单晶硅用于敏感元件的典型应用。由于绝缘衬底蓝宝石是良好的弹性材料,而在其上异质结外延生长的单晶硅是制作敏感元件的半导体材料,故用这种材料研制的传感器具有无需结隔离、耐高温、高频响、寿命长、可靠性好等优点,可以制作磁敏、热敏、离子敏、力敏等敏感元件。多晶硅压力传感器的发展十分引人注目。这是由于这种传感器具有一系列优点,如温度特性好、制造容易、易小型化、成本低等。非晶硅应用于传感器,主要有应变传感器、压力传感器、热电传感器、光传感器(如摄像传感器和颜色传感器)等。非晶硅由于具有光吸收系数大,可用作薄膜光电器件,对整个可见光区域都敏感,薄膜形成温度低等极为诱人的特性而获得迅速发展。

用金属材料和非金属材料结合成化合物半导体是另一个思路。目前不仅用金属和化学元素合成了,而且制成了许多化合物半导体,形成了一个庞大的家族。其发光效率高、耐高温、抗辐射、电子迁移率比较大,故可制成高频率器件,预计在光敏、磁敏中会得到越来越多的应用。例如采用炉内合成生长单晶,其重复性均匀性有较大提高,再采用离子注入技术,可制成性能优良的霍尔器件。

在半导体传感器中,场效应晶体管的应用令人瞩目。场效应晶体管是一种电压控制器件,若在栅极上加一反向偏压,偏压的大小可控制漏极电流的大小,若用某种敏感材料将所要测量的参量以偏压的方式加到栅极上,就可以从漏极电流或电压的数值来确定该参量的大小,很容易系列化、集成化,可做成各种敏感场效应管,如离子敏场效应管、pH-、温度-、湿度-、气敏-等。

(2) 陶瓷材料

陶瓷敏感材料在敏感技术中具有较大的技术潜力。陶瓷材料可分为很多种。具有电功能的陶瓷又叫电子陶瓷。电子陶瓷可分为绝缘陶瓷、压电陶瓷、介电陶瓷、热电陶瓷、光电陶瓷和半导体陶瓷。这些陶瓷在工业测量方面都有广泛的应用。其中以压电陶瓷、半导体陶瓷应用最为广泛。陶瓷敏感材料的发展趋势是继续探索新材料,发展新品种,向高稳定性、高精度、长寿命和小型化、薄膜化、集成化和多功能化方向发展。

半导体陶瓷是传感器应用常见材料,其尤以热敏、湿敏、气敏、电压敏最为突出。热敏陶瓷的主要发展方向是高温陶瓷,如添加不同成分;湿敏材料的主要发展方向是不需要加热清洗的材料。气敏陶瓷的主要发展方向是不使用催化剂的低温材料和高温材料,如 r-可不用触媒,而特别是在高温下检测氧气更有独到之处。电压敏陶瓷材料的发展方向是低压用材料和高压用材料。陶瓷敏感材料在使用时的结构形式也是各种各样的。以陶瓷湿敏传感器为例,可以是体型结构、厚膜型结构、薄膜结构或涂覆型结构等。

(3) 磁性材料

不少传感器采用磁性材料。目前磁性材料正向非晶化、薄膜化方向发展。非晶磁性材料具有导磁率高、矫顽力小、电阻率高、耐腐蚀、硬度大等特点,因而将获得越来越广泛的应用。

由于非晶体不具有磁的各向同性,因而是一种高导磁率和低损耗的材料,很容易获得旋转磁场,而且在各个方向都可得到高灵敏度的磁场,故可用来制作磁力计或磁通敏感元件,也可利用应力-磁效应制得高灵敏度的应力传感器,基于磁致伸缩效应的力敏元件也得到发展。

由于这类材料灵敏度比坡莫合金高几倍,这就可大大降低涡流损耗,从而获得优良的磁特性,这对高频更为可贵。利用这一特点,可以制造出用磁性晶体很难获得的快速响应型传感器,合成物可以在任意高于居里温度下产生,这就使得发展快速响应的温度传感器成为可能。

3) 智能材料

智能材料是指设计和控制材料的物理、化学、机械、电学等参数,研制出生物体材料所具有的特性或者优于生物体材料性能的人造材料。有人认为,具有下述功能的材料可称之为智能材料:具备对环境的判断可自适应功能;具备自诊断功能;具备自修复功能;具备自增强功能(或称时基功能)。

生物体材料的最突出特点是具有时基功能,因此这种传感器特性是微分型的,它对变分部分比较敏感。反之,长期处于某一环境并习惯了此环境,则灵敏度下降。一般说来,它能适应环境调节其灵敏度。除了生物体材料外,最引人注目的智能材料是形状记忆合金、形状记忆陶瓷和形状记忆聚合物。

智能材料的探索工作刚刚开始,相信不久的将来会有很大的发展。

4) 新工艺的采用

在发展新型传感器中,离不开新工艺的采用。新工艺的含义范围很广,这里主要指与发展新兴传感器联系特别密切的微细加工技术。该技术又称微机械加工技术,是近年来随着集成电路工艺发展起来的,它是离子束、电子束、分子束、激光束和化学刻蚀等用于微电子加工的技术,目前已越来越多地用于传感器领域,例如溅射、蒸镀、等离子体刻蚀、化学气体淀积(CVD)、外延、扩散、腐蚀、光刻等,迄今已有大量采用上述工艺制成的传感器的国内外报道。

以应变式传感器为例。应变片可分为体型应变片、金属箔式应变片、扩散型应变片和薄膜应变片,而薄膜应变片则是今后的发展趋势,这主要是由于近年来薄膜工艺发展迅速,除采用真空淀积、高频溅射外,还发展了磁控溅射、等离子体增强化学汽相淀积、金属有机化合物化学汽相淀积、分子束外延、光 CVD 技术,这些对传感器的发展起了很大推动作用。如目前常见的溅射型应变计,是采用溅射技术直接在应变体即产生应变的柱梁、振动片等弹性体上形成的。这种应变计厚度很薄,大约为传统的箔式应变计的十分之一以下,故又称薄膜应变计。溅射型应变计的主要优点是:可靠性好,精度高,容易做成高阻抗的小型应变计,无迟滞和蠕变现象,具有良好的耐热性和冲击性能等。用化学汽相淀积法制备薄膜,以其成膜温度低、可靠性好、系统简单等优点而发展很快,在制备多晶硅微晶硅传感器方面有许多报道。硅杯是力敏元件中非常重要的结构。目前已极少采用机械方法加工硅杯,而改为可控的化学腐蚀方法,如各向异性腐蚀、凸角补偿和 etch-step 法等,化学腐蚀方法,可做到工艺稳定,硅杯尺寸很小,膜片均匀度很高,结构从 C 形、E 形、双岛发展到梁膜式,性能和生产率都有很大提高。

5) 集成化、多功能化与智能化

传感器集成化包括两种定义,一是同一功能的多元件并列化,即将同一类型的单个传感元件用集成工艺在同一平面上排列起来,排成一维的为线性传感器,CCD 图像传感器就属于这种情况。集成化的另一个定义是多功能一体化,即将传感器与放大、运算以及温度补偿等环节一体化,组装成一个器件。

目前,各类集成化传感器已有许多系列产品,有些已得到广泛应用。集成化已经成为传感器技术发展的一个重要方向。

随着集成化技术的发展,各类混合集成和单片集成式压力传感器相继出现,有的已经成为商品。集成化压力传感器有压阻式、电容式等类型,其中压阻式集成化传感器发展快、应用广。自从压阻效应发现后,有人把 4 个力敏电阻构成的全桥做在硅膜上,就成为一个集成化压力传感器。国内在 20 世纪 80 年代就研制出了把压敏电阻、电桥、电压放大器和温度补偿电路集成在一起的单块压力传感器,其性能与国外同类产品相当。由于采用了集成工艺,将压敏部分和集成电路分为几个芯片,然后混合集成为一体。提高了输出性能及可靠性,有较强的抗干扰能力,完全消除了二次仪表带来的误差。

在 20 世纪 70 年代国外就出现了集成温度传感器,它基本上是利用晶体管作为温度敏感元件的集成电路。其性能稳定,使用方便,温度在较大范围可调。国内在这方面也有不少进展,例如近年来研制的集成热电堆红外传感器等。集成化温度传感器具有远距离测量和抗干扰能力强等优点,具有很大的实用价值。

传感器的多功能化也是其发展方向之一。多功能化的典型实例有美国某大学传感器研究发展中心研制的单片硅多维力传感器可以同时测量 3 个线速度、3 个离心加速度(角速度)和 3 个角加速度。主要元件是由 4 个正确设计安装在一个基板上的悬臂梁组成的单片硅结构,9 个正确布置在各个悬臂梁上的压阻敏感元件。多功能化不仅可以降低生产成本、减小体积,而且可以有效地提高传感器的稳定性、可靠性等性能指标。

为同时测量几种不同被测参数,可将几种不同的传感器元件复合在一起,做成集成块。例如一种温、气、湿三功能陶瓷传感器已经研制成功。

把多个不同功能的传感元件集成在一起,除可同时进行多种参数的测量外,还可对这些参数的测量结果进行综合处理和评价,可反映出被测系统的整体状态。由上还可以看出,集成化对固态传感器带来了许多新的机会,同时它也是多功能化的基础。

传感器与微处理机相结合,使之不仅具有检测功能,还具有信息处理、逻辑判断、自诊断,以及"思维"等人工智能,称之为传感器的智能化。借助于半导体集成化技术把传感器部分与信号预处理电路、输入输出接口、微处理器等制作在同一块芯片上,即成为大规模集成智能传感器。可以说智能传感器是传感器技术与大规模集成电路技术相结合的产物,它的实现将取决于传感技术与半导体集成化工艺水平的提高与发展。这类传感器具有多功能、高性能、体积小、适宜大批量生产和使用方便等优点,可以肯定地说,是传感器重要的方向之一。

智能传感器又叫灵巧(Smart)传感器。这一概念最早是由美国宇航局在开发宇宙飞船过程中提出来的。飞船上天后需要知道其速度、位置、姿态等数据。为使宇航员能正常生活,需要控制舱内的温度、湿度、气压、加速度、空气成分等。为了进行科学考察,需要进行各种测试工作。所有这些都需要大量的传感器。众多传感器获得的大量数据需要处理,显然在飞船上安放大型电子计算机是不合适的。为了不丢失数据,又要降低费用,提出了分散处理这些数据的方法,即传感器获得的数据自行处理,只送出必要的少量数据。由此可见,智能传感器是电五官与微电脑的统一体,对外界信息具有检测、数据处理、逻辑判断、自诊断和自适应能力的集成一体化多功能传感器,这种传感器还具有与主机互相对话的功能,也可以自行选择最佳方案。它还能将已获得的大量数据进行分割处理,实现远距离、高速度、高精度传输等。

6.2 传感器技术基础

6.2.1 传感器的特性与指标

在检测控制系统和科学实验中,需要对各种参数进行检测和控制。而要达到比较优良的控制性能,则必须要求传感器能够感测被测量的变化并且不失真地将其转换为相应的电量,这种要求主要取决于传感器的基本特性。传感器的基本特性主要分为静态特性和动态特性。

1. 反映传感器静态特性的性能指标

静态特性是指检测系统的输入为不随时间变化的恒定信号时,系统的输出与输入之间的关系主要包括线性度、灵敏度、迟滞、重复性、漂移等。

(1) 线性度。指传感器输出量与输入量之间的实际关系曲线偏离拟合直线的程度。

(2) 灵敏度。灵敏度是传感器静态特性的一个重要指标。其定义为输出量的增量 Δy 与引起该增量的相应输入量增量 Δx 之比。它表示单位输入量的变化所引起传感器输出量的变化。显然,灵敏度 S 值越大,表示传感器越灵敏。

(3) 迟滞。传感器在输入量由小到大(正行程)及输入量由大到小(反行程)变化期间其输入输出特性曲线不重合的现象称为迟滞。也就是说,对于同一大小的输入信号,传感器的正反行程输出信号大小不相等,这个差值称为迟滞差值。

(4) 重复性。重复性是指传感器在输入量按同一方向作全量程连续多次变化时,所得特性曲线不一致的程度。

(5) 漂移。传感器的漂移是指在输入量不变的情况下,传感器输出量随着时间变化,此现象称为漂移。产生漂移的原因有两个方面,一是传感器自身结构参数;二是周围环境(如温度、湿度等)。最常见的漂移是温度漂移,即周围环境温度变化而引起输出量的变化,温度漂移主要表现为温度零点漂移和温度灵敏度漂移。

温度漂移通常用传感器工作环境温度偏离标准环境温度(一般为 20℃)时的输出值的变化量与温度变化量之比。

(6) 测量范围。传感器所能测量到的最小输入量与最大输入量之间的范围称为传感器的测量范围。

(7) 量程。传感器测量范围的上限值与下限值的代数差,称为量程。

(8) 精度。传感器的精度是指测量结果的可靠程度,是测量中各类误差的综合反映,测量误差越小,传感器的精度越高。

传感器的精度用其量程范围内的最大基本误差与满量程输出之比的百分数表示,其基本误差是传感器在规定的正常工作条件下所具有的测量误差,由系统误差和随机误差两部分组成。

工程技术中为简化传感器精度的表示方法,引用了精度等级的概念。精度等级以一系列标准百分比数值分档表示,代表传感器测量的最大允许误差。如果传感器的工作条件偏离正常工作条件,还会带来附加误差,温度附加误差就是最主要的附加误差。

(9) 分辨率和阈值。传感器能检测到输入量最小变化量的能力称为分辨力。对于某些传感器,如电位器式传感器,当输入量连续变化时,输出量只做阶梯变化,则分辨力就是输出量的每个"阶梯"所代表的输入量的大小。对于数字式仪表,分辨力就是仪表指示值的最后一位数字所代表的值。当被测量的变化量小于分辨力时,数字式仪表的最后一位数不变,仍指示原值。当分辨力以满量程输出的百分数表示时则称为分辨率。

阈值是指能使传感器的输出端产生可测变化量的最小被测输入量值,即零点附近的分辨力。有的传感器在零位附近有严重的非线性,形成所谓"死区"(dead band),则将死区的大小作为阈值;更多情况下,阈值主要取决于传感器噪声的大小,因而有的传感器只给出噪声电平。

(10) 稳定性。稳定性表示传感器在一个较长的时间内保持其性能参数的能力。理想的情况是不论什么时候,传感器的特性参数都不随时间变化。但实际上,随着时间的推移,大多数传感器的特性会发生改变。这是因为敏感元件或构成传感器的部件,其特性会随时间发生变化,从而影响了传感器的稳定性。

稳定性一般以室温条件下经过一规定时间间隔后,传感器的输出与起始标定时的输出之间的差异来表示,称为稳定性误差。稳定性误差可用相对误差表示,也可用绝对误差来表示。

2. 反映传感器动态特性的性能指标

动态特性是指检测系统的输入为随时间变化的信号时,系统的输出与输入之间的关系。主要动态特性的性能指标有时域单位阶跃响应性能指标和频域频率特性性能指标。

传感器的输入信号是随时间变化的动态信号,这时就要求传感器能时刻精确地跟踪输入信号,按照输入信号的变化规律输出信号。当传感器输入信号的变化缓慢时,是容易跟踪的,但随着输入信号的变化加快,传感器随动跟踪性能会逐渐下降。输入信号变化时,引起输出信号也随时间变化,这个过程称为响应。动态特性就是指传感器对于随时间变化的输入信号的响应特性,通常要求传感器不仅能精确地显示被测量的大小,而且还能复现被测量随时间变化的规律,这也是传感器的重要特性之一。

传感器的动态特性与其输入信号的变化形式密切相关,在研究传感器动态特性时,通常是根据不同输入信号的变化规律来考察传感器响应的。实际传感器输入信号随时间变化的形式可能是多种多样的,最常见、最典型的输入信号是阶跃信号和正弦信号。这两种信号在物理上较容易实现,而且也便于求解。

对于阶跃输入信号,传感器的响应称为阶跃响应或瞬态响应,它是指传感器在瞬变的非周期信号作用下的响应特性。这对传感器来说是一种最严峻的状态,如传感器能复现这种信号,那么就能很容易地复现其他种类的输入信号,其动态性能指标也必定会令人满意。

而对于正弦输入信号,则称为频率响应或稳态响应。它是指传感器在振幅稳定不变的正弦信号作用下的响应特性。稳态响应的重要性,在于工程上所遇到的各种非电信号的变化曲线都可以展开成傅里叶(Fourier)级数或进行傅里叶变换,即可以用一系列正弦曲线的叠加来表示原曲线。因此,当已知道传感器对正弦信号的响应特性后,也就可以判断它对各种复杂变化曲线的响应了。

为便于分析传感器的动态特性,必须建立动态数学模型。建立动态数学模型的方法有多种,如微分方程、传递函数、频率响应函数、差分方程、状态方程、脉冲响应函数等。建立微分方程是对传感器动态特性进行数学描述的基本方法。在忽略了一些影响不大的非线性和随机变化的复杂因素后,可将传感器作为线性定常系统来考虑,因而其动态数学模型可用线性常系数微分方程来表示。能用一、二阶线性微分方程来描述的传感器分别称为一、二阶传感器,虽然传感器的种类和形式很多,但它们一般可以简化为一阶或二阶环节的传感器(高阶可以分解成若干个低阶环节),因此一阶和二阶传感器是最基本的。

6.2.2 传感器设计中的共性技术

1. 采用线性化技术

如果传感器具有线性输出特性,则可省略非线性补偿环节,简化理论分析和设计计算,便于标定和数据处理,便于刻度、制作、安装、调试,提高精度。只有当传感器输出与输入具有线性关系时,才能保证无失真的复现。但实际上传感器的各种非线性因素是客观存在的,在设计传感器时,人们需要通过各种方法来实现输出-输入特性的线性化,以改善传感器的性能。在输入量变化范围不大、且非线性项方次不高时,常用切线和割线来代替实际曲线的某一段,这种方法称静态特性的线性化。

2. 采用差动对称结构

采用差动对称结构和差动电路相结合的差动技术,可以达到消除零位值、减小非线性、提高灵敏度、抵消共模误差干扰的效果。

电感传感器采用差动式结构可以改善非线性、提高灵敏度、提高测量的准确性,而且对电源电压、频率的波动及温度变化等外界影响也有补偿作用。作用在衔铁上的电磁力,由于是两个线圈磁通产生的电磁力之差,所以对电磁吸力有一定的补偿作用,提高抗干扰性。

为了改善非线性,可以使用两只完全对称的单个电感传感器合用一支活动衔铁的形式构成差动式电感传感器,其中一只传感器电感量增加多少,另一只就减少多少。以这两只电感为相邻臂构成电桥,电桥的输出与电感的变化呈线性。

差动电容传感器之所以采用差动连接,是因为在机械位移很小时,输出电容变化量与机械线位移有很好的线性关系,精度很高。而且由于电容极板间一般都是无机物,如空气、石英等材料,不易受到强磁场干扰,稳定性好。所以在实际应用中,为了提高灵敏度,减小非线性误差,大都采用差动式结构。

差动整流电路结构简单,一般不需要调整相位,不考虑零点残余电动势的影响,适合于远距离传输。

3. 采用零位法、微差法与闭环技术

用已知的标准量去平衡或抵消被测量的作用,并用指零式仪表来检测测量系统的平衡状态,从而判定被测量值等于已知标准量的方法称做零位法。

被测量与标准量相比较,当达到平衡时,仪表指零,此时被测量就等于标准量。机械天平就是零位法典型的例子。由于零位法要求被测量与标准量应完全相等,因而要求标准量要连续可调,这往往不易做到。如果标准量与被测量的差值减小到一定程度,那么由于它们的相互抵消的作用,就能使检测系统的误差影响大大削弱,这就是微差法的原理。设被测量为 x,与它相近的标准量为 B,被测量与标准量之微差为 A,A 的数值可由检测仪表读出。由于 $A \ll B$,则

$$X = A + B$$

$$\frac{\Delta x}{x} = \frac{\Delta B}{x} + \frac{\Delta A}{x} = \frac{\Delta B}{A+B} + \frac{A}{x} \times \frac{\Delta A}{A} \approx \frac{\Delta B}{B} + \frac{A}{x} \times \frac{\Delta A}{A}$$

由于 $A/x \ll 1$,检测仪表误差的影响将被大大削弱,而 $\Delta B/B$ 一般很小,所以测量的相对误差可大为减小。这种方法由于不需要标准量连续可调,因此在自动检测系统中得到广泛应用。

用零位法测量时,标准量具处于测量系统中,它提供一个可调节的标准量,被测量能够直接与标准量相比较,测量误差主要取决于标准量具的误差。因此,可获得比较高的测量精度。另外,指零机构愈灵敏,平衡的判断愈准确,愈有利于提高测量精度。但是这种方法需要平衡操作,测量过程较复杂,花费时间长,即使采用自动平衡操作,反应速度也受到限制,因此只能适用于变化缓慢的被测量,而不适于变化较快的被测量。

微差法测量的基本思路是将被测量的大部分作用先与已知标准量的作用相抵消,剩余部分即为两者的差值,这个差值再用偏差法测量。在微差法测量中,总是设法使差值很小,因此可选用高灵敏度的偏差式仪表测量。即使差值的测量精度不高,但最终结果仍可达到较高的精度。

微差法的优点是反应速度快,测量精度高,特别适合于在线控制参数的测量。

本章小结

随着新技术革命的到来,世界开始进入信息时代。在利用信息的过程中首先要解决获取准确可靠的信息,而传感器是获取自然和生产领域信息的主要途径和手段。

通过对本章知识的学习,读者了解到传感器的分类方法很多,可以从不同特点来分:按效应分类,有物理传感器、化学传感器、生物传感器;按被测量分类,有位移、速度、加速度、角位移、角速度、力、力矩、压力、真空度、温度、电流、射线、气体成分、浓度等传感器;按传感器工作原理分类,有应变式、电容式、电阻式、电感式、压电式、热电式、马赫干涉仪式、光敏、

热释电式、光电式等传感器；按输出信号分类，有模拟式传感器，数字式传感器。在近代传感器技术中，可以采用差动技术、平均技术、补偿与修正技术等来提高传感器的性能。随着现代化的发展，现代传感器的发展趋势也在发生着变化，主要表现为以下几个方面：①开发新型传感器的工作机理；②向高精度发展；③向微型化发展；④向微功耗及无源化发展；⑤向多传感器融合与智能化发展；⑥向高可靠性方向发展；⑦向传感器网络技术发展；而且开发新材料，采用新工艺，集成化、多功能与智能化也是传感器的发展趋势。

通过对传感器关键技术即线性化技术、差动技术、零位法、微差法与闭环技术的掌握，对传感器的应用有更深一层次的认识与熟知。

第7章 SoC技术

7.1 SoC技术基本概念

SoC 的定义多种多样,由于其内涵丰富、应用范围广,很难给出准确的定义。一般说来,SoC 称为系统级芯片,也有称片上系统,是指它是有专用目标的集成电路,其中包含完整系统并有嵌入软件的全部内容。同时它又是一种技术,用于实现从确定系统功能开始,到软/硬件划分,并完成设计的整个过程。

7.1.1 SoC技术的定义

SoC(System on Chip,片上系统) 是 ASIC(Application Specific Integrated Circuits) 设计方法学中的新技术,是指以嵌入式系统为核心,以 IP 复用技术为基础,集软/硬件于一体,并追求产品系统最大包容的集成芯片。狭义的理解,可以将它翻译为"系统集成芯片",指在一个芯片上实现信号采集、转换、存储、处理和 I/O 等功能,包含嵌入软件及整个系统的全部内容;广义的理解,可以将它翻译为"系统芯片集成",指一种芯片设计技术,可以实现从确定系统功能开始,到软/硬件划分,并完成设计的整个过程。

7.1.2 SoC关键技术

具体地说,SoC 设计的关键技术主要包括 IP 核及应用技术、软/硬件协同设计技术、设计再利用技术、仿真和验证技术、低功耗设计技术、测试技术等,此外,还要做嵌入式软件移植、开发研究,是一个跨学科的新兴研究领域。

1. IP核及其应用技术

IP 核是指产品专用集成电路(ASIC)或者可编辑逻辑器件(FPGA)的逻辑块或数据块。将一些在数字电路中常用但比较复杂的功能块,如 FIR 滤波器、SDRAM 控制器、PCI 接口等设计成可修改参数的模块,让其他用户可以直接调用这些模块,避免重复劳动,这样就大大减轻了工程师的负担。随着 CPLD/FPGA 的规模越来越大,设计越来越复杂,使用 IP 核是一个发展趋势。

IP 核的知识产权核心分为三大种类:软核、硬核和固核。

1) 软核

软核通常是抽象的、较高层次的功能描述,用硬件描述语言 HDL 或 C 语言写成,是对设计的算法级或功能级描述,包括逻辑描述、网表和用于功能仿真的行为模拟以及用于测试的文档,软核需要综合、进行布局布线等。它的特点是灵活性大、可移植性好,用户能方便地把 RTL 和门级 HDL 表达的软核修改为应用所需要的设计,综合到选定的加工工艺上。但与硬核相比,可预测性差,设计时间长。

2) 硬核

硬核的电路布局及其与特定工艺相联系的物理版图是固定的,包括全部的晶体管和互连掩膜信息,完成了全部的前端和后端设计并已被投片验证正确。特点是提供可预测的性能和快速的设计,可以被其他设计作为特定的功能模块直接调用,硬核给用户提供的是封装好的行为模型,用户只能从外部测试硬件的特性,无法得到真正的电路设计。

3) 固核

固核在软核基础上开发,是介于硬 IP 和软 IP 之间的 IP,是一种可综合的、并带时序信息以及布局布线规划的设计,以 RTL 代码和对应具体工艺网表的混合形式提供。固核可以根据用户的需要进行修改,使它适合于某种可实现的工艺过程。允许用户重新确定关键的性能参数。

软核与硬核相比具有最大的灵活性,用户能把 RTL 和门级 HDL 表达的软核修改为自己所需要的设计,综合到选定的厂商工艺上通过布局布线实现具体电路。硬核的功能最容易测定,具有工艺相关性,灵活性最小,知识产权的保护比较简单,但是使用不灵活。软核的实用性最低,软核的质量以及硬件实现效率较难评估。固核具有一定的工艺独立性,由于在设计中考虑了时序等关键问题,因此能保证设计源码的可综合性和物理实现效率。从完成 IP 模块设计所花费的代价来看,硬核代价最高;从使用的灵活性来看,软核的可重复使用性能最高;提供固核的厂家很少。

IP 核应用技术是 SoC 的技术应用核心技术。由于 SoC 器件的基础是 IP 核模块,所以,SoC 技术的使用者必须掌握 IP 核的应用技术。

1) IP 软核应用技术

IP 软核应用技术包括软核调试、软核功能验证、软核综合测试及软核一致性验证。软核调试包括软核的系统应用调试和软核单独调试两项内容。软核的系统调试属于 SoC 系统调试,软核单独调试是为了保证软核自身的正确性。功能验证是比较复杂的技术,目前一般采用测试矢量的方法完成。软件综合测试是指对软核进行电路综合以检查软核的可综合性和综合效果。综合测试是软核应用前必须进行的一个重要测试。

2) IP 硬核应用技术

IP 硬核应用技术包括硬核工艺仿真技术和系统综合仿真技术。硬核工艺仿真技术的目的是对硬核的电路参数进行测试与核实,以保证应用能满足实际的需要。硬核系统综合仿真技术,则是在设计的 SoC 系统条件下与其他硬件联合仿真,以检查硬核能否在系统中正常工作。

基于 IP 复用技术的 SoC 设计会提高 SoC 的效率和可靠性,可以有效提高设计能力,节省设计人员,缩短产品上市的周期,能够充分利用现有的资源,降低产品的成本,给 SoC 带来了很大的灵活性,使芯片的设计从以硬件为中心转向以软件为中心。芯片设计不再是门级的设计,而是在 IP 核和接口的设计以及 IP 核的复用设计,IP 核复用技术大大降低了 SoC 模块设计的难度。IP 核作为 SoC 的重要支撑部分,其质量的好坏、数量的多少、系统整合的难易、保护是否得力以及成本等因素越来越成为影响SoC发展的重要因素。

2. 软硬件协同设计方法和技术

针对嵌入式系统SoC设计面临的问题与挑战,研究者们开始探索新的设计方法学——软硬件协同设计(Hardware/Software Co-Design)方法学。软硬件协同设计不仅是一种设计技术,也是一种新的设计方法学,其核心问题是协调软件子系统和硬件子系统。与传统的嵌入式系统设计方法不同,软硬件协同设计强调软件和硬件设计开发的并行性和相互反馈,克服了传统方法中把软件和硬件分开设计所带来的种种弊端,协调软件和硬件之间的制约关系,达到系统高效工作的目的。软硬件协同设计提高了设计抽象的层次,拓展了设计覆盖的范围。与此同时,软硬件协同设计强调利用现有资源(已经过验证的IP核和软件构件),缩短系统开发周期,降低系统成本,提高系统性能,保证系统开发质量,适合SoC设计。

软硬件协同设计的目的就是找到一种最优化的软硬件比例结构以实现系统规范,同时满足系统速度、面积、功耗、灵活性等要求。

软硬件协同设计是一种自顶向下、自底向上的设计方法。具体流程如图7.1所示,在系统行为描述阶段,系统将被以最直接的方式描述出来。此时不涉及任何有关系统如何实现的问题,指描述系统外在的行为表现,更不涉及哪些是硬件、哪些是软件。在这个阶段,需要对整个系统的行为进行验证,以期在设计的开始阶段就发现系统行为要求中的错误。

之后,要对系统行为描述进行功能划分。将系统划分为互连的模块,每个模块都执行功能相对独立的特定行为,并确定模块的互连关系和接口标准,完成系统的结构模型描述。同样在完成系统的结构描述后,也需要进行验证,以确认结构描述与行为描述的一致。

软硬件划分在结构描述完成后进行,以确定各个部分由软件或硬件实现。更重要的是,在进行完软硬件划分后,要对系统的性能、灵活性等参数进行预测,以评估软硬件划分,甚至功能划分的合理性。如果划分不合理,就需要重新进行软硬件划分或功能划分,再进行评估。如此反复,直至获得最优的解决方案。

在完成软硬件划分之后,就可以对各个模块进行细化、综合(Synthesis),直至虚拟器件原型(包括软件)。在整个细化过程中,应多次进行软硬件的协同验证(∞-Verification),以便及时发现细化中的错误。

在到达器件原型级后,需要对各硬件原型进行映射(Mapping),完成最终的实现。对已经由厂商提供IP的器件,可直接进行例化;对自己设计的器件,还要进一步进行综合、布图等工作。值得注意的是有些厂商提供较高层次的IP,这样,在较高的层次上就可以用IP替代原型。

在整个设计完毕之前还要对设计进行底层的软硬件协同验证和仿真。最终确认设计是否满足功能要求和条件约束。如果需要,还应对系统的性能、灵活性再次进行评估,以确定前面的先验估计是否准确。如果后验评估与先验评估相差太大,可能还需要重新进行结构划分和软硬件划分。

3. 设计再利用技术

设计再利用与使用IP的概念上稍有差别,设计再利用即设计一系列可以重复使用的模块,或者利用以往设计中的模块,然后在设计电路时基于这些模块进行考虑。

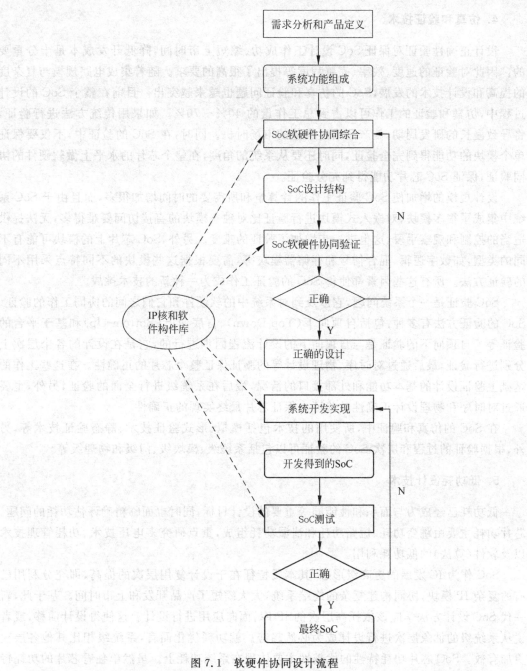

图 7.1　软硬件协同设计流程

设计再利用可以大幅度地降低设计成本，同时降低设计的工作量，使复杂芯片的设计成为可能。但在进行实际的设计工作时，设计再利用需要进行大量的准备工作，建立完整的模块库、模块文档，并且花费较大的精力对其进行维护，而且在设计中必须仔细权衡。选择使用可复用模块或是重新进行电路的设计，使芯片的性能、面积、功耗等参数达到预定的要求，同时芯片的设计完成时间也是一个非常重要的因素，必须在这几方面进行折中处理。

4. 仿真和验证技术

设计正确性验证对保证 SoC 设计工作成功、缩短上市时间,降低开发成本是十分重要的。因此对验证的速度、效率、完善程度等提出了很高的要求。随着集成电路规模与复杂度的提高和设计技术的发展,SoC 的仿真和验证问题也越来越突出。目前在整个 SoC 的设计过程中,仿真和验证的工作可以占到总工作量的 40%~70%。如果用传统方法进行验证,将导致漫长的研发周期,使产品错过最佳的市场时机。同时,在 SoC 的验证中,不仅要保证单个模块的功能得到完全验证,同时还要从系统的角度,在整个芯片的水平上做软硬件的协同验证,保证 SoC 芯片功能得到充分验证。

设计规模的增加使 SoC 验证工作的计算量和所需要的时间增加很多,而且由于 SoC 系统中集成了很多模块,对嵌入式模块进行验证比对独立模块的直接访问要难得多,无法提供适当的控制和观察手段,这也进一步增加了验证的难度。另外,SoC 芯片上的模块可能有不同的类型,如数字逻辑、混合信号和存储器模块等,需要根据这些模块的不同特点采用不同的验证方法。所有这些因素都使得 SoC 的验证工作成为一种新的技术挑战。

SoC 验证是一个系统问题,它涉及到对系统中的软硬件和它们之间的协同工作的验证。SoC 的验证方法有多种,包括自顶向下(Top-Down)、自底向上(Bottom-Up)和基于平台的验证等。自顶向下的验证是与自顶向下的设计流程同步进行的,它是在设计的各个层次上分别进行验证,最后通过对时序、物理设计等的验证保证整个芯片的正确性。在这些工作的基础上验证设计的基本功能和外部接口的情况,最后在系统级进行全面的验证,另外,也要通过对时序和物理设计正确性的验证来保证芯片最终实现的正确性。

在 SoC 的仿真和验证中,所使用的技术包括模拟、形式验证技术、静态验证技术等,另外,根据验证的过程和层次 SoC 的验证可以包括系统级、模块级、门级和物理级等。

5. 低功耗设计技术

低功耗已经成为与面积和性能同等重要的设计目标,同时也面临精确评估功耗的问题。芯片功耗主要由跳变功耗、短路功耗和泄漏功耗组成,重点研究多电压技术、功耗管理技术以及软件(算法)的低功耗利用。

SoC 作为 IC 发展的更高级形态,其本质特征在于设计复用层次的提高,即充分利用已有的复杂 IP 模块,协同构建复杂的终端系统,大大缩短了产品开发和上市时间。基于此,新一代 SoC 设计方法学应该依托高层次的 IP 库,面向应用进行设计。这使得设计前移,或者说从系统级的抽象层次进行设计成为必然趋势。就功耗优化而言,系统级相比其他各层次更加有效。SoC 芯片功耗特性的优越性主要体现在系统功耗上。虽然单独看芯片的功耗特性比传统的 ASIC 电路没有本质的提高,但整个系统的功耗却可能有数量级的提高。设计实践中,将以上各项优化策略应用于设计流程的各个阶段,便衍生出众多的适用于不同抽象层次的低功耗技术。

具体说来,主要方法如下。

1) 电源系统低功耗技术

此类技术通过充分利用电池的电化学特性,提高其能量利用率,达到延长系统有效工作时间的目的。

2) 工作系统低功耗技术

此类技术旨在降低系统的实际功(能)耗,其中,动态功耗管理是当前最重要的系统功耗化技术。包括以下两个方面:低功耗软件技术、低功耗硬件技术。

主要采用低功耗处理器(是系统中主要的功耗来源)、低功耗通信系统、低功耗存储系统等。

6. 测试技术

复杂 SoC 器件是对测试经济学的挑战。随着工艺的进步,器件越来越小;而随着功能增加,测试复杂度却不断上升,SoC 芯片的测试比传统的 ASIC 测试要复杂得多。SoC 规模的复杂性带来了诸多挑战,如多时钟域问题、嵌入式内核的不同测试方法、引出端的有限性、时序再验证、测试复用、混合信号测试等。SoC 产品在生产测试时对测试仪的要求也越来越高,昂贵的测试成本已在制造过程中占很大的比例。考虑成本要求,一般只允许在几秒或更少的时间内完成测试。由于典型的 SRAM 都有比较长的测试时间,因此嵌入式的 SRAM 测试更具挑战性。设计时除了考虑测试成本,还要求必须便于测试分析。

面向 SoC 的可测试性设计技术研究有两条途径:提高系统的可测试性或降低系统的不可测试性。前者针对已有的 SoC 设计,通过引入必要的附加电路,提高系统的可控制性和可观察性;后者考虑如何生成一个可测试的电路架构,也就是避免不可测的架构。高层次可测试性综合研究证明,寻找不可测的电路架构并避免其生成,对整个系统的可测试性具有较大的贡献。

7.2 SoC 应用概念

7.2.1 SoC 技术的应用概念

作为一种应用技术,SoC 技术为应用领域提供了先进的系统实现技术。使用 SoC 技术设计应用系统时,必须建立相应的应用概念,才能正确使用这种先进技术。

从应用电子技术看,SoC 技术提供了全新的设计概念。SoC 技术的设计概念中,系统集成是基本的设计目标,同时,建立了软件和硬件协同设计、模拟电路和数字电路综合设计的全新设计思想。使用 SoC 技术设计电子系统时,基本出发点和设计目标就是把系统的所有电路综合在一起考虑,并将其设计在一个芯片中。归结成一句话,SoC 设计概念就是以集成电路为基本技术的电子系统集成设计概念。

7.2.2 SoC 技术的综合应用设计

SoC 的设计概念与传统设计概念完全不同。在 SoC 设计中,设计者面对的不再是电路芯片,而是能实现设计功能的 IP 模块库。设计者不必要在众多的模块电路中搜索所需要的电路芯片,只需要根据设计功能和固件特性,选择相应的 IP 模块。这种电路的设计技术和综合方法,基本上完全消除了器件信息障碍,因为每一个应用设计都是一个专用的集成电路。换句话说,就是 SoC 的设计概念是"设计自己的专用集成电路"。从某种意义上讲,就是把用户变成了集成电路制造商。

1. 设计概念不同

传统设计以制造商提供的集成电路为基本设计要素，如果厂商没有提供相应的集成电路，则设计就会遇到很大的困难，甚至无法完成设计。而 SoC 技术则是全系统集成设计，设计技术是 IP 模块和 CPU 内核，如果没有适当的 IP 核，则可以自行设计一个合适的 IP 核。

2. 设计方法不同

传统设计的设计方法以硬件电路调试为主，SoC 设计则是以仿真调试为主，以芯片为目标设计系统，在设计和仿真中必须以模型为核心开展设计工作。

3. 使用工具不同

传统的设计方法在许多时候不需要使用仿真工具，而 SoC 技术是建立在模型和集成制造基础之上的，因此必须使用 EDA 工具才能完成设计。

7.3 SoC 设计及验证流程

7.3.1 SoC 设计流程

SoC 系统设计方法对传统的设计方法及 EDA 工具提出了新的挑战。一方面，由于电路设计复杂程度的增加和市场周期缩短的压力，要求 SoC 系统设计采用基于 IP、重用和模块的设计方法；另一方面，深亚微米技术带来新的可靠性问题和物理特性，使得底层的细节必须引起前所未有的重视。SoC 系统设计涉及高层和底层两个方面，通过适当地处理两者的关系，保证高层设计能顺利地连接到底层。

下面简单介绍 SoC 基本设计流程。通常，SoC 设计包括系统级设计、电路级设计、物理实现、物理验证及最终验证。SoC 设计中的关键环节是 IP Core 复用技术。完成一个片上系统设计必须要在很大程度上依赖对公司内部或其他公司的已成熟芯核即 IP Core 设计的复用，片上系统由 IP Core 的组合完成 50%～90% 系统功能，图 7.2 是 SoC 的基本设计流程。

从图 7.2 可以看出 IP 核设计复用技术对 SoC 设计的重要性。但是由于缺乏 IP 设计规范和标准，设计风格的差异导致了 IP 核交流复用的困难和风险，阻碍了 SoC 的快速发展。而且，在 SoC 的设计项目中通常包括 CPU、DSP 等需要软件控制的部分，用通常的硬件描述语言 HDL 构建、协调及验证这些模块时将遇到巨大的困难和耗费大量的时间。SoC 设计概念的出现给电子系统的设计带来诸多优点：芯片级的系统集成带来其体积和功耗小，可靠性、稳定性和抗干扰性大为提高，且信号的传输延迟降低，系统可以运行在更高的频率上，因此，大大缩小了系统尺寸，降低了系统造价，并且更易于编译、节能等。

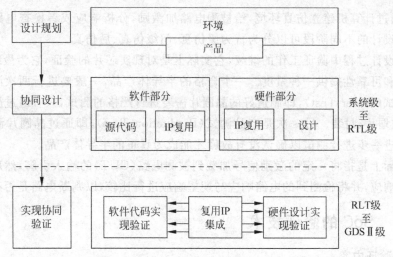

图 7.2 SoC 的基本设计流程

7.3.2 SoC 验证流程

SoC 的验证工作始终贯穿整个设计流程。从阶段划分上说，SoC 验证可以分为功能验证、等价性验证、静态时序分析、动态时序分析和版图验证等几个主要阶段。有了 SoC 验证流程还很不够，需要验证计划(Verification Plan)，这为 SoC 验证工作提供重要质量保证，它规划如何来验证一个设计，主要包括以下内容：

(1) 对模块和顶层的测试策略；
(2) 组成标准测试程序(Testbench)的各个组件的定义和规范，如 BFM；
(3) 总线监视器(Bus monitor)等；
(4) 用到的验证工具和流程；
(5) 仿真环境的定义和搭建；
(6) 关键的验证点；
(7) 验证工作结束的标准。

一个高质量的验证计划使得验证工程师可以更早地开发标准测试程序环境。这种并行的开发验证环境，能尽早给验证团队一个明确的目标，也是保证验证可重用(re-used)的关键。为了得到一个高质量的验证计划，验证工程师要正确和充分地理解设计需求和规范，要与设计工程师及时地交互，这样才能保证验证计划的易读、易用和可重用。因此可以说一个好的验证计划可以有效提高验证效率，缩短开发周期，在 SoC 开发中有着重要的意义。

7.4 SoC 验证技术和测试

验证和测试是两个不同的概念。

一般验证是指检验电路的逻辑、功能、时序等是否满足设计者在设计前提出的要求，功能是否完善，时序是否满足。验证的内容一般是面向功能性的。验证是设计过程中的第一道关卡，如果验证没有通过就没有办法进行后面的工作。目前常做的验证一般采用仿真的技术进行,通过计算机建立仿真环境,给被测电路加激励,分析响应或者检查电路内部的所有信息。按设计的不同阶段可以分为行为级仿真、门级仿真、后仿真。

测试是设计过程中验证工作的继续,它实际上是对现实芯片的验证,它为最终的半导体产品的质量和可靠性提供一种量度。一个合格的半导体产品,一般要进行两次测试。一次是晶圆片测试(Wafer Test),即制造好的晶圆片需要进行严格的测试,只有通过测试的裸片(Die)才会被划片、封装。另一次是产品测试(Production Test),即通过晶圆片测试和封装的芯片必须进一步进行测试以确认没有故障才能成为真正的半导体产品。

测试实际上是指将一定的激励信号加载到被测电路(CUT)的输入引脚,然后在它的输出引脚检测响应,并将检测到的电路响应与期望响应进行比较,以判断电路是否存在故障。

7.4.1 SoC 的验证技术

1. 功能验证内容

功能验证(Functional Verification)是验证中最复杂,工作量最大,同时也是最灵活的部分,包括模块/IP 核级验证、系统级验证、模拟仿真等。

1) 模块/IP 核级验证

任何 SoC 设计均由一系列模块组成。模块可能是自己开发,也可能是重用第三方的 IP 核。不论哪种情况,在系统集成前做 IP 核验证工作是必需的。模块/IP 核级验证流程如图 7.3 所示,软性检查主要检查代码语法、可综合性、变量未初始化、结构化可支持性和端口失配性等;规范模型检查(Formal Model Checking)主要做设计特征遗漏性检查,以期在早期发现错误状况,尤其对控制流设计效果明显,通过设计文档非正式说明、与设计者非正式沟通等途径抽取特征疑问,逐一验证,消除缺陷;功能验证(Functional Verification)主要利用基准测试向量基于事件或基于时钟进行功能验证,如黑盒测试、白盒测试和灰盒(gray-box)测试等;协议检查(Protocol Checking)主要验证是否违反总线协议或模块互连约定,按照协议逐一检查并比较结果;直接随机测试(Directed Random Testing)通过随机产生数据、地址、控制等信号检查功能正确性,减少模拟仿真工作量;代码覆盖率分析(Code Coverage)主要根据模拟仿真时统计代码被执行数,可以按陈述句、信号拴(Toggle)、状态机、可达状态、可触态、条件分支、通路和信号等进行统计分析,以提高设计可信度。

2) 系统级验证

系统级验证主要确认芯片体系结构满足所赋予的功能/性能要求。系统级设计阶段将用户需求转换成功能/性能要求,并实现行为/功能设计,然后映射到相应的体系结构上(设计输入、硬 IP 核、软 IP 核、软/硬件划分、性能分析、总体优化、性价比评估等反复迭代),最后进行系统级验证,如图 7.4 所示。

在系统级验证中,往往要构建虚拟目标系统,如中科 SoC 芯片在实施验证时,将其所有对外接口挂接许多虚拟 IP 核,同时编制了 BIOS(Basic Input Output System,基本输入输出系统)、RTOS(Real-time Operating System,实时操作系统)及应用测试程序(包括驱动程序)。首先做功能验证,验证是否满足要求;其次做软硬件性能验证;再次做系统级基准测试(自顶向下验证策略),抽取特定功能,编制测试向量/程序,定义对错条件,覆盖所有功能,形成基准测试程序(反复迭代),用于模拟仿真。

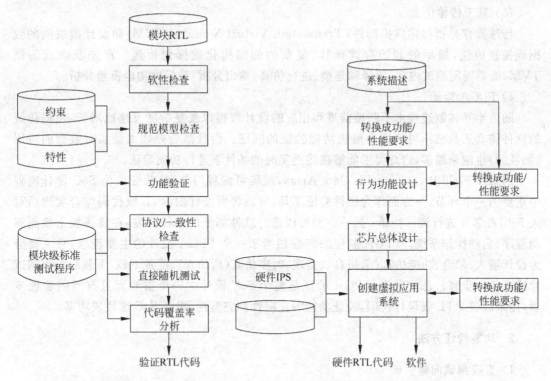

图 7.3　模块/IP 核级验证流程　　　　图 7.4　系统级设计验证流程

3) 模拟仿真

在复杂 SoC 设计开发中，模拟仿真占整个验证工程师团队工作量的 40%～70%，由于成本和市场压力，寻找灵巧的仿真技术显得十分迫切。

(1) 功能仿真

主要关注模块与模块(IP 核-IP 核)间互连验证、系统总线协调性验证和标准规范兼容性验证等，由于复杂度高，可通过事件驱动和加速技术，如硬件加速器、模拟发生器和快速建模试验等来加速和简化仿真工作。

(2) 基准测试包

首先搭建 SoC 整体架构，然后将每一模块(IP 核)经基准测试包挂接到系统总线上。这些基准测试包有利于缺陷的识别工作，但它们不是设计工作的一部分，而是为了验证而引入的。基准测试包测试向量来自于 IP 核供应商、直接随机产生、手工编制或由系统级测试捕获。

(3) 事件驱动仿真

使用比较普遍，像 NC_Verilog、VCS 等均支持，但受芯片规模和性能限制。首先设计代码被仿真工具所接受，其次编制基准测试向量(波形或 RTL(Register Transfer Level，寄存器传送级))，然后运行仿真，最后通过单步调试、错误定位、改正后可再次仿真。

(4) 时钟驱动仿真

在每一时钟结束时计算电路稳态响应，不考虑时序方面的问题，时序需要静态时序分析工具来验证是否满足要求。时钟驱动仿真比事件驱动仿真速度要快 10～100 倍，适合大规模电路仿真。

(5) 基于传输仿真

传输操作是指传输虚拟部件（Transaction Virtual Modules,TVM）和设计模块间的数据或控制传递,简单的如访存读操作,复杂的如结构化数据包传递。首先获取或编制TVM,而后确定测试内容、编译和连接、进行仿真、输出分析,最后做功能覆盖分析。

4) FPGA 验证

随着半导体制造技术不断地前进和相应的设计规模以及复杂度飞速地增长,使得传统的软件仿真工具已不可能完全解决功能验证的问题。而且需要处理大量实时数据的应用（如视频）也越来越多,因此要求能够在接近实时的条件下进行功能验证。

FPGA（Field Programmable Gate Array,现场可编程门阵列）验证成为 SoC 设计流程中重要的一个环节,一方面作为硬件验证工具,可以将所设计的 RTL 级代码综合实现后写入 FPGA 芯片进行调试检错;另一方面可以进行软件部分的并行开发,在验证板上检测驱动程序、启动操作系统。FPGA 验证的流程相当于一个 FPGA 设计的主要流程,它主要分为设计输入、综合、功能仿真（前仿真）、实现、时序仿真（后仿真）、配置下载、下载后板级调试检错这几个步骤。总的来说,FPGA 验证是整个 SoC 设计中一个重要而且有效的验证步骤,用来改进 RTL 级设计代码,验证功能的正确性和完整性,提高 SoC 流片成功率。

2. 功能验证方法

1) 直接测试向量生成

直接测试向量生成（Directed Test Vector Generation）遵守 WYTWYVO 原则,即 What-You-Thought-of-is-What-You-Verify-Only,所以需要产生大量的测试向量才能覆盖尽可能多的各种传输组合。这不但要耗费大量的时间和精力,而且很难达到满意的覆盖率。另外这种方法还需要手工检查结果,只适合比较简单的模块或系统,已经逐渐淡出。

2) 约束随机测试

直接测试向量往往需要手工加入,这样难免会遗漏一些考虑不到的情况,因此有学者提出了随机测试（Random Test）的方法。这种方法让测试向量随机生成,因此在足够长的时间内可以产生大量的随机向量,这样可以比较容易地覆盖到一些考虑不到的情况。

但随着验证技术的发展,验证工程师发现这种完全随机的验证方法一般需要比较长的时间才有可能达到令人满意的覆盖率,而且有些设备的传输类型只有几种,这样就导致把时间浪费在了一些根本不需要产生的测试向量上,所以又提出了约束随机测试（Constrained Random Test）这种新的验证方法,这种方法可以有效地缩短验证时间,在短时间内达到令人满意的覆盖率。

由于约束随机测试可以约束验证环境中各个层次上的属性,所以这种方法可以更真实地反映一个实际的系统。使用约束,特别是带权值（在整个测试中出现的比例）的约束可以很容易地按事先确定的比例产生验证工作所需要的具有某些特殊属性值的一类或几类测试向量,而且如果加入记分板（Scoreboard）技术和自检测（Self-check）技术,会更加易于发现设计中的错误。

3) 覆盖驱动验证

覆盖率一般表示一个设计的验证进行到什么程度,也是一个决定功能验证是否完成的重要量化标准。覆盖主要指的是代码覆盖（Code Coverage）和功能覆盖（Functional Coverage）。

代码覆盖可以在仿真时由仿真器直接给出,主要用来检查 RTL 代码哪些没有被执行到。使用代码覆盖可以有效地找出冗余代码,但是并不能很方便地找出功能上的缺陷。

使用功能覆盖则可以帮助找出功能上的缺陷。一般说来,对一个设计覆盖点的定义和条件约束是在验证计划中提前定义好的,然后在验证环境中具体编程实现,把功能验证应用在约束随机环境中可以有效地检查是否所有需要出现的情况都已经遍历。功能验证与面向对象编程技术结合可以在验证过程中有效地增减覆盖点。这些覆盖点既可以是接口上的信号,也可以是模块内部的信号,因此既可以用在黑盒验证也可以用在白盒验证中。通过在验证程序中定义错误状态可以很方便地找出功能上的缺陷。

4) 基于断言的验证方法

在验证过程中,一般很难找出跨多个时钟周期、顺序相关的一系列操作的时序和功能是否有不符合规范的地方,为此研究出基于断言的验证方法(Assertion-based Verification)来推动验证技术发展。这种方法要用基于断言的验证语言,比如 OpenVeraAssertion 语言(OVA)、SystemVerilog Assertion 语言(SVA)、PropertySpecification 语言(PSL)等。

使用断言可以很方便地对一个给定输入的设计的期望行为进行精确的描述,从而可以很方便地描述输入输出行为、总线协议以及设计中的一些复杂的关系。基于断言的验证语言可以使用简单的语言结构来建立精确的时序表达式。这些表达式可以代表 HDL 或者 HVL(Hardware Verification Language,硬件验证语言)中的事件(events)、序列(sequences)和事务(transactions)等。通过检查这些表达式是否发生,可以很简单地进行功能覆盖的检查,并且这种覆盖率分析是针对跨多个时序周期的一个事件序列或者整个传输的,所以比传统的覆盖驱动验证的抽象层次要高。

传统覆盖分析要专门为覆盖分析而写大量的代码,而断言的覆盖分析可以直接使用在协议检查或者事件描述中用到的那些时序表达式,因此编码会更加灵活、简洁。在验证环境中使用基于断言的验证语言书写的模块(一般为 Checker 和 Monitor)的可重用性优于用 HDL 和 HVL 写的模块,此外要结合仿真器在仿真环境中进行验证的工作,不过这些代码可以直接应用到形式验证(Formal Verification)上。

3. 形式验证

形式验证主要是用来在覆盖所有可能的输入情况下检查是否与给定的规范一致。形式验证主要包括两部分:一是等价性检查(equivalence checking),二是模型检查(model checking)。等价性检查主要是检查两个门级网表(gate-level netlist)之间是否一致,保证网表处理后不会改变电路的功能,或者保证网表能正确地实现 RTL 代码所描述的功能,或者保证两种 RTL 描述逻辑一致。这种方法主要是用来寻找实现(implementation)中的缺陷,而不是设计中的缺陷。因此这种方法很难发现同时存在于两种要比较的描述中的固有缺陷。

模型检查主要是检查 RTL 代码是否满足规范中规定的一些特性(properties)。在规定这些特性时一般使用特性规范语言(Properties Specification Languages),目前一般也使用基于断言的验证语言。由于这种方法可以在不需要仿真的前提下检查设计中所有可能出现的情况是否满足规定的特性,所以使用这种方法不会遗漏任何的边界情况(corner-case)。但是随着设计复杂度的增加和特性的增多,状态空间(state space)会成指数级增长,为了克服这一困难出现了一种新的验证方法——半形式验证（semi-formal verification），如 Synopsys 公司的 Magellan 工具。这种方法把仿真技术的低复杂性和形式方法的完整性结合了起来。

4. 时序验证

时序验证是用来避免时序异常的验证方法，主要包括静态时序分析（Static Timing Analysis，STA）和动态时序分析（Dynamic Timing Analysis，DTA）。

静态时序分析（STA）根据设计规范的要求通过检查所有可能路径的时序，不需要通过仿真或测试向量就可以有效地覆盖门级网表中的每一条路径，在同步电路设计中快速地找出时序上的异常。静态时序分析可识别的时序故障包括建立/保持和恢复/移除检查（包括反向建立/保持）、最小和最大跳变、时钟脉冲宽度和时钟畸变、门级时钟的瞬时脉冲检测、总线竞争与总线悬浮错误、不受约束的逻辑通道，还能计算经过导通晶体管、传输门和双向锁存的延迟，并能自动对关键路径、约束性冲突、异步时钟域和某些瓶颈逻辑进行识别与分类。时序分析工具目前主要有 Primetime、Time Craft、Time Director 和 SST Velocity 等。

动态时序分析主要指的是门级（或对版图参数提取结果）仿真。这种方法主要应用在异步逻辑、多周期路径、错误路径的验证中。随着设计向 130nm 以下的工艺发展，只用静态分析工具将无法精确验证串扰等动态效应。通过动态时序分析与静态时序分析相结合可以验证时序逻辑的建立-保持时间，并利用动态技术来解决串扰效应、动态模拟时钟网络。

5. 物理验证

物理验证（Physical Verification）主要是进行设计规则检测（DRC）、版图与原理图对照（LVS）和信号完整性分析。SoC 设计要求采用一种不受设计类型约束的物理验证工具，如 Hercules，来完成这两项任务，为制造复杂 SoC 提供灵活性和保证。

随着加工工艺的不断提高，带来了大量的信号完整性问题。互连线变得又细又高，线间距也越来越小，互连路径与相邻连线间存在的耦合电容成倍增加，因耦合产生的噪声与伪信号等串扰效应可能成为影响集成电路延迟的重要因素。此外，电流在经过电路时会产生阻性电压降（IR drop）导致后面的门电路因电压降低而使其延迟增加，甚至达不到门槛电压。因此在 STA 计算延迟时必须考虑串扰和电压降等对电路延迟带来的影响。这使时序验证越来越复杂，也越来越重要。

7.4.2 SoC 的测试

1. 测试的基本概念

一个电路设计通过验证后可以拿到工厂去制造，但并不可能百分之百正确地制造出来，总会受到种种不确定性的影响，比如机器的偏差、环境干扰、硅基片的质量不一致，甚至一些人为失误等方面的影响，生产出的产品并不全都是完美的。如果芯片存在故障，这样的芯片是绝对不允许流入市场的。那么如何检验出有制造缺陷的芯片就属于测试的范畴。在超深亚微米阶段，线宽非常精细，工序数量多，更加容易受到干扰的影响，制造故障变得尤其明显，所以必须加大测试的力度，尽可能减少次品流入市场的概率。

1) 硅片测试

集成电路在生产过程中主要有两次测试：硅片测试和封装测试。

第一次测试常常是在硅片加工完成后，测试仪通过探针压到芯片的焊盘(Bonding Pad)上这叫做 Wafer Probe Test，这样的方法一般只做非常简单的测试，比如电气连通性、电流测试和一些专门为工艺调试的电路参数测试等。如果结果与预计的相同则为合格，否则判定为测试失败，在失败芯片上打上标记，往后就不做这些故障芯片的封装和后续加工。

另外，Wafer Probe Test 也做些工艺参数的测试，比如开启电压、多晶硅电容电阻、掺杂区的各种参数、每层金属的参数等，每一批次的产品的工艺参数和分布特性也是生产厂家需要提供的规范数据。

2) 封装测试

第二次测试是在封装完成后，测试仪通过测试程序完成对芯片的最后测试，这一次的测试一般要求更加严格，要尽可能地检测出有故障的芯片。这一步一般也叫做成测，即成品测试。芯片的成品测试的内容不光是检测故障，还有许多方面需要测试，如功耗、电流、可靠性、工作频率、能够工作的环境温度等。在某些领域比如 CPU 或 DSP，还需要做 Speed Binning 测试，就是测试出芯片能够运行的最高工作频率。在一批产品中，将不同工作频率的芯片分批标号，高速的芯片自然可以卖到高的价格以增加利润。另外还有一种测试是寿命测试，设置芯片工作在全速或正常运行状态，持续很长时间，直到达到预期设计寿命或芯片失效。寿命测试常用在 EEPROM、Flash RAM 之类的芯片领域。其他测试还有强度测试、严酷环境测试、抗电磁干扰测试、振动测试等。

如果检测出芯片有故障，不能通过测试，那么要根据具体情况需要进行故障分析或失效分析。一般来说，故障分析会占用大量的人力、物力和时间，所以一般只是在非常必要的情况下才去做。对于代工工厂来说，一些基本的工艺参数如果与预期不一致，则必须要做分析，并且要调整生产线，直到工艺稳定，总体偏差越小越好。对于设计者来说，实验性的芯片如果有故障，可以多花时间精力进行详细的调试和分析，找到问题所在，修改设计直到正确无误。如果已经是设计无误的量产的芯片，并且测试系统也是正确的，一旦某块芯片通不过测试，这种情况下是没有足够的时间去分析单块芯片故障的，就只能简单地将故障芯片丢弃。当芯片通过测试出厂了，用户得到芯片之后，将芯片安装到印刷电路(PCB)上，再对 PCB 进行测试。这时如果发现问题，就需要复杂的诊断过程和人工分析，花费很大的精力才能找到问题。如果是集成电路的问题，就需要将坏的集成电路拆卸下来，将替换的集成电路安装上去。在现代工艺中，很多大规模集成电路的封装往往是 BGA(球形网状排列，封装形式的芯片)，手工拆卸几乎不可能，需要专门的仪器。所以，集成电路如果在 PCB 阶段才测试出问题，则对生产的影响大大高于芯片测试阶段。对于复杂的设备，如果在整机阶段才发现是集成电路芯片的问题，其影响更是巨大。因此，集成电路生产时的测试具有很重要的意义，尽早地发现有故障的芯片就能尽可能大地减少后期的返工代价。

2. SoC 芯片对测试的要求

芯片的测试与单功能芯片的测试目的是相同的，都是为了检测出有制造故障的芯片。对设计人员和测试人员所提出的挑战是尽量用少的测试成本达到高的测试覆盖率。这里分析一下 SoC 芯片测试所遇到的挑战。

随着芯片越来越复杂,频率越来越高,测试大规模的芯片就需要更高级的测试仪,而高级测试仪的成本增长是非常迅速的,如果测试仪的探头管脚数增长一倍的话,其内存容量要增长数倍,系统带宽也要增长数倍,控制器变得更加复杂,测试仪的价格就极大地提高了,所以提高了测试成本,间接提高了单芯片的总体成本。

SoC 测试的成本昂贵体现在以下方面:

(1) 芯片的规模增长极快,门数与引脚数之比急速攀升,这样就限制了测试对芯片内部的访问。

(2) 芯片的速度更快,包括芯片内部逻辑和高速 I/O。

(3) 更多的 Analog 电路。

(4) 多数的故障是与速度有关的,不全是以往的固定型(Stuck-at)故障类型。

(5) 需要更长的测试时间、更多的测试引脚。

3. 单个芯片的测试成本的计算

测试成本=(固定成本+浮动成本)/(测试产量×成品率×时间有效率)

固定成本:测试仪器使用年限内折旧费用、厂房投资、电力供应等。

浮动成本:劳动力、管理、维护、技术支持、消耗品供应等。

测试产量:要测试的总芯片数量。

成品率:无故障的芯片占总产量的比例。

时间有效率:测试仪满负荷工作时间占总使用测试仪的时间比例。

分析测试成本计算公式可以知道,减少测试成本的方法有如下两种:减少分子和增大分母。固定成本占分子的很大部分,同时越是复杂的芯片就需要越高级的测试仪器,这样的测试仪器极其昂贵,一般公司难以负担,只有采用租用的方式。减少浮动成本,这种方法对测试成本的提高贡献不大。测试产量是与流片产量对应的,没有订单是不会轻易增加产量的。增加成品率不仅可以减少测试成本,还是控制芯片总体成本最直接的方法,但是这与工艺是密切相关的。所以,减少对高端测试仪的依赖性,使用中低端的测试仪来测试是减少测试成本的有效方法。SoC 芯片内部包含的模块众多,规模的增长速度非常快,但是其输入输出数量却并没有随着规模增长按比例增多,所以可供测试的端口就更少了,再加上大量采用 IP,就更加难以测试。

从 PCB 板级系统到 SoC 系统,虽然系统的功能可以粗略地认为是相同的,但是从测试的角度看,已经发生了巨大的变化。PCB 系统所用到的单个芯片由芯片供应者提供,并都经过单独测试,系统集成商采购芯片回来将它集成为 PCB 系统再继续测试。但是 SoC 芯片就不同,芯片内部的模块开发完之后供应给芯片集成者,然后集成者进行整个芯片的生产和测试,芯片生产之后供给整机厂商。所以 PCB 系统中用到的芯片是经过测试的,对应到 SoC 芯片中是其中的模块,一般只做验证,只有 SoC 芯片生产之后才对整个芯片进行测试。

对于 SoC 芯片内部模块的测试是困难的。一般这些模块是一些特定功能的 IP 核,比如 DSP、CPU、RAM 等。这些 IP 核是由专门的供应商提供或者公司内部开发的,它们的单独测试由供应者来完成。按照业界惯例,IP 核的提供者应该同时开发测试方案,如果 IP 核是以硬核(网表级)提供的,那么也应该同时提供对应的测试向量,这样更容易给 SoC 集成者提供方便。但是从另一个方面来讲,IP 核的供应者一般并不清楚集成者的使用方法和特殊之处,所以比较难提供更全面的技术支持。IP 核提供者和集成者之间的这种矛盾也是阻碍 SoC 芯片测试发展的一个方面。将来的发展应该是更加规范 IP 核的供应标准,统一标准和格式更便于 SoC 集成者使用这些 IP 核,尽量缩短芯片的开发周期。

另一个关于 SoC 芯片内部模块的问题是它的可探测性(Accessibility)不如 PCB 系统上的芯片。PCB 系统上的单个芯片都可以独立被测试,这些芯片对应 SoC 芯片内部的模块,在 SoC 芯片中这些模块很难被直接探查到,所以就必须要用一定的设计方法,通过结构的改变或者增加一些额外的电路和连线,在一定程度上提高内部模块的可探测性。比如有一种方法是用 Wrapper(隔离单元)把内部 IP 核包围起来,Wrapper 单元的功能是切换内部 IP 核和与之关联的输入输出,它能够作为 IP 核的激励与响应接收单元,也可以作为 IP 核以外的逻辑的输入和输出单元。Wrapper 的这种性质能够用来对芯片内的 IP 核进行很好的隔离和信号屏蔽。另外的方法是通过结构的改变,使得外部测试仪能够直接或间接地"接触"到 IP 核,比如在体系结构中增加一种测试总线。

这里必须要说明的是,虽然 PCB 系统对应于一块 SoC 芯片,PCB 上的独立芯片对应于 SoC 芯片内部的模块,但是从测试的角度看,SoC 芯片的测试复杂性和难度绝不是 PCB 系统测试复杂性和难度的简单相加。SoC 芯片测试要比 PCB 系统测试更加复杂、要求更高。一般 SoC 芯片的测试需要对其内部每一个部分进行测试,如 IP 核、存储器、胶连逻辑(Glue Logic)、用户自定义逻辑(UDLI)、互连线路等,并且还必须对整个芯片进行测试,相当于 SoC 芯片既需要做内部模块的测试,还需要做本"系统"的测试。

由于 SoC 芯片的特殊性,它的测试必须要支持一些新的特性,比如片上测试和支持检测的功能。要做到完善的测试必须要做详尽的测试计划,需要满足一些系统要求,比如测试时间、测试时的功耗、测试向量生成的复杂性和芯片面积增加的开销。如果 SoC 芯片内部有多个 IP 核,还需要规划好在调试过程中多个核被测试的先后关系和系统架构。

综上所述,SoC 芯片既有和以往单功能芯片测试共同的目的和需要,比如测试覆盖率、总体测试成本、测试周期等,也有与之不同的地方,主要是测试复杂度更高,内部 IP 核的隐蔽性高导致难以探测。减少测试成本的最有效方法是简化测试方法,采用一般的测试仪来完成对 SoC 芯片的测试。

7.5 IP 核的复用设计

随着微电子工艺进入亚微米、深亚微米阶段,IC 设计能力已明显落后于工艺的发展速度。为了摆脱这种困境,1997 年的设计自动化会议上,一些 EDA 厂家提出了 IP (Intellectual Property)核复用的技术概念。在短短的 3 年里,IP 核技术从无到有,从经验摸索到设计方法研究,迅速成为一个新兴的技术亮点。

7.5.1 IC 设计周期

传统的 IC 设计流程有构想、设计、验证和实现 4 个环节。其中大部分时间花费在设计和验证环节中,因此要加速设计流程就必须对这两个环节进行专门研究。

设计工程师的设计生产率基本是固定不变的。一个 HDL 设计师每月可编写 100 行可执行代码,产生 10 000 个逻辑门,一年创建 120 000 门。以目前的集成能力看,对于 $0.25\mu m$ 的工艺,每片大约集成 5 000 000 门,如果一半的门数用于存储器,那么需要 20 个人年才能完成这一设计,显然这个数字并没有包括系统软件的开发时间,还不能算是最坏的估计。因而在这种情况下,利用已经创建好的东西来提供生产率实在是一个值得考虑的设计策略。

另外,占据绝大部分开发时间的设计模块的验证工作是不可避免的,除非这些模块已经被验证过。这就是复用技术加速设计验证的思路。预先验证过的设计模块数量越多,尺寸越大,系统验证的时间也就越短,设计流程的加速效果也就越明显。资料显示 RTL 的设计模型与门级模型在速度上要差 3~4 个数量级。

事实证明在这两方面因素的影响下,从规格描述到物理版图的平均设计时间从 1997 年的 9~12 个月下降到了 1998 年的 6~9 个月。

7.5.2 复用技术

1. SoC 设计与 IP 复用

简单地讲,IP 核的复用过程表现在 SoC 设计中(见图 7.5)。这既体现了 IP 核的设计目的,也检验门 IP 核的设计质量。从而可以从 SoC 设计中整理出 IP 复用的一些基本条件。与传统设计方法不同,在硬件设计时 SoC 不是从零开始的,而是大量采用预先设计好和验证过的 IP 核,从而缩短了设计时间。在这样的情况下,IP 核必须具有可复用性,即以 SoC 设计者期望方式工作的能力。这主要包括以下几个方面:

- IP 核应该遵从统一的设计风格和规范,以便能够快速地组装到一起(见图 7.6);
- IP 核应该提供能够迅速验证的功能模型,最好是层级模型,满足不同设计阶段的验证需要;
- 交付文档应该书写简洁、文字清楚,使设计者能够明确地理解和使用 IP 核。

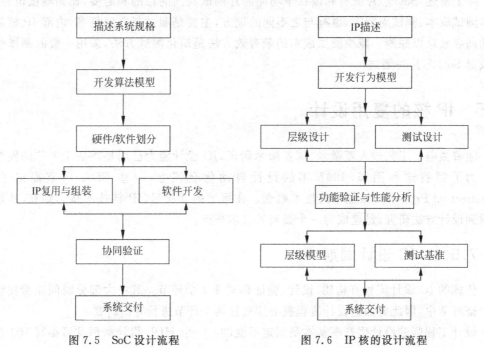

图 7.5 SoC 设计流程   图 7.6 IP 核的设计流程

下面详细讨论 IP 核的复用设计如何满足这 3 个方面的要求。

2．可复用的设计风格

不论是什么样的模块都能很容易地使用，作为可复用的设计模块，IP 核必须遵从"平易近人"的设计风格。这也许会损失一部分 IP 核的性能，但 IP 核如果不能复用或者不能快速地复用，那就失去了它最本质的特性，也就是它存在的意义。下面列出一些经验的设计策略。

1）系统时序
- 基于同步时序和寄存器来设计电路。如果一定要加入门控时钟，那么要提供顶层的功能说明。
- 必须明确说明时钟的数量和频率，这是针对动态逻辑电路而言的。
- 说明芯片复位类型，推荐使用同步复位。

2）系统结构
- 必须指明外接总线机制，最好采用标准总线。
- 不能指望总线连接的其他模块不出错，要引入一定的容错技术。
- 如果想混用软硬件 IP 核，层级策略必须定义好。

3）其他
- IP 软核应该包括延迟、面积和功耗的特性约束，以便综合时参考。
- IP 硬核要面向可能获得复用的工艺技术。

3．全面测试的模块质量

如果 IP 核是可以信任的，那么只要有 IP 核之间的连接测试，或者说系统测试就可以了。显然，这种情况过于理想，但是却能给我们一个启示，把验证工作分割开来，由 IP 核不占用 SoC 的设计时间。

设计者预先完成 IP 核的全套测试。这样多个 SoC 设计，只要 IP 核的一次全面测试，而全面测试需要更多的 IP 核验证时间，因此快速验证技术十分重要，这方面的策略有以下几种：
- 更抽象的验证层级。在高的抽象层级上进行验证并不会带来很重的时间负担，因此在这些层级应该进行更多的测试工作。
- 合理的子块分割。独立的功能模块可以抑制系统验证时测试用例的指数增长。
- 形式验证。理想情况下，有了形式验证就可以不做系统连接测试，而且形式验证可以自然地镶嵌在综合工具里面。
- 更好的 EDA 工具。RTL 级测试序列生成和应用基准程序生成需要更有效的方法。
- 测试加速技术。在通常情况下，设计 IP 核是值得用一个专门硬件去仿真测试的。
- 复用性验证，这是针对 IP 软核而言的，由于没有给出最终的设计版图，提高了 IP 软核的灵活性的同时也降低了 IP 软核的性能模型的精度。如果要证明这一点不妨考虑一下功耗问题。因此在产品发布之前，IP 软核要对自己声称兼容的工艺技术进行复用性验证。

4．交付文档

软核或硬核的制造过程完成之后，就要完成产品最后包装。除了代码、时序、版图等设计数据，层级模型、测试基准等测试部件，交付文档是值得重视的一个部分。交付文档不是规格书、综合脚本和随便任何东西的一个简单混合，而是一个非常专业的文档。它内容涵盖了大多数 SoC 设计者要注意的情况和相关信息，如计算机体系结构、块图、I/O 特性、时序图、编程和设计指南中的可能意外、测试策略、时钟策略、推荐使用的软件工作环境（包括编译器和驱动器）、系统验证策略、调试策略、历史信息等。

7.5.3 复用专题：存储器和数据通道

存储部件几乎占据 SoC 硅片总门数的一半，所以每个存储单元都是设计者进行面积、速度和功耗优化的基础。这也就决定了存储单元大都是依赖于工艺技术的，因而很难进行移植或复用。EDA 工具使这种状况得到了很大的改善，即便存储单元不能复用也可以通过修改设计数据来减少设计的输入时间。另一方面各种性能模型，主要是时序模型，被广大 IP 设计公司开发出来，极大地减少了验证时间。

有了综合工具以后，数据通道在可复用性上有了很大的提高。从原来的手工设计转变到只要在工具中输入灵活可变的 HDL 行为描述，就可以生成 RTL 的单元网表进行功能或性能评价。对一般应用而言，自动优化后的网表关键指标与手工设计差别不大。标准的布局布线工具会自动产生一个高性能的数据通路的版图输出，因此可以在不牺牲性能的前提下产生独立于工艺技术的设计。这意味着只要保存数据通道的行为代码就可以了，用个专业术语表达就是 IP 软核。

7.5.4 IP 核复用设计实例

这里用具体事例说明，因条件限制，只能使用已有的设计实例，在之前先介绍一下 Nios Ⅱ。

嵌入式处理器是嵌入式系统的核心，有硬核和软核之分。其中，嵌入式处理器软核以其更大的使用灵活性，更低廉的成本，受到了研发人员和市场的广泛欢迎。Altera 公司最新推出的嵌入式处理器软核 Nios Ⅱ 更是软核处理器中的先进代表，它已经快速地渗透到教学、科研以及生产等各个方面，积极地推动着嵌入式技术、SoPC 的发展。

20 世纪 90 年代末，可编程逻辑器件（PLD）的复杂度已经能够在单个可编程器件内实现整个系统，可编程片上系统（SoPC）已成为现实。Altera 将可编程器件的优势拓展到嵌入处理器的开发设计中，推出了成功的产品。

2000 年，Altera 发布了 Nios 处理器，这是 Altera Excalibur 嵌入处理器计划中的第一个产品，是第一款用于可编程逻辑器件的可配置软核处理器。

2004 年 6 月，Altera 公司在第一代 Nios 取得巨大成功的基础上，又推出了更加强大的 Nios Ⅱ 嵌入式处理器。它采用 32 位的 RISC 指令集、32 位数据通道、5 级流水线技术，可在一个时钟周期内完成一条指令的处理。与 Nios 相比，Nios Ⅱ 处理器拥有更高的性能和更小的 FPGA 占用率，并且提供了强大的软件集成开发环境 Nios Ⅱ IDE，所有软件开发任务包括编辑、编译、调试程序和下载都可以在该环境下完成。

Altera 公司将 Nios Ⅱ 处理器以 IP(Intellectual Property，知识产权)核的方式提供给设计者，有快速型（Nios Ⅱ/f）、经济型（Nios Ⅱ/e）和标准型（Nios Ⅱ/f）3 种处理器内核，每种内核都对应不同的性能范围和资源成本。设计者可以根据实际的情况来选择和配置处理器内核，轻松地创建一款"完美"的处理器。

Nios Ⅱ系统的开发主要可以分为两大步：搭建硬件平台和针对目标平台编写应用软件程序。

Altera公司设计的开发工具SoPC Builder，将所有和处理器子系统相关的底层详细资料集中到这个工具中，让用户完全置身于直观的图形界面下添加和配置所需的处理器和功能部件，并自动完成包含定义存储器映射、中断控制和总线控制在内的系统配置工作，使得开发工作简单化，设计者能够更加着眼于系统的功能而无需拘泥于过多的细节。

集成于SoPC Builder中的Nios Ⅱ IDE，采用绝大部分设计者非常熟悉的标准GNU环境，能够让设计者在其中完成所有的软件开发任务。

搭建硬件平台所需的工作如下：

(1) 硬件开发的主要工作是构建Nios Ⅱ系统模块。在SoPC Builder中选取合适的CPU、存储器以及外围器件（如片内存储器、PIO、UART和片外存储器接口），并通过参数的设计定制它们的功能。部件选择完成后，使用Quartus Ⅱ软件选取具体的Altera可编程器件系列，并对SoPC Builder生成的HDL设计文件进行布局布线，生成Nios Ⅱ系统模块。

(2) 将生成的Nios Ⅱ系统模块加入到Quartus Ⅱ工程下的顶层设计文件，为Nios Ⅱ系统模块的I/O端口分配管脚或者连接FPGA内部逻辑。I/O管脚分配后，进行编译，系统生成配置文件。

(3) 使用Quartus Ⅱ编程器和Altera下载电缆，下载配置文件到开发板。当硬件设计校验完成后，可以将配置文件下载到开发板上的非易失存储器里。

下载完硬件配置文件后，软件开发者就可以把此开发板作为软件开发的初期硬件平台对软件功能进行开发验证。

软件开发流程归纳如下：

(1) 在用SoPC Builder进行硬件设计的同时，就可以开始编写独立于器件的C/C++软件，比如算法或控制程序，并可以使用现成的软件库和开放的操作系统内核来加快开发进程。

(2) 在Nios Ⅱ IDE中建立新的软件工程，这时，IDE会针对目标硬件平台自动生成一个定制HAL系统库，这个库能为程序和底层硬件的通信提供接口驱动程序。

(3) 使用Nios Ⅱ IDE对软件工程进行编译、调试、运行。

具体应用如下。

Nios Ⅱ在汽车行驶记录仪中的应用。

汽车行驶记录仪是对车辆行驶速度、时间、里程以及有关车辆行驶的其他状态信息进行记录、存储并可通过接口实现数据输出的数字式电子记录装置。

采用基于嵌入式处理器Nios Ⅱ的SoPC技术来设计汽车行驶记录仪的优势如下：

(1) 汽车行驶记录仪需要存储、传输数据，必要时还需具备显示和警报功能，系统接口较多，SoPC Builder提供了大量的接口IP核供用户选择，使得设计方便快捷，能够大大地缩短开发工期。

(2) 汽车行驶记录仪因其特殊的工作环境，要求尽可能地减小产品体积并提高系统的可靠性，SoPC的特点就是在FPGA上高度集成，尽量减少芯片外部连线，十分符合汽车行驶记录仪对体积和可靠性的要求。

(3) 汽车行驶记录仪应该具备适应用户需求变化的能力，具备良好的可扩展性和升级特性。可编程逻辑器件FPGA以及Nios Ⅱ的特点使得通过对软件代码的更新就可以完成系统的维护和升级。

具体系统如图 7.7 所示。

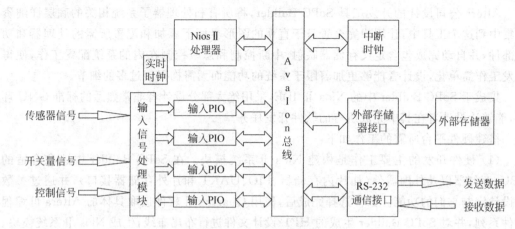

图 7.7　Nios Ⅱ 系统

Nios Ⅱ 系统模块：中央控制单元。包含 Nios Ⅱ 处理器、Avalon 总线、中断时钟以及与外设的接口。控制程序由运行在 Nios Ⅱ CPU 上的软件完成，负责对信号的采集、处理和存储操作，并控制通信过程。

信号输入部分：接收外部传感器和开关量信号，并进行处理，将处理后的数据送到 Nios Ⅱ 系统模块的数据采集端口（PIO）。

存储器部分：存储采集的数据。

通信模块：采用 RS-232，负责与分析仪之间的通信。

根据各个部分的功能和开发板的配置（本项目所用的开发板为 Stratix 1s10，FPGA 的型号为 EP1S10F780C6），需要用到的外围器件有对模拟输入信号进行模数转换的 ADC0809，用于试验中存储数据的 SRAM 存储器，用于试验数据备份的 Flash 存储器，装载软件程序、异常处理的 SDRAM 存储器，记录仪与分析仪之间的通信接口 RS-232，用于超速报警的 LED，等等。

按照系统的硬件规划，在 SoPC Builder 需要添加如下 IP 模块：

Nios Ⅱ 32 位 CPU：软核处理器；

Interval_timer：中断时钟，每 0.2s 发出中断；

Keydoor_pio：接收钥匙门信号的输入；

Power_off_pio：接收掉电信号的输入；

Vehicle_speed_pio：连接车速传感器输出脉冲计数器的输出端；

Over_speed_alarm_pio：连接超速报警 LED；

Rotate_speed_pio：连接曲轴传感器输出脉冲计数器的输出端；

Initial_pio：系统复位端口；

Adc_control_pio：ADC0809 控制端口；

Adc_eoc_pio：连接 ADC0809 转换结束指示引脚；

Adc_data_pio：连接 ADC0809 的 8 个数据输出引脚；

Switch_input_pio：接收开关量的输入；

Sdram：软件程序，异常处理存储器；
Ext_ram_bus：外部存储器总线；
Ext_ram：外部 RAM 接口；
Ext_flash：外部 Flash 接口；
Uart：通用异步接收发送器，实现 RS-232 接口；
Jtag_uart：调试用接口。

行驶记录仪的各种应用功能是由 C/C++语言编写的软件程序来完成。在 Nios Ⅱ IDE 中新建一个工程时，系统会针对目标硬件平台自动生成硬件抽象层的应用程序接口（HAL API）供程序编写人员调用。

汽车行驶记录仪的工作过程如下：

（1）汽车行驶过程中，记录仪每 0.2s 采集并记录事故疑点数据；每分钟记录行驶状态数据；在记录的过程中要记录最高车速。

（2）汽车停驶时，记录仪并没有停止工作，但此时不进行数据的采集和记录。在停车过程中，分析仪可以采集记录仪的数据。

（3）车辆、驾驶员基本信息采取系统初始化时预置进记录仪的形式。

（4）记录仪是否采集数据用钥匙门控制，接收到钥匙门启动车辆的信号，记录仪开始记录；接收到钥匙门的熄火信号，停止记录。

（5）记录仪掉电，备份数据，停止工作。

具体工作过程如图 7.8 所示。

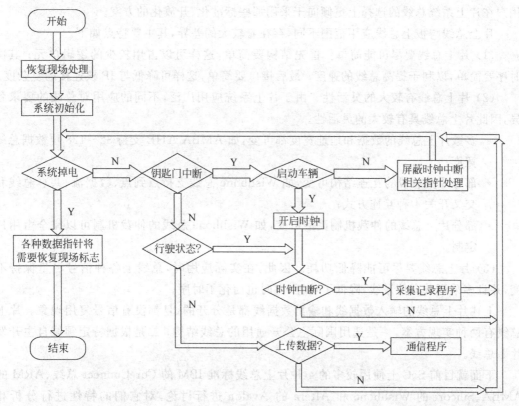

图 7.8　记录仪工作过程图

这个汽车行驶记录仪,采用了基于嵌入式处理器 Nios Ⅱ 的 SoPC 设计技术,能够更完整、更精确、更多样化地记录汽车在行驶过程中的各种数据。在设计过程中大量复用成熟的 IP 软核,很大程度上提高了系统的稳定性,大大节省了系统开发时间,充分体现了 IP 复用技术带来的好处。

7.6 总线构架

  SoC 的发展离不开应用领域的需求牵引。在根据需求进行片上系统设计时,不仅要考虑 SoC 本身,而且还要考虑 SoC 应用产品的需求,重点关注特定 IP 获取和系统总体结构(性能、功耗、成本、可靠性、适用性)的评估。为了提高开发模块的重复利用率,降低开发成本,用户采用 SoC 总线(芯片内部)、芯片间总线(如 SPI、I2C、UART、并行总线)、板卡间总线(ISA、PCI、VME)、设备间总线(USB、1394、RS-232)等。不同的是,SoC 总线为用户提供了一个堪称"理想"的环境:片上系统模块间避免了干扰、匹配等传统问题,但是片上系统的时序要求却异常严格。

  在实施过程中,SoC 设计者的核心工作不再是某个新功能的设计实现,而是如何去评估、验证和集成多个已经存在的软硬件模块,重视软硬件划分、IP 核复用、嵌入式软件开发、多层次软硬件协同验证等方面。由于 OpenCore 和其他致力于开放知识产权(Open Intellectual Property)组织的大力推广(开发设计了大量基于标准化片上总线的免费模块),用户在片上系统总线的选择上更倾向于采用那些标准化、开放化的方案。

  片上总线与板上总线应用范围不同,存在着较大的差异,其主要特点如下。

  (1) 片上总线要尽可能简单。首先结构要简单,这样可以占用较少的逻辑单元;其次时序要简单,以利于提高总线的速度;最后接口要简单,这样可降低与 IP 核连接的复杂度。

  (2) 片上总线有较大的灵活性。由于片上系统应用广泛,不同的应用对总线的要求各异,因此片上总线具有较大的灵活性。

- 多数片上总线的数据和地址宽度都可变,如 AMBA AHB 支持 32~128 位数据总线宽度;
- 部分片上总线的互连结构可变,如 Wishbone 总线支持点到点、数据流、共享总线和交叉开关 4 种互连方式;
- 部分片上总线的仲裁机制灵活可变,如 Wishbone 总线的仲裁机制可以完全由用户定制。

  (3) 片上总线要尽可能降低功耗。因此,在实际应用时,总线上各种信号尽量保持不变,并且多采用单向信号线,降低了功耗,同时也简化了时序。

  上述片上总线的输入数据线和输出数据线都是分开的,且都没有信号复用现象。片上总线有两种实现方案,一是选用国际上公开通用的总线结构;二是根据特定领域自主开发片上总线。

  下面就目前 SoC 上使用较多的 4 种片上总线标准 IBM 的 CoreConnect 总线、ARM 的 AMBA、Silicore 的 Wishbone 和 Altera 的 Avalon 进行讨论,对它们的特性进行分析和比较。

7.6.1 CoreConnect 总线

IBM 公司的 CoreConnect 提供了 3 种基本结构：处理器内部总线（Processor Local Bus,PLB）、片上外围总线（OPB）和设备控制总线（DCR）。

（1）PLB 标准是为总线传输的主要发出者和接收者之间提供高带宽、低延迟的连接。其主要特征如下：

- 高性能处理器内部总线；
- 交叠的读和写功能（最快每周期传输两次）；
- 支持分段传输；
- 读和写分开；
- 32～64 位数据总线；
- 32 位地址空间；
- 支持 16～64 位突发传输模式；
- 4 级仲裁优先权；
- 特殊 DMA（Direct Memory Access）模式。

（2）OPB 标准为连接具有不同的总线宽度及时序要求的外设和内存提供了一条途径，并尽量减小对 PLB 性能的影响。其主要特征如下：

- 片上外围总线、支持多个主设备；
- 32 位地址空间；
- 读和写数据总线分开；
- 8～32 位数据总线；
- 动态总线宽度；
- 支持重试模式（如果主设备要求的从设备忙，主设备隔一段时间再次请求）；
- 支持突发（Burst）传输模式；
- 支持 DMA。

（3）DCR 是用来规范 CPU 通用寄存器设备，控制寄存器之间传输数据。DCR 总线在内存地址映射中取消了配置寄存器，减少取操作，增加处理器内部总线的带宽。其主要特征如下：

- 10 位地址总线；
- 32 位数据总线；
- 同步和异步的传输；
- 分布式结构。

CoreConnect 拥有一整套完备的技术文档，在技术上可行性较强，可以应用于类似工作站这样的高性能系统的连接，对于简单的嵌入式应用来说可能有点太复杂，提供的许多特性无法用到。

7.6.2 AMBA 总线

AMBA（Advanced Microcontroller Bus Architecture）总线规范是 ARM 公司设计的一

种用于高性能嵌入式系统的总线标准。它独立于处理器和制造工艺技术，增强了各种应用中的外设和系统宏单元的可复用性。AMBA 总线规范是一个开放标准，可免费从 ARM 获得。目前 AMBA 拥有众多第三方支持，被 ARM 公司 90% 以上的合作伙伴采用，在基于 ARM 处理器内核的 SoC 设计中已经成为广泛支持的现有互连标准之一。AMBA 总线规范 2.0 于 1999 年发布，该规范引入的先进高性能总线（AHB）是现阶段 AMBA 实现的主要形式。AHB 的关键是对接口和互连均进行定义，目的是在任何工艺条件下都可以实现接口和互连的最大带宽。AHB 接口已与互连功能分离，不再仅仅是一种总线，而是一种带有接口模块的互连体系。

AMBA 总线规范的主要设计目的如下：
- 满足具有一个或多个 CPU 或 DSP 的嵌入式系统产品的快速开发要求；
- 增加设计技术上的独立性，确保可复用的多种 IP 核可以成功地移植到不同的系统中，适合全定制、标准单元和门阵列等技术；
- 促进系统模块化设计，以增加处理器的独立性；
- 减少对底层硅的需求，以使片外的操作和测试通信更加有效。

AMBA 总线是一个多总线系统。规范定义了 3 种可以组合使用的不同类型的总线：AHB(Advanced High-performance Bus)、ASB(Advanced System Bus)和 APB(Advanced Peripheral Bus)。

性能系统总线（AHB 或 ASB）主要用于满足 CPU 和存储器之间的带宽要求：CPU、片内存储器和 DMA 设备等高速设备连接在其上，而系统的大部分低速外部设备则连接在低带宽总线（APB）上。系统总线和外设总线之间用一个桥接器进行连接。AMBA 的 AHB 适用于高性能和高时钟频率的系统模块。它作为高性能系统的骨干总线，主要用于高性能和高吞吐量设备之间的连接，如 CPU、片上存储器、DMA 设备和 DSP 或其他协处理器等，其主要特性如下：
- 支持多个总线主设备控制器；
- 支持猝发、分裂、流水等数据传输方式；
- 单周期总线主设备控制权转换；
- 32～128 位数据总线宽度；
- 具有访问保护机制，以区分特权模式和非特权模式访问，指令和数据读取等；
- 数据猝发传输最大为 16 段；
- 地址空间 32 位；
- 支持字节、半字和字传输。

AMBA 的 ASB 适用于高性能的系统模块。在不必要使用 AHB 的高速特性的场合可选择 ASB 作为系统总线。它同样支持处理器、片上存储器和片外处理器接口与低功耗外部宏单元之间的连接，其主要特性与 AHB 类似，主要不同点是它读数据和写数据采用同一条双向数据总线。

AMBA 的 APB 适用于低功耗的外部设备。它已经过优化减少了功耗和对外设接口的复杂度。它可连接在两种系统总线上，其主要特性如下：
- 低速、低功耗外部总线；
- 单个总线上设备控制器；

- 操作简单,加上 CLOCK 和 RESET,总共只有 4 个控制信号;
- 32 位地址空间;
- 最大 32 位数据总线;
- 读数据总线与写数据总线分开。

7.6.3 Wishbone 总线

Wishbone 总线最先是由 Silicore 公司提出,现在已移交给 OpenCores 组织维护,它通过在 IP 核之间建立一个通用接口完成互连。可以用于在软核、固核以及硬核之间进行互联。Wishbone 规范具有如下特点:简单、紧凑,需要很少的逻辑门;完整的普通数据传输总线协议,包括单个读写、快传输、读—修改—写周期、事件周期;数据总线宽度可以是 8~64 位;支持大端(big-endian)和小端(little-endian),接口自动完成两者之间的转换。支持存储器映射、FIFO 存储器、交叉互联;握手协议,允许速率控制;可以达到每个时钟周期进行一次数据传输;支持普通周期结束、重试结束、错误结束等总线周期形式;支持用户自定义的标志;采用 MASTER/SLAVE 体系结构;支持多点进程(Multi-MASTER);仲裁算法用于定义;支持各种各样的 IP 核互联,包括 USB、双向总线、复用器互联等;同步逻辑设计;非常简单的时序标准;与硬件实现技术无关(FPGA、ASIC 等),与设计工具无关。

相对于其他的 IP 核接口规范来说,Wishbone 接口规范具有简单、开放、高效、利于实现等特点而且完全免费,并没有专利保护。基于上述优点,因此采用 Wishbone 总线进行接口设计。

Wishbone 的 3 种连接方式。Wishbone 提供了灵活的连接结构,能非常容易地定制自己所需的用途。它通过提供标准的数据交换协议,使用户非常方便地进行 TEAMWORK,把系统组件化,增加了模块的重用性。节省了二次开发的时间。Wishbone 地址和数据位都是 32 位(如果小于 32 位也可以进行通信),最多可以连接 8 个主设备、16 个从设备,当多个主设备申请控制时,通过仲裁机制决定什么时候哪个主设备能访问共享总线。Wishbone 具有灵活的可变性连接方式,允许系统通过 3 种不同的方式实现 IP CORES 之间的互联。

(1) 点到点连接方式(Point-to-Point Interconnection),这是 IP CORES 之间最简单的连接方式,只需要一主一从两个 IP CORES 之间进行数据通信,例如,主设备可以是微处理器 IP CORES,从设备可以是串口的 I/O PORT。

(2) 数据流连接方式(Data Flow Interconnection),这种连接方式用于数据以时序的方式进行处理。一些时候,这种方式可用作流水线作业。比如图 7.9 中 3 个 IP CORES 都是实现浮点运算,假设它们工作的时间都相同,这样 3 个 IP CORES 互联在一起,可以实现高速的类似并行化的时序操作,使处理数据的时间节省三分之二。

(3) 共享总线的连接方式(Share Bus Interconnection),这种方式通常用于两个或以上主设备和一个或以上从设备之间的互联,仲裁机制决定什么时候哪个主设备能够访问总线,这种连接方式的主要优点是结构紧凑,能够用较少的逻辑资源实现相关结构。缺点是每次只能有一个主设备访问总线,其他的主设备在总线忙时只能处于等待状态,降低了数据传输的速度。可以在一些标准的总线中看到这种共享总线的连接方式,例如 PCI、VMEbus。

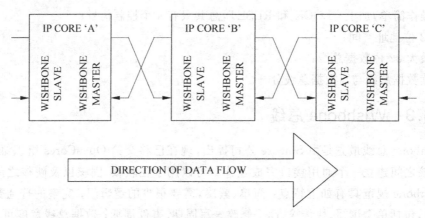

图 7.9 数据流连接方式

7.6.4 Avalon 总线

Avalon 总线是 Altera 公司设计的用于 SoPC(System on Programmable Chip,可编程片上系统)中,连接片上处理器和其他 IP 模块的一种简单总线协议,规定了主部件和从部件之间进行连接的端口和通信的时序。

Avalon 总线的主要设计目的如下:

- 简单性,提供一种非常易于理解的协议;
- 优化总线逻辑的资源使用率,将逻辑单元保存在 PLD(Programmable Logic Device,可编程逻辑器件)中;
- 同步操作,将其他逻辑单元很好地集成到同一 PLD 中,同时避免了复杂的时序。

在传统的总线结构中,一个中心仲裁器控制多个主设备和从设备之间的通信。这种结构会产生一个瓶颈,因为任何时候只有一个主设备能访问系统总线。Avalon 总线的开关构造使用一种称为从设备仲裁(Slave-side Arbitration)的技术,允许多个主设备控制器真正地同步操作。当有多个主设备访问同一个从设备时,从设备仲裁器将决定哪个主设备获得访问权。

Avalon 总线的主要特性如下:

- 32 位寻址空间;
- 支持字节、半字和字传输;
- 同步接口;
- 独立的地址线、数据线和控制线;
- 设备内嵌译码部件;
- 支持多个总线主设备,Avalon 自动生成仲裁机制;
- 多个主设备可同时操作使用一条总线;
- 可变的总线宽度,即可自动调整总线宽度,以适应尺寸不匹配的数据;
- 提供了基于图形界面的总线配置向导,简单易用。

Avalon 总线模块为连接到总线的 Avalon 外设提供了以下的服务:

- 数据通道多路转换——Avalon 总线模块的多路复用器从被选择的从外设向相关主外设传输数据。

- 地址译码——地址译码逻辑为每一个外设提供片选信号。这样，单独的外设不需要对地址线译码产生片选信号，从而简化了外设的设计。
- 产生等待状态(Wait-State)——等待状态的产生拓展了一个或多个周期的总线传输，这有利于满足某些特殊的同步外设的需要。当从外设无法在一个时钟周期内应答的时候，产生的等待状态可以使主外设进入等待状态。在读使能及写使能信号需要一定的建立时间/保持时间要求的时候也可以产生等待状态。
- 动态总线宽度——动态总线宽度隐藏了窄带宽外设与较宽的 Avalon 总线(或者 Avalon 总线与更高带宽的外设)相接口的细节问题。举例来说，一个 32 位的主设备从一个 16 位的存储器中读数据的时候，动态总线宽度可以自动地对 16 位的存储器进行两次读操作，从而传输 32 位的数据。这便减少了主设备的逻辑及软件的复杂程度，因为主设备不需要关心外设的物理特性。
- 中断优先级(Interrupt-Priority)分配——当一个或者多个从外设产生中断的时候，Avalon 总线模块根据相应的中断请求号(IRQ)来判定中断请求。
- 延迟传输(Latent Transfer)能力——在主、从设备之间进行带有延迟传输的逻辑包含于 Avalon 总线模块的内部。
- 流式读写(Streaming Read and Write)能力——在主、从设备之间进行流传输使能的逻辑包含于 Avalon 总线模块的内部。

7.7　混合信号 SoC 器件

早期的 SoC 器件属于数字 SoC 器件，因为器件内的所有电路都是数字电路。随着应用领域对 SoC 器件需求的发展，数字 SoC 器件已经不能满足应用的需要了。

根据 SoC 器件的定义，许多场合下需要把数字电路和模拟电路集成在一个 SoC 器件中，这种模拟电路和数字电路集成在一起的 SoC 器件，叫做混合信号 SoC 器件。

随着信息技术的发展，混合信号 SoC 器件已经成为重要的电子器件和应用技术，电子科学与技术对 SoC 器件的研究也已经转向具有混合信号处理能力的混合信号 SoC 器件和设计制造技术。

由于同时存在模拟电路和数字电路，所以混合信号 SoC 器件具有更大的复杂性。

7.7.1　混合信号 SoC 器件中的模拟电路特征

SoC 器件中模拟电路部分一般包括放大电路、抗混叠滤波电路、模拟信号输出电路，以及其他一些特殊电路，例如非线性电路等。

一般说来，设计 SoC 器件中的模拟电路时，应当注意以下几个特征。

1. 电路的可测性与可控性

电路的可测性与可控性是模拟电路系统的一个重要特征。在混合信号 SoC 器件中之所以突出可测性与可控性，主要是因为模拟电路与数字电路的统一分析具有相当的难度，因此需要针对模拟电路的这两个特性重新对数字电路部分进行考察。

2. 电路的频率响应

电路的频率响应特性是模拟电路的一个重要特征,在混合信号 SoC 器件中要特别注意模拟电路频率响应的原因是要确定模拟电路与数字电路的一致性。单独的模拟电路设计中,频率响应特性代表了电路处理信号的能力,在 SoC 器件中考察模拟信号的频率响应特性除了考虑电路的信号处理能力外,还要考虑模拟电路频率响应特性对数字电路和软件的要求与影响。同时,充分考虑数字电路和软件的处理能力后,还可以有效地降低对模拟电路频率特性的要求。例如,单独的滤波器电路对截止频率和边带衰减频率的要求比较严格,而与数字电路配合后,就可以放宽要求,采用数字的方法对其进行补偿。这样就可以降低对模拟滤波器频率特性的要求。

3. 电路灵敏度

电路灵敏度是模拟电路的一个重要技术特征。在 SoC 器件中,必须十分注意电路的灵敏度,以保证系统具有最佳技术特征。采用 SoC 技术,由于数字电路和软件加入,可以采用数字补偿的方法有效降低系统对器件灵敏度的要求。

4. 混沌特性

混沌现象是电路系统,特别是复杂电路系统可能发生的重要现象。所谓混沌,是指确定性系统进入了一种不可控制的不确定状态。由于混沌特性往往难以预知,因此,电子系统混沌特性对于应用领域和系统自身都是潜在的危险因素。系统混沌特性的研究是目前电子系统与技术、系统理论等科学领域重要的研究内容。

混沌特性不同于稳定性。系统稳定性由系统的结构和状态转换关系所控制,而混沌特性则是一种不可以预知或超出设计范围的性质。在 SoC 器件中,由于模拟电路和数字电路系统相当复杂,不仅有硬件之间状态的限制关系,同时还存在软件对硬件的控制、软件对软件的调用、硬件对软件的支持等诸多因素。要把许多复杂因素之间的关系完全分析清楚是十分困难的事情,因此,如何定义系统的混沌特性是 SoC 理论与技术的一个重要研究内容,也是设计 SoC 器件时要特别注意的一个问题。

5. 噪声特性

噪声特性对所有的电路都是十分重要的一个问题。在 SoC 器件中,噪声特性又增加了一个影响因素,这就是模拟电路与数字电路之间的相互影响和作用。使用分立器件设计同时具有数字电路和模拟电路的系统中,模拟电路与数字电路之间的相互影响比较容易比较,可以采用分离电路板和地线、调整信号传输线等方法限制信号的噪声水平。在 SoC 器件中,由于所有的电路都制造在同一个硅片上,因此,有时有效隔离是十分困难的。

7.7.2 混合信号 SoC 器件中的数字电路特征

在设计混合信号 SoC 器件时,由于模拟和数字两种电路同在一个硅片上,电路模块之间连接复杂,因此需要对数字部分的电路特性十分注意,设计中要加以适当的处理。

混合信号 SoC 器件的特性包括理想逻辑特性和数字电路特性。

1. 理想逻辑特性

理想逻辑特性是指一定约束条件下数字电路对逻辑系统的符合程度。对于数字逻辑系统来说,其实现目标是用数字电路实现一个逻辑系统,这个逻辑系统的结构、功能、特性等设计都与电路无关,仅与设计要求有关。因此,这种逻辑系统叫做数字逻辑电路设计的理想模型。为了实现相同的逻辑功能,无论是独立的数字电路,还是混合信号 SoC 器件,其理想逻辑模型都是相同的。

如果数字电路的约束条件能够保证数字电路实现设计规范所要求的逻辑模型,则称数字电路具有良好的理想模型特性。由此可见,理想逻辑特性是针对数字电路约束条件的一个分析概念。

在设计数字电路时,如何确定理想逻辑特性是十分重要的理论问题,不仅涉及到数字电路设计理论,更涉及到数字电路的实现技术。

当使用数字电路实现一个理想模型时,由于数字电路的电路特性(延迟、逻辑电平判别、同步误差等)决定了数字逻辑电路不能完全实现理想的逻辑信号要求,所以只能在一定条件下逼近理想逻辑模型。因此,在数字电路设计中,使用理想逻辑特性来评价数字电路对理想逻辑模型的逼近程度。

为了实现逻辑模型,必须对数字电路提出一系列约束条件,例如对电路的边沿、传输速度、传输路径等提出限制要求。理想逻辑特性的好坏,可以根据数字逻辑电路对这些约束条件的符合程度来判别。如果一个数字逻辑电路对所有的约束条件具有 100% 的符合率,则这个数字电路就是一个具有理想逻辑特性的数字电路系统。

独立使用的数字电路具有良好的理想逻辑特性,而在 SoC 器件中使用相同的数字电路时,会使电路不具备良好的理想逻辑特征,进而引起理想逻辑特性变异,无法实现正确的逻辑模型。与独立的数字电路系统相比较,在混合 SoC 器件中,数字电路所处的电器和信号环境发生了变化。这种变化包括电路延迟特性的改变、电路功率特性引起的电路特性改变、干扰信号的增加、器件内部互联结构引起的分布参数变化等。这些变化的结果就是引起数字电路的约束条件发生变化。要保持良好的理想逻辑特性,就必须重新确定约束条件。

由此可知,理想逻辑特性是实现数字逻辑模型的重要保证。

2. 理想电路逻辑特性

理想电路逻辑特性是指设计规范对逻辑电路的要求,是保证数字电路有效实现逻辑系统的重要约束条件。理想电路逻辑特性主要包括逻辑电路的信号处理特性,包括延迟、传输,以及边沿状态处理等。一个数字电路系统只有具备了所要求的理想电路逻辑特性,才能实现设计要求的逻辑结构和逻辑功能,使系统符合理想逻辑特性,这就是为什么叫做理想电路特性的原因。

显然,理想电路逻辑特征,是指数字电路对有关约束条件的符合程度,是指对电路设计提出的一个设计理念。实际上,在任何数字电路系统的设计中,都对理想电路特性提出了要求。但在混合信号 SoC 器件中,由于模拟电路和数字电路制造在一个硅片上,相互之间具有十分紧密的连接,这就形成了对原有数字电路理想电路特征的影响。这种影响主要体现在对数字电路信号的影响上,使得混合信号 SoC 器件中的数字信号状态发生较大的变化。

所以混合信号 SoC 器件中必须十分注意这种模拟电路与数字电路之间相互影响的条件下,如何保持理想电路特性的问题。

3. 状态的可测性与可控性

数字电路系统也存在可测性和可控性的问题。从根本上讲,混合信号 SoC 器件的速组电路部分不仅具有独立数字电路系统可测性和可控性的问题,实际上还存在于模拟电路制造同一个硅片上所引起的可测性和可控性的问题。

4. 参数灵敏度

数字电路参数灵敏度主要是指为实现理想电路逻辑特性而涉及到的电路参数灵敏度。参数灵敏度高的数字电路,对制造工艺要求十分严格。电路参数灵敏度越低,数字电路制造过程形成的缺陷对数字电路逻辑特性的影响越小。

5. 混沌特性

数字电路在运行时不仅依靠硬件特性,而且与软件结构有关,所以,也存在混沌现象。

7.7.3 混合信号 SoC 器件的设计技术

SoC 器件的设计方法具有自顶向下的技术特征,所用的设计技术是 EDA 技术。

1. 自顶向下的设计方法

所谓自顶向下,就是从系统开始设计,最后完成电路级设计和测试。这种设计方法是一般应用电子技术领域最常用的设计方法。自顶向下设计方法的基本设计流程如图 7.10 所示测试。

从图 7.10 可以看出,从建立规范到电子系统设计、仿真与验证,都属于系统级设计。在系统级设计,需要有应用系统设计要求的知识,并不一定是电子科学与技术和应用电子系统的专业设计人员。目前 EDA 技术提供了 IP 模块综合与仿真工具,所以,非电子系统专业设计人员也可以完成这一工作。只是在电路综合与验证、版图综合与验证和器件测试阶段,才需要较深入的电子技术专业知识。

自顶向下的设计方法为 SoC 器件设计提供了十分重要的设计概念,这种设计方法从系统级开始设计,具有十分明显的应用系统设计方法学特征。因此,不仅适合于专业人员使用,更有利于非电子科学与技术或非集成电路设计的专业人员使用。

目前,随着 EDA 技术中电路综合和系统综合技术的发展,以及 IP 核库的增加,自顶向下设计方法的自动化程度已经越来越高了,因此,SoC 器件的设计技术也更加接近非专业人士。

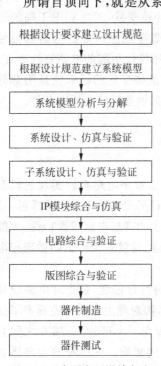

图 7.10 自顶向下设计方法

2. 螺旋式设计模式

必须注意，如果考虑到 IP 核的设计，则纯粹的自顶向下设计方法不能完全适用于基于 IP 复用的 SoC 器件设计。主要原因是，IP 核的设计需要专门的知识和技术，同时，由于不可能设想出 IP 核的所有可能应用场合，故使用 IP 核进行系统综合与电路综合时，需要对 IP 核进行整理、修订，甚至重新设计，然后再次进行系统综合与电路综合，并通过仿真进行结果检验。这实际上就是一种"自底向上"的设计过程，即在设计目标的指导下，从底层电路开始设计，最后综合出整个系统电路。

当需要考虑 IP 核设计的时候，SoC 器件的设计方法就会成为一种自顶向下和自底向上的组合，是同时考虑物理设计和系统性能的基于软硬件协同开发的一种交互设计模式。目前 SoC 器件的设计方法，通常都是参照系统工程的方法进行。在系统分析、具体实现、系统集成各个阶段都按照设计、验证、测试及文档并行的方式进行。

7.8 SoC 的设计平台、工具以及基于平台的设计

7.8.1 SoC 的设计平台和工具

SoC 的开发平台是一些厂商针对设计者的需要而设计的仿真验证平台。使用开发平台进行设计可以大大缩短设计所需的时间，但是由于开发平台是针对特定需求开发的，因而缺乏灵活性。下面介绍几个常用的仿真验证平台和公司以供大家根据情况选择。

1. C*SoC100

C*SoC100 是一个功能强大、自动化程度高的逻辑功能仿真验证平台。应用 C*SoC100 可以大大缩短逻辑功能验证时间和芯片设计周期。

特色与模式如下：
- 可靠的易于使用的设计平台；
- 支持 RTL 级和 Gatelevel 级；
- 同时支持多个芯片设计；
- 包含有丰富的功能验证模块；
- 可配置、可扩展；
- 通用可配置的总线；
- 包含有多个通用模块；
- 支持软硬件协同验证；
- 自动判断测试结果。

2. Magma 公司

微捷码是美国 Magma Design Automation 公司的中文名字，微捷码（Magma）总部位于美国加利福尼亚州的圣荷塞市，Magma 是世界主流的 EDA 工具提供商，是 EDA 行业排名第四位的工具厂商。虽然在人员规模和销售收入上位于 Cadence、Synopsys、Mentor

Graphics之后,但是其提供的软件以高集成度和最短的收敛周期被行业内的资深人士广泛看好并用于创造复杂、高性能的芯片。

Magma设计软件所涉及的芯片领域涵盖手机、电子游戏、WiFi、MP3播放器、DVD/数码影像、网络、汽车电子与其他电子产品上。微捷码公司的IC实现、模拟/混合信号设计、分析、物理验证、电路仿真和特征描述产品被公认为是半导体科技中最优秀软件的代表,为世界顶尖的半导体公司提供了芯片最佳捷径(Fastest Path to Silicon)。

微捷码公司的主要工具包括如下。

- 数字电路设计流程工具:Talus是业界公认的针对纳米级工艺设计的最优秀软件。国际上几乎所有知名IC设计厂商都是Magma的用户。
- 模拟电路仿真工具:Finesim是业界唯一可以支持多CPU多机器并行运算仿真的工具,针对超大规模混合信号设计的仿真,同等精度下速度提升惊人。
- 单元库建库工具:SiliconSmart在业界同类工具占有率超过80%。
- 数模混合电路版图编辑及工艺移植工具:Titan。
- 物理验证工具:Quartz DRC/LVS。

3. Synopsys公司

Synopsys公司是为全球集成电路设计提供电子设计自动化(EDA)软件工具的主导企业。为全球电子市场提供技术先进的IC设计与验证平台,致力于复杂的芯片上系统(SoCs)的开发。同时,Synopsys公司还提供知识产权和设计服务,为客户简化设计过程,提高产品上市速度。

Synopsys公司的主要工具如下。

(1) LEDA是可编程的语法和设计规范检查工具,它能够对全芯片的VHDL和Verifo描述,或者两者混合描述进行检查,加速SoC的设计流程。LEDA预先将IEEE可综合规范、可仿真规范、可测性规范和设计服用规范集成,提高设计者分析代码的能力。

(2) Scirocco是迄今为止性能最好的VHDL模拟器,并且是市场上唯一为SoC验证度身定制的模拟工具。它与VCS一样采用了革命性的模拟技术,即在同一个模拟器中把节拍式模拟技术与事件驱动的模拟技术结合起来。Scirocco高度优化的VHDL编译器能有效减少所需内存,大大加快了验证的速度,并能够在一台工作站上模拟千万门级电路,这一性能对要进行整个系统验证的设计者来说非常重要。

(3) VCS是编译型Verilog模拟器,它完全支持OVI标准的Verilog HDL语言、PLI和SDF。VCS具有目前行业中最高的模拟性能,其出色的内存管理能力足以支持千万门级的ASIC设计,而其模拟精度也完全满足深亚微米ASIC Sign-Off的要求。VCS结合了节拍式算法和事件驱动算法,具有高性能、大规模和高精度的特点,适用于从行为级、RTL到Sign-Off等各个阶段。VCS已经将CoverMeter中所有的覆盖率测试功能集成,并提供VeraLite、CycleC等智能验证方法。VCS和Scirocco也支持混合语言仿真。VCS和Scirocco都集成了Virsim图形用户界面,它提供了对模拟结果的交互和后处理分析。

(4) Vera验证系统满足了验证的需要,允许高效、智能、高层次的功能验证。Vera验证系统已被Sun、NEC、Cisco等公司广泛使用以验证其实际的产品,从单片ASIC到多片ASIC组成的计算机和网络系统,从定制、半定制电路到高复杂度的微处理器。Vera验证系统的基本思想是产生灵活的并能自我检查的测试向量,然后将其结合到 test-bench 中以尽可能充分测试所设计的电路。Vera 验证系统适用于功能验证的各个层次,它具有以下特点：与设计环境的紧密集成、启发式及全随机测试、数据及协议建模、功能代码覆盖率分析。

(5) Synopsys 公司刚刚推出了新的混合形式验证工具 Magellan。Magellan 将新的高性能形式工具引擎和内置 VCS 仿真工具引擎的强大能力相结合,以帮助工程师发现可能掩藏于设计深层的需要仿真几千个周期才能发现的设计错误。Magellan 独特的混合型结构的设计考虑,是为了处理数百万门级的设计和提供排除了会产生不利影响的误报之后的确定性结果。新增的 Magellan 通过实现层次化验证(一种可以使设计的设定和断言功能重复使用的强大的可验证设计技术),加强了 Synopsys 的 Discovery 验证平台的能力。Magellan 支持用 Verilog 和 VHDL 所做的设计,并被构建成符合正在成熟的 SystemVerilog 标准的工具。

Magellan 的混合型结构使得这一工具能够在大规模的数百万门级设计中应用形式验证技术。这一结构独特地将 VCS 达到设计深层的能力和形式验证引擎进行高级数学分析的能力相结合,来进行寻找设计错误的工作。将 Magellan 内置的 VCS 和形式验证引擎相互适应地和明确地彼此利用,使得设计者能够发现可能掩藏于深层设计,需要几千个仿真周期才能发现的情况和复杂的设计错误,从而节省时间并减少反复次数。

Magellan 通过排除会产生不利影响的误报并发送确定性结果,进一步提升验证能力。与传统的寄存器转换级(Register Transfer Level,RTL)形式验证工具不同的是,Magellan 帮助确保通过使用其内置的 VCS 引擎对其形式工具引擎所发现的特性违反进行验证,使这些特性违反在被报告之前,能够在真实仿真环境中被复制。

新增了 Magellan 之后,现在 Synopsys 的 Discovery 验证平台实现了层次化验证,这是强大的 DFV(可验证设计)技术,其中通过 VCS 和 Vera 将模块级设定和断言作为芯片级监控手段自动地重复使用。这一在统一验证平台下进行层次化验证的能力,确保了设计设定的彻底验证,同时提升了设计者的整体验证能力和水平。

(6) Physical Compiler 解决 $0.18\mu m$ 以下工艺技术的 IC 设计环境,是 Synopsys 物理综合流程的最基本的模块,它将综合、布局、布线集成于一体,让 RTL 设计者可以在最短的时间内得到性能最高的电路。通过集成综合算法、布局算法和布线算法。在 RTL 到 GDS Ⅱ 的设计流程中,Physical Compiler 向设计者提供了可以确保即使是最复杂的 IC 设计的性能预估性和时序收敛性。

(7) DC 得到全球 60 多个半导体厂商、380 多个工艺库的支持。据最新 Dataquest 的统计,Synopsys 的逻辑综合工具占据 91% 的市场份额。

DC Expert 是 12 年来工业界标准的逻辑综合工具,也是 Synopsys 最核心的产品。它使 IC 设计者在最短的时间内最佳地利用硅片完成设计。它根据设计描述和约束条件并针对特定的工艺库自动综合出一个优化的门级电路。它可以接收多种输入格式,如硬件描述语言、原理图和网表等,并产生多种性能报告,在缩短设计时间的同时提高设计性能。

(8) FPGA Compiler Ⅱ 是一个专用于快速开发高品质 FPGA 产品的逻辑综合工具,可以根据设计者的约束条件,针对特定的 FPGA 结构(物理结构)在性能与面积方面对设计进行优化,自动地完成电路的逻辑实现过程,从而大大降低了 FPGA 设计的复杂度。FPGA Compiler Ⅱ 利用特殊的结构化算法,结合高层次电路综合方法,充分利用复杂的 FPGA 结构将设计输入综合成为满足设计约束条件,以宏单元或 LUT 为基本模块的电路,可以多种格式输出到用户的编程系统中。FPGA Compiler Ⅱ 为 FPGA 设计者提供高层次设计方法,并为 IC 设计者用 FPGA 做样片而最后转换到 ASIC 提供了有效的实现途径。

(9) Apollo-Ⅱ 是世界领先的 VDSM 布局布线工具。它能对芯片集成系统的 VDSM 设计进行时序、面积、噪声和功耗的优化。Apollo-Ⅱ 的优点如下:

- 使用专利布局布线算法,产生最高密度的设计;
- 使用先进的全路径时序驱动的布局布线、综合时钟树算法和通用时序引擎,获得快速时序收敛;
- 与 Saturn 和 Mars 一起使用,可提供对时序、功耗和噪声的进一步优化;
- 应用了如天线和连接孔等先进特性,能适应 VDSM 的工艺要求;
- 高效强大的 ECO 管理和递增式处理,确保最新的设计更改能快速实现。

(10) DesignWare 是 SoC/ASIC 设计者最钟爱的设计 IP 库和验证 IP 库。它包括一个独立于工艺的、经验证的、可综合的虚拟微架构的元件集合,包括逻辑、算术、存储和专用元件系列,超过 140 个模块。DesignWare 和 Design Compiler 的结合可以极大地改进综合的结果,并缩短设计周期。

Synopsys 在 DesignWare 中还融合了更复杂的商业 IP(无需额外付费),目前已有 8051 微控制器、PCI、PCI-X、USB2.0、MemoryBIST、AMBA SoC 结构仿真、AMBA 总线控制器等 IP 模块。

DesignWare 中还包括一个巨大的仿真模型库,其中包括 170 000 多种器件的代时序的功能级仿真模型,包括 FPGAs(Xilinx、Altera 等、uP、DSP、uC、peripherals、memories、common logic、Memory 等。还有总线(Bus-Interface)模型 PCI-X、USB2.0、AMBA、Infiniband、Ethernet、IEEE 1394 等,以及 CPU 的总线功能仿真模型,包括 ARM、MIPS、PowerPC 等。

4. Verisity 公司

Verisity 公司是一家提供有关 IC 功能验证解决方案的 EDA 公司。它提供一整套功能验证系统,包括已成为 IEEE 准标准的验证语言 E 语言(IEEE P1647)以及对 E 语言有良好支持的平台 Specman Elite。

Specman Elite 验证工具是这样一款验证技术工具,它能提供可配置、可再使用和可扩展的验证组件,这些组件称为 eVC。这些组件采用高级验证语言 e 编写,能够产生足够多的测试激励信号,并能对设计行为与预期结果进行检查确认。eVC 可以极大地缩短验证时间和提高产品品质。具有互通性的 eVC 套件可以透过第三方程式获取到授权,可用来测试算法模块或总线接口等常见的电路功能。这种方法的突出优点是 eVC 的成熟性、可移植性和可再使用性,使 eVC 具有与被测 IP 模块设计同等的价值。

Specman Elite 验证解决方案将手工过程自动化,并且检测硬件设计中的严重缺陷,不仅提供了高质量的产品也缩短了产品的上市时间。Specman Elite 为强大的 EDA 逻辑验证工具(测试向量生成),这个产品结合了测试向量自动化和原始编译代码以及混合语言的仿真,Specman Elite 的方法能够查找在用 Verilog 或者 VHDL 设计时所没有考虑到的小错误,这些小错误主要是由于规格上的模糊定义或者目标系统未按照所料想的使用而引起的。该软件的工业应用价值很高,比如:运用 Specman Elite 实现汽车 CAN 总线的全面验证。

更多的 SoC 开发工具信息可以登录国家 IP 核库(http://www.csip.org.cn/)进行查询。

7.8.2 基于平台的 SoC 设计

基于平台的 SoC 设计方法形象地说就是一个不完整的芯片或系统设计,其中已存在一个架构、处理器和一些预先选好的部件,而设计者则要"填充"其余部分。

基于平台的设计方法的基本思想是为了避免芯片设计一切都从头开始,在 SoC 设计平台上的芯片架构中有些部分针对待定类型应用已预先定义好,通常包含处理器、外围 IP 模块、一些存储器和总线结构,以及相应的软件环境。设计者只需要在 SoC 开发平台相应的软件环境中通过增加 IP 模块、编写嵌入式软件来完成芯片设计。这种方法比基于 IP 的设计方法更节省开发时间,在同一个平台上设计出来的 SoC 芯片还可以实现验证复用。但是使用平台进行设计就限制了选择,不灵活而且缺乏广泛的适用性。

要满足不断增长的市场对产品面市时间的要求,仅仅遵循 VSIA 规定的格式及设计规则,而没有有利于大规模设计的真正混合及匹配的集成平台,是无法在合理的时间内完成设计的。这就需要在芯片集成前构造一种集成平台,它可以对目标应用进行权衡,允许最终产品设计者评估和选拔其 SoC 方案,并在产品差异中进行折中和选择。集成平台的基本概念是设计一种稳定的框架,其中可以预置适于特定应用范围的、经过检验合格的 IP 模块。设计者可以在平台应用中快速产生与集成适于特定产品的设计。这意味着在设计平台时,不仅要考虑它的第一次应用以及它通常所面向的市场,更要深入地考虑在它们的基础上设计出的各种衍生产品及其随时间变化的要求。应用领域根据市场目标来选择,重点是可在目标时间内进行大量复用。SoC 设计集成平台是一种高效的设计环境,它针对特定的产品应用,以 VC 复用、混合及匹配设计方法为基础。

1. 集成平台的内容

(1) 硬件方面。片上总线结构、功耗、时钟和测试结构、I/O 配置、基底隔离设计及规则、性能、虚拟部件块的功率及面积限制。

(2) 软件方面。实时操作系统(RTOS)、任务调度、任务间通信、器件驱动及其他 SW-HW 通信、处理器间的通信以及中间软件及应用软件的分层。

(3) IP 模块。可编程内核、存储器内核、通用模块、ADC(模数转换器)以及其他模拟和射频电路等。

(4) 经过验证的模块创建及芯片集成设计方法。

(5) 模块设计指南。涉及混合信号、DFT、DFM 及产量问题。

(6) 具有合适模型的设计验证方法和环境:快速制样模型、粘接内核(Bondedcore)、行为及性能模型、总线功能模型,以及依赖于应用范围内验证要求的在线访问工具。

(7) 参考设计。用实例说明如何采用集成平台及其可选件 VC 创建特定产品。

2. 集成平台的特点

集成平台具有以下的特点。

(1) 面向应用。平台的专用特性对于效率及复用非常重要,因为通过限制平台的应用范围，可以更好地保证各种部件及结构集成在一起时能够协调地工作。

（2）设计能力提高，风险降低。从本质上说，虚拟部件的设计能力已经发展到了创建集成平台的过程；集成过程本身（如利用平台进行 SoC 设计）与采用预封装 IC 库的板设计更接近。对衍生产品的设计方法加以限制，可使集成过程的风险降低，可预测且速度快。

（3）基本模块的使用。为了使集成效率最高，产品面市时间最短，集成平台通常围绕基本模块（如 DSP、微处理器/微控制器）来定义，其他模块的内部设定接口与该平台匹配。与许多基本 IP 和未来 IP 目标一样，集成平台的定义需要一个衍生规划过程，以使得集成平台的寿命足够长。

（4）集成快速制样方法。SoC 集成平台通常包括一个快速制样结构和系统以及一种映射方法。许多 SoC 器件应用于媒体及无线市场，需要对大的数据集进行大量的 HW 和 SW 实时调试，因此快速制样机构对早期的设计开发及验证十分重要。

7.9 SoC 分类及技术发展方向

7.9.1 SoC 分类

SoC 产品和技术不断发展，但在 SoC 分类上业界还未形成主流看法，本文将其归类为 CSoC、SoPC 和 ASIC SoC 等三大类，然后统一到 SoC 体系结构分类模型中。

1. CSoC 技术特点

CSoC 一般由处理器、存储器、基于 ASIC 的核和片上可重构的部件（专用化）等构成，相对 ASIC SoC 和基于标准组件多芯片板级开发而言，具有明显优势，其特征如下：

- CPU＋可重构处理构件；
- 效率与灵活性很好地结合在一起；
- 基于重构确定处理功能；
- 在图像处理、模式匹配等方面优于超级计算机；
- 根据任务需要可动态重构，提高性价比。

目前学术界对可动态重构的高效处理件 XPP（eXtreme Processing Platform）比较关注。XPP 是在一个以基于某种总线架构的微处理器核为核心的 SoC 中嵌入可编程逻辑模块，构成可重构的 SoC 平台。适用的可重构数据处理架构往往由处理阵列单元（PAE17）、面向通信网包、层次化的重构管理树（CM18）和 I/O 模块等构成。XPP 具有自动重构流和处理数据流，突破了传统的冯·诺依曼指令流模式。由于高度规整化，很容易获得指令级平行性和流水线效率。Triscend 公司就选用了 CSoC 技术路线。

2. SoPC 技术特点

SoPC 是一种特殊的片上系统，是可编程系统，具有灵活的设计方式，可裁剪、可扩充、可升级，并具备软硬件在线系统开发中可编程的功能，结合了 SoC 和 FPGA 各自的优点，一般具备以下基本特征：

- 至少包含一个以上的嵌入式处理器 IP 核；

- 具有小容量片内高速 RAM 资源；
- 丰富的 IP 核资源可供灵活选择；
- 足够的片上可编程逻辑资源；
- 处理器调试接口和 FPGA 编程接口共用或并存；
- 可能包含部分可编程模拟电路。

SoPC 结构框图如图 7.11 所示。除了上述特点外，还涉及目前已引起普遍关注的软硬件协同设计技术。由于 SoPC 的主要逻辑设计是在可编程逻辑器件内部进行，而 BGA19 封装已被广泛应用在微封装领域中，传统的调试设备，如逻辑分析仪和数字示波器，已很难进行直接测试分析，因此，必将对以仿真技术为基础的软硬件协同设计技术提出更高的要求。同时，新的调试技术也已不断涌现出来，如 Xilinx 公司的片内逻辑分析仪 Chip Scope ILA 就是一种价廉物美的片内实时调试工具；而在应对复杂设计方面，诸如 Xilinx 公司的 System Generator for DSP 就是一个利用可编程硬件逻辑实现数字信号处理算法的强大辅助工具。

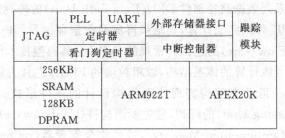

图 7.11　SoPC 结构框图

3．ASIC SoC 技术特点

ASIC SoC 是一种面向特定应用的片上系统，具有高性能、强实时、高可靠、低功耗、低成本化等特点，一般具备以下基本特征：
- 至少有一个以上的 CPU 核；
- 具有规范的总线架构(如 AMBA20)；
- 具有 RAM21 资源(或片上访存控制器)；
- 具有适量的 I/O 设备(包括模拟的)；
- 具有可扩展的接口(如 PCI22)；
- 具有可在线调试口(eJTAG)；
- 具有可测试性电路。

ASIC SoC 一般是基于 IP 核或 SoC 开发平台的产品，需要专门技术、IP 库、SoC 总线架构和嵌入式软件支持(包括 BIOS、OS)，需要广泛的多功能 IP 核和将客户逻辑与之集成在一起的设计艺术，以满足客户产品开发的需求。SoC 设计者通过重用证明了的 IP 核，不仅利用了最新工艺技术优势，而且减少了开发周期和风险。

目前 SoC 总线架构有很多种，如 IBM 公司的 CoreConnect，ARM 的 AMBA，Silicore 公司的 Wishbone，MIPS 技术公司的 SOC-it 和 CoreFram 等。可喜的是国内也有许多自主知识产权的总线架构。每一种总线架构都是为了满足其特定应用领域的要求而发展起来的。

有些适合低端嵌入式产品，有些适合手持产品，有些适合高性能产品，各有自己的优势。SoC 的发展离不开功耗、性能、成本、可测性、可靠性、IP 核可复用性、平台技术支持性和软硬件协同开发性等方面制约。需要开发者具有强大的计算机体系结构背景知识，才能支持其得到快速发展。

4．SoC 的分类原则

SoC 按照其所采用的体系结构可分类如下。

一种是基于指令流计算的体系结构，典型代表是传统的 ASIC SoC。这一类型中按照其指令流和数据流的控制情况又可分为 SISD(单指令流-单数据流)、SIMD(单指令流-多数据流)、MISD(多指令流-单数据流)和 MIMD(多指令流-多数据流)等 4 种体系结构，以灵活适应各种应用中不同算法的需求。

另一种是基于数据流计算的体系结构，只控制单元的输入输出数据。按数据流原理工作，比指令流效率要高，但灵活性要差一点。基于数据流计算的脉动阵列是该类的典型体系结构。脉动阵列是一系列数据路径部件 DPU(Data Path Unit)的阵列。数据按照节拍从数据存储器流出，通过 PU 阵列完成计算，其结果再流回数据存储器。PU 阵列只有控制数据的功能，这也是流件(FlowWare)的起源。常规的 SoPC 是其典型技术代表。

第三种是基于构令流计算的体系结构，以粗粒度的 FPGA 芯片为载体的 SoC 采用粗粒度的变件(Morphwave)可动态重构实现体系结构设计的硬件形式。它可以是一个 rPU(reconfigurable Processing Unit)的阵列，通过所谓构件(Configuwave)来实现，构令流来自于构令存储器 CM(reConfiguration Memory)，通过构令管理器(reConfiguration Manager)控制 rPU 阵列变化，按照数据流原理工作，CSoC 是其典型技术代表。

SoC 的概念从 20 世纪 90 年代后期提出后，技术得到了快速发展。不论是 CSoC、SoPC，还是 ASIC SoC，与计算机学科、微电子学、材料与工艺学、电子通信等日益关联，它们的交叉学科发展为 SoC 的技术发展提供了强有力的支持。

7.9.2　SoC 技术发展方向

1．计算机学科提升 SoC 技术水平

冯·诺依曼体系结构(以程序和数据合一为特征)和数据流体系结构(以程序和数据分离为特征)是计算机的主流体系结构。通用计算机的微小型化，为 SoC 技术发展提供了源泉。所谓"今天的 PCB 板就是明天的 SoC"是很好的脚注。

计算机领域的总线架构技术、算法实现技术、模块化设计技术、BIOS 技术、软件工程技术、软硬件调试技术、系统验证技术、性能评估技术、实时处理技术、可靠性设计技术、人机交互技术、负载平衡技术和低功耗设计技术等无不反映到 SoC 设计技术中，也促使 SoC 能在几年内迅猛发展起来，成为后 PC 时代的计算机主要发展方向之一。

SoC 技术发展尽管与工艺发展和 EDA 设计手段的提高有很大关系，但其核心是 CPU 核、总线架构和各种 IP 核。在总体性能评估和实现技术上，无不与计算机专业领域相关，尤其在高端应用领域，如多 CPU 核集成和异构型集成等系统需求，计算机学科会继续从不同层面推动 SoC 的技术发展。

2. SoC 推动计算机体系结构发展

SoC 技术发展与市场需求紧密相关。SoC 的主要应用领域有计算机、通信、消费类电子、工控、交通运输等。在 SoC 的销售额中通信类、计算机类和消费类占 80% 以上,消费类所占比重在不断增长。

进一步细分 SoC 市场,计算机类有图像处理、硬盘驱动、高档打印机、个人助理等;通信类有有线网、无线网、手机、可视设备、通信基站等;消费类有数字电视、DVD、STB、数码相机等;工控类有过程控制/处理、测试/仪表、医疗设备、监控系统等;交通运输类有引擎控制、仪表装置、安全系统等。SoC 的市场规模日益扩大,在信息技术和电子产品领域的地位越来越重要。

现在 SoC 市场上基本以中低档的 SoC 产品为主。随着数字化产品需求日益旺盛,对高端 SoC 的需求日益迫切,如在音视频、通信等领域,对 SoC 提出了更高要求,需要双核、四核等多核集成。SoC 在中高档方面将取代传统意义上的 CPU,向系统性能更好、功耗更小、成本更低、可靠性更高、开发更容易方向发展,满足人们以 GUI23 屏幕为中心的多媒体界面与信息终端交互需求,如手写文字输入、身份识别、语音拨号上网、收发电子邮件、视频播放、网络游戏、可视电话、语言同声翻译等。SoC 将嵌入 32 位、64 位 RISC24 芯片或数字信号处理芯片(DSP25)等增强型处理器件,同时支持嵌入式 RTOS26 发展,采用实时多任务编程技术和交叉开发工具技术来控制功能复杂性,继承和发展计算机处理器技术,所有这些都对计算机体系结构提出了更大挑战。

SoC 在计算机体系结构学科引领下,将迎来新一轮技术大发展,以嵌入式系统应用为核心,集软硬件于一体,并在系统集成中追求产品系统最大包容性。SoC 芯片设计不仅需要较强的计算机体系结构背景知识,而且突显了软件开发的地位,对开发平台和嵌入式操作系统提出了更高的要求,为计算机专业人员提供了大显身手的广阔天地。

随着国内外处理器/IP 核设计技术快速发展,为计算机体系结构学科发展提供了强大的推动力。坚持开发拥有自主知识产权的处理器核、核心 IP 核和总线架构,又保证兼容性,将使我国 SoC 发展具有强大的竞争力,从而带动国内 IC 产业往深度、广度方向发展。针对工业界的需求 SoC 设计人员在构令流、指令流和数据流等体系结构方面的深入研究,也会为计算机学科发展做出重大贡献。

3. SoC 开创了交叉学科发展的新天地

SoC 是需要多种学科支持的新兴技术领域。它的发展已离不开计算机学科、微电子学、材料与工艺学、电子通信等领域的技术支持,新技术新产品会不断涌现,需求不断牵引对 SoC 做更深入的研究。

目前的 SoC 技术发展主要在同种工艺层面上实现,以电子技术为主。但在实际应用中,对微小型化和系统集成技术不断提出新的更高需求,发展集微型机构、微型传感器、微型执行器、信号处理和控制及通信接口电路、能源等于一体的,能完成特定功能的微系统已经提到议事日程,把微电子和微机械结合的 MEMS27 将成为 SoC 发展的新基础。MEMS 也是多学科交叉的前沿研究领域,涉及电子工程、机械工程、材料工程、信息工程、物理学、化学、光学以及生物医学等学科与技术。

系统集成最大的优势在于继承和发展各种工艺技术带来的好处。各种工艺发展极不平衡,在系统集成过程中当需要多种工艺并存时,可借助 SiP(System in Package)设计技术,把不同工艺的各种集成电路如 CMOS 电路、GaAs 电路、SiGe 电路或者光电子器件、MEMS 器件以及各类无源元件如电容、电感等集成到一个封装体内,在单一封装里实现更复杂系统,在封装效率、性能和可靠性方面可提高 10 倍左右,尺寸和成本都可以大幅度下降。

SoC 的技术发展趋势将是 SoC、MEMS 和 SiP 这三者技术融合,计算机体系结构不断得到丰富发展。SoC 的 CDI 分类模型能刻画系统技术发展,满足更复杂系统的单一芯片化需求,同时推动多学科交叉发展。

7.10 SoC 发展遇到的挑战

7.10.1 技术趋势

IBM 是第一个在微处理器和 ASIC 工艺中在 $0.18\mu m$ 技术节点用电阻更低的铜导线取代铝导线。这种更低的电阻已经使 RC 线路的延迟减小了 30%。在 $0.13\mu m$ 技术节点上,IBM 首先引进了低电容率夹层介质材料。这些新材料减小了分布电容,从而进一步使 RC 延迟减少了 15%。IBM 公司开辟的领导微处理器产品工业技术的发展将会应用于 SoC 技术。要求保持性能尺度的渐增的工艺复杂度很不幸地跟设计和 SoC 及其结构 IP 的再使用具有直接的冲突,是设计 IP 的工艺发展的可再用能力的影响最小化的最好办法,是在尽可能抽象的形式下获取这个设计。举个例子,重新映射一个像微处理器的 IP 块可能会非常困难,如果它仅仅作为一个 GDSⅡ 中的硬宏存在的话,如果替换这个微处理器设计被作为 RTL 而被获得的话,它能够被相对容易的重新映射到下一代使用逻辑综合的技术中。

7.10.2 互连性能的空缺

即便是上面提到的所有的工艺发生革命性改变,保持器件和互连尺度步伐一致也将是极有可能不会实现的。互连性能上的发展已经滞后于器件性能的发展,这导致了互连性能的空缺。为了了解互连性能空缺所带来的影响,考虑将互连分为本地和全局两种类型。本地互连在很小的区域内像在一个 IP 块内连接晶体管。全局互连用于芯片上跨越远距离的 IP 互连。随着器件密度的增加,本地互连的长度也能够减小。由于这个原因,本地互连趋向于相对完美的尺度。相比之下,全局互连的尺度就不那么好。随着芯片的大小大致保持不变,全局互连的相对延迟增加了,这个分歧的影响是意义深远的。一旦假设一个芯片上所有的 IP 都在一个单时钟循环上,现在就可能需要一个关键信号的多路时钟循环去横跨电路片而运行。

为了说明多路循环全局互连的可能性,现在可能有必要在一个结构级上使用明确的流水线操作去调节互连延迟。在一个基于总线的 SoC 中,可能需要将单个的逻辑总线分成多个局部区域或将流水线操作相加成为总线形成规格。

以后会证明值得用本地均匀同步单元去组成 SoC,这些单元的通信是通过使用异步信号来跨越远的片上距离的。最后,更为复杂的基于包的片上网络协议被证明对于未来的大的 SoC 全局通信来说是有用的。

7.10.3 功率损耗

今天,SoC 设计者所面临的功率控制问题有两种类型:有效功率和泄漏功率。这两种功率都以让人担忧的速率增加。有效功率是通过开关节点电容的充电和放电消耗的,功率的大小由下列方程给出:

$$P_{ncnve} \propto CV_{dd}^2 F$$

其中 C 是总的开关电容量;V_{dd} 是电源电压;F 是开关频率。由于硅技术规模的原因,对每一技术代来说每单元面积上的电容量和操作频率都增长 30%。假设一个理想的规模,这些增加正好被 V_{dd} 相应减少的 30% 所抵消,并且每单位面积上的功率保持不变。不幸的是,操作频率以比硅工艺技术规模更快的速度增加,这导致了每一技术代的有效功率密度的增加。

功耗的第二部分是泄漏功率,它由通过即便是断开时候也会发生的器件的电流泄漏引起。泄漏功率的增加归因于器件规模方面的一些原因。随着硅工艺的发展,更小的几何结构成为可能,这要求包括更小的晶体管氧化物厚度的器件结构的完善,这种晶体管的低氧化物厚度反过来能提高晶体管的性能。从 90nm 技术代开始,通过器件的门的管道电流也将变成泄漏功率的不可忽略的一部分。

两种类型功率的增加对在芯片封装面积、系统冷却技术、功率供给设计和测试等方面的系统成本存在很大的影响。

7.10.4 SoC 的功率预测和最优化

低功率设计的最重要的方面是在确立一个设计之前对其功耗的精确预测的需要。功率预测的难点植根于具有使功率呈现这一问题的相同的复杂度。对一个很小的电路来说,它有可能使用详细的电路仿真计算所有可能的操作状态下的有效功率和泄漏功率。但是,在一个拥有数千万甚至上亿的开关元件的大型 SoC 上,仿真甚至一个单个的操作状态都很困难,就更别说去仿真芯片上所有元件的非常大数目的可能的操作状态了。结果,研究员想出了许多的静态分析方法,这些方法试图不借助于仿真去计算近似的开关功率。这些方法能将输入开关活动的统计估计跟静态的定时信息结合起来,将更好的限度置于被估计的开关活动上以提高精度。即便这样,这些方法仍然非常不精确,它与硬件上的功率测量的相关性的偏差经常高达 30%。

尽管存在这些难点,在设计的最早的相位中将好的限度置于功率上以允许结构的折中,做出正确的封装选择和了解系统致冷需求等都变得越来越重要。提高这些早期的功率预测的质量是目前工业中需要认真研究的领域。一旦 SoC 功率能够被准确地预测,就有可能将大量技术、电路和结构技术应用于有效功率和泄漏功率的最优化,这种最有效的技术包括时钟门、电压规模、多门限逻辑和电压岛的使用。

7.10.5 信号完整性

在超深亚微米 IC 设计技术的研究中,除了要克服由于连线延迟引起的设计迭代之外,设计人员还要克服由于特征尺寸缩小后信号延迟变小、工作频率提高带来的所谓信号完整性的问题。

在芯片内部工作频率提高的同时,由于集成度的大幅度上升,单个芯片中的连线长度也随之大幅度升高。单个芯片中的连线总长将达十几到几十米,其中不乏有些连线的长度将达到十几米到几十米。根据物理学的基本定律,频率与波长成反比。当芯片的内部工作时钟达到几吉赫的时候,相应的波长只有若干米。再考虑到电磁场的有关理论,可以知道当连线长度达到波长的几倍时,连线将成为向外界发射电磁波的天线,同样,这些连线也会成为接收电磁波的天线。考虑到 IC 芯片内部连线密布,在很高的工作频率下,信号的干扰将是不容忽视的问题,信号的完整性将成为设计者面对的另外一个严重的挑战。所以传统的基于布尔代数的数字 IC 设计理论必须要从简单的面向逻辑,转向吸引其他相关领域的理论,形成新的理论体系。

片上系统设计除了上述一些技术挑战之外,还存在其他一些重要的问题,诸如 I/O 器件、混合信号设计、存储器系统和 CPU 的选择等。上述的这些挑战是长期存在而且难以克服的,影响着当前和未来 SoC 的设计、制造能力和最终的全面提供能力。我们不能很肯定地说现存的每一个问题将在何时被怎样解决,但是可以肯定的是推动 SoC 发展的革新将会继续探询这些棘手的问题的解决办法。

本章小结

本章对 SoC 和 IP 产业进行了简要的介绍,通过对 SoC 基本知识和产生背景的了解,深刻感受到了 SoC 在当今社会发展的必然趋势,之后深入讨论了 SoC、IP 的定义及 IP 核复用的概念。开发商为了缩短开发周期和降低投资风险,采用已经经过严格验证的高质量 IP 模块,SoC 芯片的一大特点就是大量使用可复用的 IP 模块。然后介绍 SoC 的设计方法、平台、工具,SoC 的验证与测试,SoC 几种常用总线的架构,其中包括 CoreConnect 总线、ARMA 总线、Wishbone 总线、Avalon 总线。最后对于 SoC 遇到的挑战和发展趋势给出了展望。SoC 将引领新一代嵌入式处理器的技术发展,以嵌入式系统应用为核心,集软硬件于一体,并在系统集成中追求产品系统最大包容性,能成功实现多学科的协作与融合将成为未来家电、电子产业发展的趋势。

第8章 电子电路制造工艺

8.1 电子产品制造的基本概念

8.1.1 电子制造工艺

电子制造工艺是指制作者利用生产设备和生产工具,对各种原材料、半成品按照一定的规范(或程序、方法、技术)进行加工或处理,使之最终成为符合技术要求的产品。传统工艺发源于个人的操作经验和手工技能,它是人类在生产劳动中不断积累起来并经过总结的操作经验和技术能力。

8.1.2 电子元器件的工艺特征

1. 材料特征

材料特征包括物理特征、化学特征、加工特征和稳定性特征。

物理特征是指材料的物理参数,例如温度系数、刚度、弹性系数、电阻率、电容率等。物理特性不仅对加工制造过程有重要的意义,同时也是设计中必须考虑的一个重要因素。例如在航空电子产品的设计中,就必须充分考虑电路的使用材料及对焊接材料的要求。

化学特征是指材料的化学成分、化学加工特征、材料的化学结构和化学稳定性等。在电子科学与技术中,各种不同的电子产品制造材料都是重要的研究内容。例如在集成电路设计中,必须充分考虑单晶硅的化学成分对集成电路技术指标和制造工艺的影响。

加工特征包括机械加工特征、物理化学加工特征等。根据采用加工技术的不同对材料提出的要求也不同。根据材料力学和物理化学等学科领域的研究成果,材料的加工特征对能否完成最后产品是重要的影响因素。如果加工过程中对材料的物理特性和化学特性产生较大的影响,则最终产品很可能就不能满足设计要求。例如在集成电路加工制造过程中,如果光敏材料在加工过程中的温度下发生较大的化学性质或者物理性质的变化,则会影响到进一步的腐蚀和扩散工艺的效果,最终会使所加工的集成电路成为废品。

材料的稳定性特征是指材料在所提供的工艺过程和环境下,是否具有稳定的物理、化学特性。如果材料不具有工艺要求的稳定性,则会导致加工失败。由此可知,影响材料稳定性的因素除了材料本身的物理、化学特性外,还包括工艺技术条件。例如集成电路焊接工艺中,对集成电路的温度稳定性提出了要求,这种要求是加工工艺必须满足的,如果焊接温度超过了集成电路所允许的温度或者时间长度,就会导致集成电路的损坏。

2. 几何特征

几何特征是指电子元器件或电子电路的加工尺寸。几何特征的设计是电子元器件和系统设计的一个重要内容,同时,也是电子产品制造工艺的一个重要特征。对于电子产品来说,虽然几何尺寸的要求没有机械产品那样严格,但是许多情况下必须十分注意几何尺寸的工艺特征,否则会影响其他工艺。例如对电路板管脚过孔的几何尺寸要求、表面贴工艺的几何尺寸要求等,都是电子产品制造过程中必须十分注意的问题。特别是随着电子产品制造自动化技术的发展,对电子产品的几何尺寸要求也越来越高。

3. 筛选技术

筛选技术包括两个方面,一是电子产品制造过程中对元器件的筛选,二是批量电子产品的抽样检查。

电子产品制造过程中对元器件的筛选具有十分重要的意义。如果使用未经筛选的元器件制造电子产品,就会出现使用失效器件而造成的后果。这种后果有时是显性的,有时则可能是隐性的。显性后果的表现是出现废品,这可以在产品出厂前就发现,但增加了制造成本。隐性后果一般是危险的,特别是某些对电子元器件或这个系统起保护作用的器件失效后,可能在产品出厂前不易查出,但到产品使用时很容易出现危险后果。所以,元器件和材料的筛选是电子产品制造过程中质量控制的第一关。

电子产品的抽样检查是一个比较复杂的技术问题,特别是对于大批量的电子产品来说,批量中所有产品的检验有时是不可能的,特别是对于大批量的集成电路制造来说,不可能对每一个集成电路在出厂前都进行详细的测试,而只能进行抽样测试。所以,如何确定关于失效产品筛选的方法,是电子科学与技术学科的一个重要研究内容。

8.1.3 工艺设计与管理

对于电子产品来说,工艺设计不仅是制造者的任务,也是设计者的重要考虑因素。如果设计者不懂制造工艺,很可能会在设计中提出不切实际的技术指标要求,从而导致无法制造。

另一方面,有了良好的制造工艺,还必须有相应的关于工艺的严格管理,如果制造过程中只把工艺要求作为参考,则必然会造成大量的废品。因此,工艺管理是十分重要的问题。

1. 工艺流程的基本概念

管理中的第一个问题就是如何严格执行工艺流程。所谓工艺流程,是指完整的生产制造步骤和过程。制造工艺的每一个步骤都必须完全达到相应的工艺要求,同时,整个制造过程必须符合工艺设计的次序要求。这样才能保证产品的制造质量和制造速度。

2. 工艺流程设计

工艺流程设计是指根据所具有的制造设备和技术,所设计的电子产品制造步骤和过程,其中还包括每一步骤和整个过程的进度要求。

在设计工艺流程时,需要设计者对所拥有的设备和所制造产品的工艺要求有全面的了解,特别是要掌握相关国家标准和国际标准的执行方法。工艺流程必须对每一个加工步骤提出具体的技术要求和进程要求,同时还要给出具体的加工工具和操作技术。对于整个加工过程,工艺流程必须给出明确的进度要求和测试要求及方法。

在许多情况下,不需要设计者考虑工艺流程的设计问题。但对于集成电路设计者来说,就必须了解整个集成电路加工工艺的全过程,只有这样才能完成集成电路的设计。

3. 工艺流程的管理内容

工艺流程的管理,是指在制造过程中对每一个制造步骤和整个工艺过程的管理。管理的目标是保证每一道工序、每一个操作步骤都严格符合工艺要求,并在保证进程要求的情况下,提高产品的检测效率。

8.2 PCB 制造技术

PCB(Printed Circuit Board),中文名称为印制线路板,简称印制板,是电子工业的重要部件之一。几乎每种电子设备,小到电子手表、计算器,大到计算机、通信电子设备、军用武器系统,只要有集成电路等电子元器件,为了它们之间的电气互连,都要使用印制板。在较大型的电子产品研究过程中,最基本的成功因素是该产品的印制板的设计、文件编制和制造。印制板的设计和制造质量直接影响到整个产品的质量和成本,甚至导致商业竞争的成败。

8.2.1 PCB 技术概念

简单地说,就是把工程师设计的电路原理图设计成可以印刷和制作的线路板,就是置有集成电路和其他电子组件的薄板。它几乎会出现在每一种电子设备当中,如果在某样设备中有电子零件,它们都是镶在大小各异的 PCB 上的。除了固定各种小零件外,PCB 的主要功能是提供各项零件的相互电气连接。随着电子设备越来越复杂,需要的零件自然越来越多,PCB 的线路与零件也越来越密集了。裸板(没有零件)也常称为印刷线路板(Printed Wiring Board,PWB)。板子本身的基板是由绝缘隔热且不易弯曲的材料制作。在表面可以看到的细小线路材料是铜箔,原本铜箔是覆盖在整个板子上的,而在制造过程中部分被蚀刻处理掉,留下来的部分就变成网状的细小线路了。这些线路称做导线(Conductor Pattern)或称布线,用来提供 PCB 上零件的电路连接。

8.2.2 PCB 制造工艺

通常 PCB 的颜色是绿色或是棕色,这是阻焊漆(Solder Mask)的颜色,是绝缘的防护层,可以保护铜线,也可以防止零件被焊到不正确的地方。在阻焊层上还会印刷上一层丝网印刷面(Silk Screen)。通常在这上面会印上文字与符号(大多是白色的),以标示出各零件在板子上的位置。

为了将零件固定在 PCB 上面,将它们的接脚直接焊在布线上。在最基本的 PCB(单面板)上,零件都集中在其中一面,导线则都集中在另一面。这么就需要在板子上打洞,接脚才能穿过板子到另一面,所以零件的接脚是焊在另一面上的。正因为如此,PCB 的正反面分别称为零件面(Component Side)与焊接面(Solder Side)。如果 PCB 有某些零件,需要在制作完成后也可以拿掉或装回去,那么该零件安装时会用到插座(Socket)。由于插座是直接焊在板子上的,零件可以任意拆装。

如果要将两块 PCB 相互连接,一般都会用到俗称金手指的边缘接头(Edge Connector)。金手指上包含了许多裸露的铜垫,这些铜垫事实上也是 PCB 布线的一部分。通常连接时,将其中一片 PCB 上的金手指插进另一片 PCB 上合适的插槽上(一般叫做扩充槽 Slot)。在计算机中,显示卡、声卡或是其他类似的界面卡,都是借着金手指来与主机板连接的。

8.2.3 PCB 电路制造工艺

印制电路板,又称印刷电路板、印刷线路板,是重要的电子部件,是电子元器件的支撑体,是电子元器件电气连接的提供者。由于它是采用电子印刷术制作的,故称为"印刷"电路板。

1. 历史

印制电路板的发明者是奥地利人保罗爱斯勒(Paul Eisler),他于 1936 年在一个收音机装置内采用了印刷电路板。1943 年,美国人将该技术大量使用于军用收音机内。1948 年,美国正式认可这个发明用于商业用途。自 20 世纪 50 年代中期起,印刷电路板技术才开始被广泛采用。

在印制电路板出现之前,电子元器件之间的互连都是依靠电线直接连接实现的,而现在,电路面板只是作为有效的实验工具而存在,印刷电路板在电子工业中已经占据了绝对统治的地位。

2. 设计

印制电路板的设计是以电路原理图为根据,实现电路设计者所需要的功能。印刷电路板的设计主要指版图设计,需要考虑外部连接的布局、内部电子元件的优化布局、金属连线和通孔的优化布局、电磁保护、热耗散等各种因素。优秀的版图设计可以节约生产成本,达到良好的电路性能和散热性能。简单的版图设计可以用手工实现,复杂的版图设计需要借助计算机辅助设计(CAD)实现。

3. 地线设计

在电子设备中的线路板、电路板、PCB 板上,接地是控制干扰的重要方法。如能将接地和屏蔽正确结合起来使用,可解决大部分干扰问题。电子设备中地线结构大致有系统地、机壳地(屏蔽地)、数字地(逻辑地)和仿真地等。在地线设计中应注意以下几点。

1) 正确选择单点接地与多点接地

低频电路中,信号的工作频率小于 1MHz,它的布线和器件间的电感影响较小,而接地电路形成的环流对干扰影响较大,因而应采用一点接地。当信号工作频率大于 10MHz 时,地线阻抗变得很大,此时应尽量降低地线阻抗,应采用就近多点接地。当工作频率在 1~10MHz 时,如果采用一点接地,其地线长度不应超过波长的 1/20,否则应采用多点接地法。

2) 将数字电路与仿真电路分开

电路板上既有高速逻辑电路,又有线性电路,应使它们尽量分开,两者的地线不要相混,分别与电源端地线相连,要尽量加大线性电路的接地面积。

3) 尽量加粗接地线

若接地线很细,接地电位则随电流的变化而变化,致使电子设备的定时信号电平不稳,抗噪声性能变坏。因此应将接地线尽量加粗,使它能通过3倍于印制电路板的允许电流。如有可能,接地线的宽度应大于3mm。

4) 将接地线构成死循环路

设计只由数字电路组成的印制电路板的地线系统时,将接地线做成死循环路可以明显地提高抗噪声能力。其原因在于印制电路板上有很多集成电路组件,尤其遇有耗电多的组件时,因受接地线粗细的限制,会在地结上产生较大的电位差,引起抗噪声能力下降,若将接地结构成环路,则会缩小电位差值,提高电子设备的抗噪声能力。

以绝缘板为基材,切成一定尺寸,其上至少附有一个导电图形,并布有孔(如元件孔、紧固孔、金属化孔等),用来代替以往装置电子元器件的底盘,并实现元器件之间的相互连接,这种布线板称印制线路板,简称印制板。

习惯称"印制线路板"为"印制电路"是不确切的,因为在印制板上并没有"印制元件"而仅有布线。

采用印制板的主要优点如下:

(1) 由于图形具有重复性(再现性)和一致性,减少了布线和装配的差错,节省了设备的维修、调试和检查时间。

(2) 设计上可以标准化,利于互换印制线路板。

(3) 布线密度高,体积小,质量轻,利于电子设备的小型化。

(4) 利于机械化、自动化生产,提高了劳动生产率并降低了电子设备的造价。

印制板的制造方法可分为减去法(减成法)和添加法(加成法)两大类。目前,大规模工业生产还是以减去法中的腐蚀铜箔法为主。

8.3 集成电路制造中的工艺技术

8.3.1 衬底材料的制备

任何集成电路的制造都离不开衬底材料——单晶硅。制备单晶硅有两种方法:悬浮区熔法和直拉法,这两种方法制成的单晶硅具有不同的性质和不同的集成电路用途。

1. 悬浮区熔法

悬浮区熔法是在20世纪50年代提出的并很快被应用到晶体制备技术中。在悬浮区熔法中,使圆柱形硅棒固定于垂直方向,用高频感应线圈在氩气气氛中加热,使棒的底部和在其下部靠近的同轴固定的单晶籽晶间形成熔滴,这两个棒朝相反方向旋转,然后在多晶棒与籽晶间只靠表面张力形成的熔区沿棒长逐步向上移动,将其转换成单晶。

悬浮区熔法制备的单晶硅氧含量和杂质含量很低,经过多次区熔提炼,可得到低氧高阻的单晶硅。如果把这种单晶硅放入核反应堆,由中子嬗变掺杂法对这种单晶硅进行掺杂,杂质将分布得非常均匀。这种方法制备的单晶硅的电阻率非常高,特别适合制作电力电子器件。目前悬浮区熔法制备的单晶硅仅占有很小市场份额。

2. 直拉法

随着超大规模集成电路的不断发展,不但要求单晶硅的尺寸不断增加,而且要求所有的杂质浓度能得以精密控制,而悬浮区熔法无法满足这些要求,因此直拉法制备的单晶越来越多地被人们所采用,目前市场上的单晶硅绝大部分采用直拉法制备。

拉晶过程:首先将预处理好的多晶硅装入炉内石英坩埚中,抽真空或通入惰性气体后进行熔硅处理。熔硅阶段坩埚位置的调节很重要,开始阶段,坩埚位置很高,待下部多晶硅熔化后,坩埚逐渐下降至正常拉晶位置。熔硅时间不宜过长,否则掺入熔硅中的会挥发,而且坩埚容易被熔蚀,待熔硅稳定后即可拉制单晶。所用掺杂剂可在拉制前一次性加入,也可在拉制过程中分批加入。拉制气氛由所要求的单晶性质及掺杂剂性质等因素确定,拉晶时,籽晶轴以一定速度绕轴旋转,同时坩埚反方向旋转,大直径单晶的收颈是为了抑制位错大量地从籽晶向颈部以下单晶延伸,收颈是靠增大提拉速度来实现的。在单晶生长过程中应保持熔硅液面在温度场中的位置不变,因此,坩埚必须自动跟踪熔硅液面下降而上升。同时,拉晶速度也应自动调节以保持等直生长。所有自动调节过程均由计算机控制系统或电子系统自动完成。

8.3.2 光刻

光刻是集成电路制造过程中最复杂和关键的工艺之一。光刻工艺利用光敏的抗蚀涂层(光刻胶)发生光化学反应,结合刻蚀的方法把掩模版图形复制到圆硅片上,为后序的掺杂、薄膜等工艺做好准备。在芯片的制造过程中,会多次反复使用光刻工艺。现在,为了制造电子器件要采用多达 24 次光刻和多于 250 次的单独工艺步骤,使得芯片生产时间长达一个月之久。目前光刻已占到总的制造成本的 1/3 以上,并且还在继续提高。

光刻的主要工艺步骤包括光刻胶涂覆、掩模与曝光、显影、腐蚀和胶剥离,如图 8.1 所示。下面分别进行简要的介绍。

1. 光刻胶涂覆

光刻胶是一种有机的光敏化合物。按照胶的极性可分为正性光刻胶和负性光刻胶。光刻胶在曝光之后,被浸入显影溶液中,在显影过程中,正性光刻胶曝过光的区域溶解的速度要快得多,理想情况下,未曝光区域保持不变。负性光刻胶正好相反,在显影剂中未曝光的区域将溶解,而曝光的区域被保留。正胶的分辨率往往较好,因此在集成电路制造中应用更为普及。

在光刻胶涂覆前,硅片要进行热处理以去除湿气,并且经黏附增强剂处理,然后用光刻胶溶液旋转涂覆。在一个高温的热板上,溶剂挥发掉,通过选择光刻胶的黏度和涂覆旋转的速度,使光刻胶固化为十分均匀的薄膜,厚度约为 $1\sim 2\mu m$。

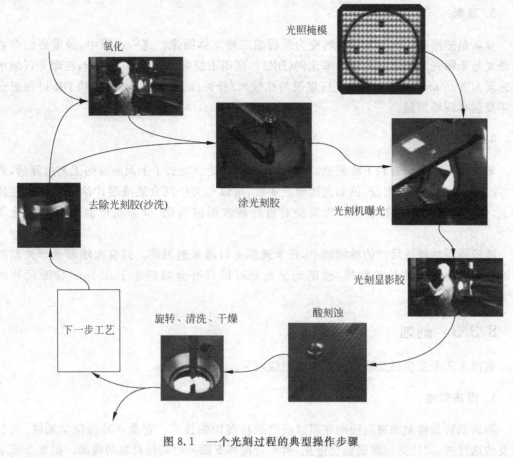

图 8.1 一个光刻过程的典型操作步骤

2. 掩模与曝光

掩模版与圆片的对准至关重要,它将限制芯片的集成密度和电路的性能,因此在现代集成电路制造工艺中,采用了多种方法以保证掩模版与圆片的对准。

(1) 多数步进机中,圆片并不直接对准掩模,而是圆片和掩模经过各自的光路,对准于曝光系统的光学链上。如果这两个对准过程不是精确匹配的,就会发生对准误差。为了避免这些系统误差,要周期性做基线校准处理。

(2) 超出和缩进的消除。在接触式、接近式和扫描投影光刻机中,超出和缩进通常是由于圆片在一系列的工艺过程中由温度引起的物理尺寸的变化而造成的。步进机以全局对准模式可以减轻这个问题,应用良好的逐个位置对准的方法甚至可以完全消除它。此外,该类型的误差也容易由于掩模温度的少量变化而产生。

(3) 掩模材料的选择。石英由于具有较低的热膨胀系数(5×10^{-7}℃),常被选做制作掩模的材料。为了避免一整块 8in 掩模产生大于 $0.1\mu m$ 的膨胀,需要掩模温度变化控制在 0.75℃。当大量光穿过掩模时,这个条件并不容易达到。亚微米步进机应用先进曝光系统控制掩模温度,以尽量减小这个问题。此外对准记号的畸变也可能造成芯片旋转和对不准。

曝光的方法主要有光学曝光、离子束曝光、电子束曝光和 X 射线曝光等。

3. 显影

显影是把潜在的光刻胶图形转变为最后的三维立体图像。这一过程中,最重要的参数是曝光与未曝光区域之间的溶解率比例(DR)。商用正胶有大于 1000 的 DR,在曝光区域溶解速度为 3000nm/min,在未曝光区域仅为几微米/分钟(暗腐蚀)。光刻胶的 DR 可在显影时用反射率现场测量。

4. 刻蚀与胶剥离

刻蚀包括湿法刻蚀和干法刻蚀,将在后面详细讨论。完成了上面所有的工艺过程后,最后,除了高温稳定的光刻胶,例如光敏聚酰亚胺,可以作为中间介质或缓冲涂覆而保留在器件上,要把所有的光刻胶剥离。为避免对被处理表面的损伤,应采用低温下温和的化学方法。

随着所需的特征尺寸的继续减小,光学光刻变得越来越困难。但目前随着光学光刻的不断改善和向更短波长的发展,预期光学光刻可以具有分辨略小于 $0.1\mu m$ 特征尺寸的能力。

8.3.3 刻蚀

刻蚀工艺主要包括湿法刻蚀和干法刻蚀两种。

1. 湿法刻蚀

湿法刻蚀是将刻蚀材料浸泡在腐蚀液内进行腐蚀的技术。它是一种纯化学刻蚀,具有优良的选择性,刻蚀完前薄膜就会停止,而不会损坏下面一层其他材料的薄膜。图 8.2 所示是湿法刻蚀所得的薄膜剖面,在硅片表面清洗及图形转换中,湿法刻蚀曾支配着集成电路工业一直到 20 世纪 70 年代中期,即直到特征尺寸开始接近膜厚时。因为所有的半导体湿法刻蚀都具有各向同性,无论是氧化层还是金属层的刻蚀,横向刻蚀的宽度都接近于垂直刻蚀的深度。此外,湿法刻蚀还受更换槽内腐蚀液而必须停机的影响。

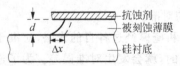

图 8.2 湿法刻蚀所得的薄膜剖面

目前,湿法工艺一般用于工艺流程前面的硅片准备阶段和清洗阶段,而在图形转换中,干法刻蚀已占据主导地位。

2. 干法刻蚀

干法刻蚀是以等离子体进行薄膜刻蚀的技术。它是硅片表面物理和化学两种过程平衡的结果。在半导体刻蚀工艺中,存在着两个极端:离子铣是一种纯物理刻蚀,可以做到各向异性刻蚀,但不能进行选择性刻蚀;而湿法刻蚀如前面所述则恰恰相反。

人们对这两种极端过程进行折中,得到目前广泛应用的一些物理化学性刻蚀技术。例如,反应离子刻蚀(Reactive Ion Etching,RIE)和高密度等离子体刻蚀(HDP)。这些工艺通过活性离子对衬底的物理轰击和化学反应双重作用刻蚀,同时兼有各向异性和选择性好的优点。目前 RIE 已成为超大规模集成电路制造工艺中应用最广泛的主流刻蚀技术。

图 8.3 所示为等离子体刻蚀设备。

图 8.3　等离子体刻蚀设备

3. 剥离技术

图形转换过程的另一种工艺技术是剥离技术,这个工艺技术的优点在于可以处理离子轰击难以刻蚀的材料,并且可以避免对衬底和薄膜的损伤。

剥离技术的工艺流程如图 8.4 所示。首先涂覆光刻胶并形成所设计的图案,再使用蒸发技术淀积一层金属薄膜。蒸发的一个特点是对高纵横比的图形覆盖性差。如果光刻胶显影后得到一个凹的刨面,金属条便会断线。接下来硅片浸到能溶解光刻胶的溶液中,直接淀积在硅片上的金属线将被保留,而淀积在光刻胶上的金属线将从硅片上脱离。

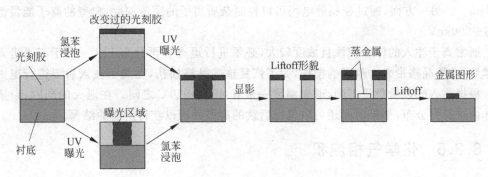

图 8.4　剥离技术的工艺流程

剥离技术的不足之处是,剥离掉的金属会影响到芯片的合格率。

8.3.4　掺杂、扩散

在制造所有的半导体器件时都必须采用掺杂工艺,通过掺杂可以在硅衬底上形成不同类型的半导体区域,构成各种器件结构,比如 MOS 管的源、漏区的形成等。为了保证器件能按设计要求正常工作,掺杂的区域的浓度与尺寸必须符合设计要求,而这些工作都是由掺杂工艺实现的。在半导体制造中主要的掺杂方法有热扩散掺杂和离子注入掺杂。

1. 热扩散掺杂

热扩散掺杂是指利用分子在高温下的扩散运动,使杂质原子从浓度很高的杂质源向体硅中扩散并形成一定的分布。

热扩散通常分两个步骤进行:预淀积和再分布。预淀积是指在高温下,利用杂质源,如硼源、磷源等,对硅片上的掺杂窗口进行扩散,在窗口处形成一层较薄但具有较高浓度的杂质层,这是一种恒定表面源的扩散过程。再分布是限定表面源的扩散过程,是利用预淀积所形成的表面杂质层做杂质源,在高温下将这层杂质向体硅内扩散的过程。通常再分布的时间较长,通过再分布,可以在硅衬底上形成一定的杂质分布和结深。

但是,热扩散掺杂工艺具有一个很明显的缺点就是不能精确控制杂质的浓度,从而所生产出来的电路会与所设计的电路有一定的差别。

2. 离子注入掺杂

随着半导体尺寸的缩小,精度的控制要求越来越严格,大多数工艺已经采用全离子注入工艺来替代热扩散掺杂以获得精确的浓度。

离子注入是指通过高能量的离子束轰击硅片表面,在掺杂窗口处,杂质离子被注入到体硅内,而在其他不需掺杂的区域,杂质离子被硅表面的保护层屏蔽,从而完成选择性掺杂。在离子注入过程中,电离的杂质离子经静电场加速打到硅片表面,通过测量离子电流可严格控制注入剂量。注入工艺所用的剂量范围很大,可以从轻掺杂的 $10^{11}\mathrm{cm}^{-2}$ 到诸如源/接触、发射极、埋层集电极等低电阻区所用的 $10^{16}\mathrm{cm}^{-2}$。某些特殊的应用要求剂量大于 $10^{18}\mathrm{cm}^{-2}$。另一方面,通过控制静电场可以控制杂质离子的穿透深度,典型的离子能量范围为 5~200keV。

通常离子注入的深度较浅且浓度较大,必须进行退火和再分布工艺。由于离子进入硅晶体后,会给晶格带来大范围的损伤,为了恢复这些晶格损伤,在离子注入后要进行退火处理。根据注入的杂质数量不同,退火温度一般在 450~950℃ 之间。在退火的同时,杂质在硅体内进行再分布,如果需要还可以进行后续的高温处理以获得所需的结深。

8.3.5 化学气相淀积

在半导体制造工艺中,薄膜淀积工艺是一组非常重要的工艺,可分为物理淀积和化学淀积两类。

化学气相淀积(CVD)是一种常用的化学淀积工艺,是一个从气相向衬底沉积薄膜的过程。该工艺通过化学反应,在反应室内将反应的固态生成物淀积到硅片表面,形成所需要的薄膜。CVD具有非常好的台阶覆盖能力,并且对衬底的损伤很小,因此在集成电路制造中的地位越来越重要。

下面介绍几种工艺上常用的化学气相淀积方法。

1. 常压 CVD

常压化学气相淀积(APCVD)是指在大气压下进行的一种化学气相淀积的方法,这是化学气相淀积最初所采用的方法。这种工艺所需的系统简单,反应速度快,并且淀积速率可超过 100nm/min，特别适于介质淀积。它的缺点是均匀性较差，所以 APCVD 一般用在厚的介质淀积。

2. 低压 CVD

随着半导体工艺特征尺寸的减小，对薄膜的均匀性要求以及膜厚误差要求不断提高，出现了低压化学气相淀积（LPCVD）。低压化学气相淀积是指系统工作在较低的压强下的一种化学气相淀积的方法。LPCVD 技术不仅用于制备硅外延层，还广泛用于各种无定形钝化膜及多晶硅薄膜的淀积，是一种重要的薄膜淀积技术。

3. 等离子体增强 CVD

等离子体增强化学气相淀积（PECVD）是指采用高频等离子体驱动的一种气相淀积技术，是一种射频辉光放电的物理过程和化学反应相结合的技术。该气相淀积的方法可以在非常低的衬底温度下淀积薄膜，例如在铝上淀积 SiO_2。工艺上，等离子体增强化学气相淀积主要用于淀积绝缘层。

4. 金属 CVD

金属化学气相淀积是一个全新的气相淀积的方法，利用化学气相淀积的台阶覆盖能力好的优点，可以实现高密度互联的制作。金属进入接触孔时台阶覆盖是人们最关心的问题之一，尤其是对深亚微米器件，溅射淀积金属薄膜对不断增加的高纵横比结构的台阶覆盖变得越来越困难。在旧的工艺中，为了保证金属覆盖在接触孔上，刻蚀工艺期间必须小心地将侧壁刻成斜坡，这样金属布线时出现"钉头"（如图 8.5）。"钉头"将显著降低布线密度。如果用金属 CVD，就可以避免"钉头"的出现，从而布线密度得到提高。钨是当前最流行的金属 CVD 材料。

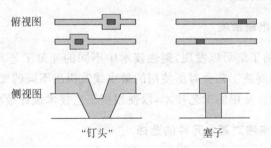

图 8.5　使用钉头接触与填塞接触比较

8.3.6　集成电路测试

随着集成电路复杂程度的不断提高和尺寸的日益缩小，测试已成为迫切需要解决的问题，特别是进入深亚微米以及超高集成度发展阶段以来，通过集成各种 IP 核，SoC（System-on-Chip）的功能更加强大，但也带来了一系列设计和测试的问题。例如，来自计算机、RF 器件、消费电子产品和因特网基础设施市场的需求，迫使集成电路厂家必须提供完整的方案，同时解决测试系统在性能和测试效率方面的问题。

要保证产品无缺陷，不仅涉及到测试技术、测试装置，还涉及到电路和系统的设计、模拟和验证、制造等多个过程，其复杂性和难点可归结为以下几点。

（1）速度、功能和性能更高的电路与系统要求与之匹配的自动测试设备 ATE（Automatic Test Equipment），导致测试设备投资成本提高，测试成本随之提高。测试成为 VLSI 设计、测试和制造环节中费用和难度最大的一个环节。按照 ITRS（International Fechnology Roadmap for Semiconductors）的研究，到 2014 年晶体管的测试成本要大于其制造成本。测试成本增加的因素主要归于两个：测试设备投资的提高和器件平均测试时间的加长。

（2）电路与系统的速度、性能和复杂程度的日益提高，导致测试数据量随之剧增，测试时间越来越长，因而测试成本随之剧增。为了适应测试技术发展的需求，生产 ATE 的各公司不断推出性能更高的测试设备，例如，惠瑞捷（Verigy）公司推出 Agilent 93000 系列测试仪，泰瑞达（Teradyne）推出 Tiger 系列测试仪，二者的每个测试引脚均配置处理器，可按需要灵活设置测试激励信号，以适应 SoC 测试的需要，但芯片的 I/O 数目有限，自动测试设备的通道量、吞吐能力和速度也有限，使得测试难度和复杂程度大大加剧。测试时间成为 SoC 设计要考虑的重要因素。

8.4 制造工艺对设计的影响

从前面的讨论可知，集成电路设计制造过程中需要使用十分复杂的工艺。在这些制造工艺中，不同的工艺会对设计者提出不同的要求。例如在设计集成电路时，如果设计者选用双极性三极管设计集成电路的电路结构和参数，则必须选择可完成制造双极性三极管集成电路的工艺技术。总之，由于集成电路设计过程中，必须考虑具体工艺提供的技术指标参数，因此，工艺对设计具有十分重要的意义和影响。这是利用集成电路技术设计电子系统与利用芯片设计电子系统的重要区别之一。

1. 制造工艺影响电路密度

通过对制造工艺的了解可以发现，刻蚀技术中不同的光刻工艺具有不同的分辨率。这就意味着，使用不同的制造工艺会对所使用的最小线宽提出不同的要求。因此，在设计集成电路时，必须首先选择所使用的工艺技术，以便根据工艺技术设计最小线宽。

2. 制造工艺影响电路对基本元件的选择

在集成电路制造中，对 MOS 管和双极性三极管有着完全不同的制造技术，因此，设计电路时，应当把制造工艺作为选择基本半导体元件的限制条件之一。

3. 制造工艺影响电路参数的计算

由于集成电路制造过程中使用了多种复杂的技术，这些复杂技术形成的工艺特征对制造结果有直接影响。因此，尽管线宽满足设计要求，且所选择的基本半导体元件也符合工艺技术，但由于不同工艺参数的影响，不同制造厂家的生产线提供的电路参数会有所不同，这主要与工艺的技术参数有关。因此，在设计中，必须依照所选择制造厂家提供的工艺参数进行电路参数计算。同时，还必须注意，所使用的 EDA 工具是否提供了所选择厂家的工艺技术参数。

总之,对于集成电路设计者来说,在设计之初就必须选择制造厂家,以便根据厂家提供的工艺资料进行电路设计和参数计算。

本章小结

电路制造技术是电子科学与技术的主要研究内容之一,也是应用电子技术重点研究的领域。只有充分了解和掌握电路的制造技术,才能正确地设计电子元器件和应用电子系统。

本章对电路制造技术进行了比较全面的介绍,提供了 PCB 板级电路制造技术和集成电路制造技术。通过对集成电路制造中的工艺技术的学习,对工艺技术中使用到的方法有了一定的认识。常用的有悬浮区熔法、直拉法、光刻、刻蚀、掺杂、扩散、化学气相淀积。这些都是进一步学习电子科学与技术其他课程,以及在其他领域应用电子科学与技术的重要基础。